H. Leuner, H. Hennig, E. Fikentscher

Katathymes Bilderleben in der therapeutischen Praxis

Heide

Katathymes Bilderleben in der therapeutischen Praxis

Herausgeber

Hanscarl Leuner
Heinz Hennig
Erdmuthe Fikentscher

Unter Mitarbeit von

Wolfram Rosendahl

Mit Beiträgen von

Günther Bartl
Gerhard Braune
Christina Centurioni
Evelyn Daniel
Erdmuthe Fikentscher
Michael Harrer
Heinz Hennig
Jörg M. Herrmann
Marianne Holzamer-Herrmann
Volker Homuth
Günther Horn
Heinz R. Jollet
Leonore Kottje-Birnbacher
Klaus Krippner
Otto Lang
Hanscarl Leuner
Holger Männel
Irene Misselwitz
Ralf Plehm
Hermann Pohlmeier
Elisabeth Richter-Heinrich
Sigrun Roßmanith
Almut Schmitz-Hambrecht
Ilse Sokal
Thure v. Uexhüll
Margit Venner
Eberhard Wilke

Mit 28 Abbildungen und 1 Tabelle

Schattauer Stuttgart – New York 1993

Anschriften der Herausgeber:

Prof. Dr. med. Hanscarl Leuner
Eisenacher Straße 14a
W-3400 Göttingen

Doz. Dr. habil. Heinz Hennig
Abt. für Medizinische Psychologie
im Zentrum für Psychomedizin
der Martin-Luther-Universität Halle-Wittenberg
Julius-Kühn-Straße 7
O-4010 Halle

Prof. Dr. med. habil. Erdmuthe Fikentscher
Abt. für Psychotherapie und Psychosomatik
im Zentrum für Psychomedizin
der Martin-Luther-Universität Halle-Wittenberg
Julius-Kühn-Straße 7
O-4010 Halle

Die Deutsche Bibliothek – CIP-Einheitsaufnahme

Katathymes Bilderleben in der therapeutischen Praxis / Hrsg.
Hanscarl Leuner ... Unter Mitarb. von Wolfram Rosendahl.
Mit Beitr. von Günther Bartl ... – Stuttgart ; New York :
Schattauer 1993
ISBN 3-7945-1477-7
NE: Leuner, Hanscarl [Hrsg.]; Bartl, Günther

Printed in Germany
Satz: Satzherstellung Stahringer, Gutenbergstraße 11, D-3557 Ebsdorfergrund 6, Germany
Druck: Cantz GmbH & Co KG, Senefelder Straße 12, 7302 Ostfildern 1, Germany

ISBN 3-7945-1477-7

Vorwort

Das Katathyme Bilderleben oder Symboldrama gewinnt als tiefenpsychologisch fundierte Psychotherapie vor allem in der Weiterbildung von Ärzten und Psychologen immer mehr an Bedeutung. Im Rahmen der erweiterten psychotherapeutischen Versorgung durch das zu erwartende Psychotherapeutengesetz und die Einrichtung eines Facharztes für Psychotherapeutische Medizin gewinnt dieser praxisorientierte Leitfaden des Katathymen Bilderlebens ebenfalls einen besonderen Stellenwert. Es kann durch Kurzzeittherapien und den Zugang zu therapieresistenten Patienten in der ambulanten und stationären Therapie Wesentliches beitragen.

Einleitend präsentiert Hanscarl Leuner als Initiator des Verfahrens seine Methode in einer übersichtlichen Kurzfassung. Anschließend werden die maßgeblichen Entwicklungslinien dargestellt, die zu den speziellen therapeutischen Anwendungen geführt haben. Berichte zu den therapeutischen Basispositionen leiten über zur Behandlung von Grundstörungen, von Zwangsneurosen und Schizophrenien und weiterhin zu der Gruppe der psychosomatischen und psychovegetativen Erkrankungen. Erstmals wird in diesem Band auch die Betreuung Schwerkranker und die Nachsorge von Malignompatienten dargestellt.

Autoren aus der ehemaligen DDR sind an den vorliegenden Ergebnissen maßgeblich beteiligt. Ihnen war es bereits in den 80er Jahren gelungen, das psychoanalytische Konzept mit Hilfe des Katathymen Bilderlebens trotz der offiziellen Widerstände in die Psychotherapie der DDR einzuführen.

Die Besonderheit dieses Bandes im Rahmen der breiten Literatur über das Katathyme Bilderleben zeigt sich in der Vielfalt der Behandlungsberichte aus dem therapeutischen Alltag.

Halle und Göttingen
im Oktober 1992

Hanscarl Leuner
Heinz Hennig
Erdmuthe Fikentscher

Mitarbeiterverzeichnis

MR Dr. med. Günther Bartl
A-2145 Hausbrunn 417

Gerhard Braune
Abt. Medizinische Psychologie
der Universität Göttingen
Humboldtstraße 3
W-3400 Göttingen

Christina Centurioni
Institut für Medizinische Psychologie
und Psychotherapie
der Universität Innsbruck
Sonnenburger Straße 16
A-6020 Innsbruck

Evelyn Daniel
Klinik für Innere Medizin
der Friedrich-Schiller-Universität Jena
Abt. Internistische Psychotherapie
Karl-Marx-Allee 101
O-6902 Jena-Lobeda

Prof. Dr. med. habil. Erdmuthe Fikentscher
Abt. für Psychotherapie und Psychosomatik
im Zentrum für Psychomedizin
der Martin-Luther-Universität
Halle-Wittenberg
Julius-Kühn-Straße 7
O-4010 Halle

Dr. med. Michael Harrer
Institut für Medizinische Psychologie
und Psychotherapie
der Universität Innsbruck
Sonnenburger Straße 16
A-6020 Innsbruck

Doz. Dr. habil. Heinz Hennig
Abt. für Medizinische Psychologie
im Zentrum für Psychomedizin
der Martin-Luther-Universität
Halle-Wittenberg
Julius-Kühn-Straße 7
O-4010 Halle

Prof. Dr. Jörg M. Herrmann
Klinik für Rehabilitation Glotterbad
der LVA Württemberg
W-7804 Glottertal

Marianne Holzamer-Herrmann
Klinik für Rehabilitation Glotterbad
der LVA Württemberg
W-7804 Glottertal

Volker Homuth
Institut für Herz-Kreislauf-Forschung
Wildbergstraße 15
O-1115 Berlin-Buch

Günther Horn
Pfeilerweg 37
W-7599 Karlsruhe 41

Dipl.-Psych. Heinz R. Jollet
Husemannstraße 60
W-5810 Witten

Dr. phil. Leonore Kottje-Birnbacher
Düsseldorfer Straße 55
W-4000 Düsseldorf 11

Dr. med. Klaus Krippner
Uthmannstraße 38
W-5810 Witten

Prof. Dr. Otto Lang
Bayernstraße 19
A-5020 Salzburg

Prof. Dr. med. Hanscarl Leuner
1. Vorsitzender der AGKB,
Präsident der IGKB
Eisenacher Straße 14a
W-3400 Göttingen

Dr. med. Holger Männel
Goethehaus, Dieckmannstraße 2
O-9933 Bad Elster

Dr. med. Irene Misselwitz
Klinik für Psychiatrie und Neurologie
Philosophenweg 3
O-6900 Jena

Ralf Plehm
Institut für Herz-Kreislauf-Forschung
Wildbergstraße 15
O-1115 Berlin-Buch

Prof. Dr. med. Hermann Pohlmeier
Abt. Medizinische Psychologie
der Universität Göttingen
Humboldtstraße 3
W-3400 Göttingen

Dr. Elisabeth Richter-Heinrich
Kerkow-Straße 27
O-1123 Berlin

Dr. phil. Wolfram Rosendahl
Abt. für Medizinische Psychologie
im Zentrum für Psychomedizin
der Martin-Luther-Universität
Halle-Wittenberg
Julius-Kühn-Straße 7
O-4010 Halle

Dr. med. Sigrun Roßmanith
Institut für Medizinische Psychologie
der Universität Wien
Severingasse 9
A-1090 Wien

Dipl.-Psych. Almut Schmitz-Hambrecht
Klinik für Kinder- und Jugendpsychiatrie
Hufelandstraße 55
W-4400 Essen

Dr. Ilse Sokal
Ambulanz für Psychotherapie
Mariahilfer Straße 85–87/5. Stock
A-1060 Wien

Prof. Dr. med. Thure v. Uexküll
Sonnhalde 15
W-7800 Freiburg

Dr. med. Margit Venner
Klinik für Innere Medizin
der Friedrich-Schiller-Universität Jena
Abt. Internistische Psychotherapie
Karl-Marx-Allee 101
O-6902 Jena-Lobeda

Dr. med. Eberhard Wilke
Leitender Arzt der Curtius-Klinik
Fachklinik für Psychotherapie
und Psychosomatik
Neue Kampstraße 2
W-2427 Malente-Gremsmühlen

Inhaltsverzeichnis

Psychosomatische und vegetative Erkrankungen

Anhang

Allgemeine Aspekte

Was ist Katathymes Bilderleben?*

Hanscarl Leuner

Einführung

Die Abhängigkeit von Affekten und Emotionen wird in der psychiatrischen Fachsprache seit 1912 mit dem von H. Maier geprägten Begriff „katathym“ (griech.: kata = gemäß, thymos = Seele, d. h. Emotionalität) gekennzeichnet. Der Begriff ist inzwischen in die deutsche Sprache übernommen worden (Fremdwörter-Duden: katathym = affektbedingt, wunschbedingt). In der Praxis und in den skandinavischen Ländern ist für das Katathyme Bilderleben der Name „Symboldrama“ gebräuchlich, im englischsprachigen Raum „Guided Affektive Imagery“.

Vorgeschichte

Das Katathyme Bilderleben (KB) ist aus der europäischen Tradition der Tiefenpsychologie erwachsen und schließt an unsystematische Ansätze von Imaginationstechniken an: Silberer (1909), E. Kretschmer („Bildstreifendenken“, 1922), J. H. Schultz (1932) und Happich (1932). Letzterer zeigte eine Technik, Imaginationen durch Vorstellungsmotive auszulösen, die er bald für religiöse Meditationen benutzte. Frei aufsteigende Bilder beschrieben unabhängig voneinander Frederking (1948) und Brachfeld (1954).

Entwicklung

Bei der Entwicklung des Katathymen Bilderlebens ging ich (1948) von der Anregung Happichs aus. Die Publikation von Desoille (1945) über „le rêve éveillé“ war mir damals noch nicht bekannt. Nach mehrjährigen, zunehmend systematisierten informellen Experimenten mit Tagträumen bei Gesunden und bei neurotischen Patienten zeichnete sich ein System projektiver Phänomene und deren Regelhaftigkeit ab (Leuner, 1954); so entstand das „Experimentelle Katathyme Bilderleben (EKB)“.
Es lag nahe, die gewonnenen Erkenntnisse zu einem „klinischen Verfahren der Psychotherapie“ auszubauen (Leuner, 1955). Dabei wurde von Anfang an aus didaktischen Gründen das Augenmerk auf eine übersichtliche Strukturierung des Verfahrens gelegt, eingeteilt in eine Grund-, eine Mittel- und eine Oberstufe.

Grundkonzept

Die Modellvorstellung des KB ist am Konzept der tiefenpsychologischen Psychodynamik orientiert, charakterisiert durch die Stichworte: Lehre vom Unbewußten, Libidotheorie, Symbolismus, Ich-Psychologie, Berücksichtigung der neuen Konzepte vom primären Narzißmus und der Borderline-Struktur. Im Vordergrund steht die Freilegung unbewußter Konfliktstrukturen, die sich in der bildhaften Symbolik des Tagtraums widerspiegeln. Sie werden verstanden als Kompromißbildung zwischen andrängenden Impulsen und damit ver-

---

* Überarbeiteter Artikel aus dem „Handbuch Psychotherapie“, hrsg. von W. Toman und R. Egg. Kohlhammer: Stuttgart, Berlin, Köln, Mainz 1985. Ich danke dem Verlag für die Freigabe dieser Darstellung.

schränkten Abwehrmechanismen. Die symbolischen Inhalte können auch auf der Ebene introjizierter (Liebes-)Objekte gelesen werden (Objektbeziehungstheorie). Der Umgang mit ihren Repräsentanten im Tagtraum erlaubt Auseinandersetzungen mit den Introjekten und mit infantilen Interaktionen.

Im Erlebnisfeld des KB lassen sich zwei Kategorien von Bildern phänomenologisch unterscheiden:

1. starre, stereotyp wiederkehrende, emotional negativ akzentuierte Bildaggregate, die **fixierten Bilder**, sie sind Ausdruck neurotischer Strukturen, Einengungen, Gehemmtheiten und von Abwehrmechanismen;
2. szenisch flexible, **fluktuierende Bilder**, emotional positiv getönt oder indifferent; sie stehen für das progressive „therapeutische Prinzip", das eine kreative Entfaltung ermöglicht.

Die therapeutische Strategie beruht darin, Konfliktkerne zur symbolischen Darstellung zu bringen (Fokussierung) und durch indirekte oder direkte Interventionen schrittweise in fluktuierende Strukturen überzuführen. Dafür wurden empirisch gewonnene Interventionstechniken, die von der sublimen kognitiven Klärung der Tagtrauminhalte bis zur Selbstinterpretation der symbolischen Inhalte reichen, und „Regieprinzipien" entwickelt. Assoziative Prozesse werden angeregt und deutende Hilfen vorsichtig angeboten.

Dimensionen des KB

Die *erste Dimension des KB* entspricht im Prinzip der tiefenpsychologisch fundierten Psychotherapie und ist hauptsächlicher Ansatz der Konfliktbearbeitung.

Als *zweite Dimension des KB* haben spontan auftretende (oder induzierte) Regressionen *vor* die traumatisierende (frustrierende) frühkindliche Periode Bedeutung gewonnen. Sie entwickeln sich auf der Basis der herrschenden kontrollierten Regression und stehen im Einklang mit der Psychodynamik der überwiegend anaklitischen Übertragung (vom Hingabetypus) auf den Therapeuten. In Analogie zur Spieltherapie des Kindes verdichten sich auch hier Phasen von hohem Befriedigungscharakter auf der primär-narzißtischen, der oralen und der analen Entwicklungsebene. Sie sind charakterisiert als „Befriedigung archaischer Bedürfnisse", vergleichbar mit der „symbolischen Wunscherfüllung" (Sechehaye, 1955).

Die *dritte Dimension des KB* ist die kreative Funktion des phantasiegetragenen Tagtraumes, deutlich in seiner progressiven szenischen Ausweitung, im imaginierten Probehandeln und Problemlösen.

Diese drei Dimensionen sind *genuine Leistungen* des Ich, wobei die beiden letzteren eine „restituierende Funktion" bei infantilen Ich-Defekten, Erlebnislücken und bei einer Objektspaltung haben.

Die Besorgnis einer Überschwemmung des Ich mit archaischen Inhalten ist unbegründet, da die Regulationsfähigkeit des Ich unter der anaklitischen Übertragung erhalten bleibt. Ausnahmen bilden einige Borderline- und narzißtische Störungen sowie akute psychosomatische Erkrankungen.

Aufgabe des Therapeuten ist die Erhaltung des Gleichgewichts zwischen der aufdeckenden und der kreativ-stützenden Komponente.

Die Wahrnehmungseinstellung des Therapeuten fordert wechselweise eine empathische und eine reflektierende Haltung gegenüber dem szenischen Fluß der Imagination und dem begleitenden Gefühlston. Die Übertragungs-Gegenübertragungs-Beziehung ist dabei zu beachten. Korrespondierend zum emotionalen Engagement des Patienten ist der Therapeut emotional stärker als in rein verbalisierenden Verfahren gefordert. Deshalb bedarf es ausreichender

Schulung in der Rolle des Patienten und des Therapeuten.

Praxis und Strukturbildung

In der Anwendung ist das KB in das Routinevorgehen bei tiefenpsychologisch fundierter Psychotherapie eingebettet: tiefenpsychologische Anamnese, Klärung von Indikation und Behandlungsprognose, Arbeitsbündnis, konfliktzentrierte Gespräche vor und nach der KB-Sitzung, bei stärker gestörten Patienten Durcharbeiten des KB-Materials, Protokollführung und nachträgliche gestalterische Darstellung. Die Sitzung nimmt 50 Minuten in Anspruch, davon 15–40 Minuten mit dem KB, Frequenz 1- bis 3mal wöchentlich (in besonderen Fällen mehr). Zur Überbrückung der Spanne zwischen verbaler Anamneseerhebung und Beginn der imaginativen Therapie wird im Sitzen der „Blumentest" durchgeführt.
Die Einleitung des Tagtraums kann durch einige nichtsuggestive Hinweise des Therapeuten zur Selbstentspannung erfolgen. Auch diese sind oft überflüssig, da allein die Aufforderung zur Vorstellung bei geschlossenen Augen binnen kurzem zu einem muskulär entspannten Zustand führt. Eine Korrelation zwischen Imagination und Entspannungszustand zeichnet sich ab. In voller Ausprägung sind die katathymen Imaginationen plastisch, farbig und dreidimensional. Der Proband kann sich in der „anderen Welt der Imaginationen" wie in einem quasi-realen Raum bewegen, handeln und Leistungen vollziehen. Das Szenarium wird bald autonom und kann willentlich nicht mehr beeinflußt werden („katathymes Bild").
Der Patient liegt auf der Couch oder sitzt im Sessel, der Therapeut seitlich neben ihm, um seine begleitende Rolle zu verdeutlichen. Der Proband wird gebeten, die aufkommenden „Vorstellungs"-Bilder detailliert zu beschreiben. Durch vorsichtig bestätigende Signale vermittelt der Therapeut, daß er aufmerksam folgt und die Szene empathisch mitzuvollziehen versucht. Dieser Führungsstil ist differenziert und bedarf sorgfältiger Einübung.
Um die Fülle möglicher Tagtrauminhalte zu einem übersichtlichen Erlebnisfeld zu strukturieren, bedient sich der Therapeut der 10 Standardmotive der Vorstellung. Sie sind Kristallisationskerne für die individuellen projektiven Inhalte. Der Führungsstil der Grundstufe verpflichtet zu einer vorsichtigen protektiven Haltung zur Vermeidung unkontrollierter affektiver Impulse und archaischer Tagtrauminhalte, die Angst, Depression, Verlassenheit o.ä. im Übermaß freisetzen können. Die Mittelstufe erlaubt dem fortgeschrittenen Therapeuten die freie assoziative Entfaltung des Tagtraums, verbunden mit verbalen Einfällen und Assoziationsketten. Sie fordern vom Patienten ein höheres Maß an selbständiger Steuerung des Tagtraums. Dieses gestufte Vorgehen hat sich vor allem bei der Behandlung neurotischer und psychosomatischer Patienten und solcher, die zu starken Regressionen neigen, bewährt.
Nach Erlernen der Grundstufentechnik als Basis des Verfahrens können Behandlungen mit begrenztem Ziel und begrenzter Indikation durchgeführt werden. Die Technik der Mittelstufe erweitert das Behandlungsrepertoire beträchtlich bis hinein in die Durcharbeitung ausgeprägter Charakter- und sehr früher Störungen (Borderline, Narzißmus). Die Weiterbildung zum KB-Therapeuten schließt damit ab. Die Oberstufe dient der Ergänzung für den erfahrenen Therapeuten.
Die Standardmotive kann der Therapeut wahlweise vorgeben. Sie sind aus der Fülle spontaner Tagtrauminhalte ergänzend aus Symbolkenntnis ausgewählt worden (Tab. 1). Die Motive haben unterschiedlichen Charakter: solche, die (a) auf der Oberfläche landschaftlicher Szenen auftre-

Tab. 1 Die Instrumente des Katathymen Bilderlebens (KB). (Aus Leuner, 1983.)

	Standard-motive	Struk-tur	Therapeutische Techniken	Regieprinzipien
Grundstufe	1. Wiese 2. Bachlauf 3. Berg 4. Haus 5. Waldrand	breit mittelbreit breit mittelbreit breit	I. übendes Vorgehen II. Entfaltung kreativer Imaginationen	a) Versöhnen b) Nähren
Mittelstufe	6. Beziehungsperson 7. Sexualität (Rosenbusch, Autostop) 8. Aggressivität (Löwe) 9. Ich-Ideal	eng eng eng eng	III. assoziatives Vorgehen IV. Nachttraum V. Fokussierung akuter Konflikte VI. Inspektion des Körperinneren VII. Befriedigung archaischer Bedürfnisse VIII. Durcharbeiten IX. Übertragungsanalyse	c) Schrittmacher d) Symbolkonfrontation
Oberstufe	10a. Höhle 10b. Sumpfloch 11. Vulkan 12. Folianten	breit eng	X. Kombinationen mit konventioneller Psychoanalyse XI. Malen imaginativer Inhalte	e) Erschöpfen und Mindern f) Magische Flüssigkeiten
musikal. KB (mKB)	Fokussierung 1.–8. möglich		XII. assoziatives Vorgehen	
KB in Gruppen (GKB)	Fokussierung 1.–8. möglich		Typ 1: individuelle Phantasien Typ 2: Gruppenphantasien	Feedback-Techniken

ten; (b) tiefere unbewußte Schichten anschneiden (symbolisch durch die Motive von Höhle und Sumpfloch); (c) sich betont auf Objektbeziehungen konzentrieren wie die Begegnung mit realen oder symbolisch eingekleideten Bezugspersonen.
Ein Teil der Standardmotive spannt das Projektionsfeld sehr weit, jedwede Form akuter Konflikte kann sich daran manifestieren (z.B. Wiesenmotiv, auch zur Einleitung des Tagtraumes mit seinen vielfältigen Dimensionen: Wetter, Jahreszeit, Struktur, Umgebung und Begegnung mit Objekten geeignet). Ein anderer Teil der Motive ist hingegen eng gefaßt und erlaubt, nur ein spezifisches Konfliktthema zu projizieren (z.B. das Motiv eines Löwen, in dessen Verhalten sich die Einstellung zur Aggressivität manifestiert).

Konfliktkreise und Interventionsstrategien

Die folgende Übersicht gibt die **Konfliktkreise** wieder, die die 10 Standardmotive in statistischer Häufigkeit thematisch ansprechen:

1. *Aktuelle, andrängende Konflikte:* Motiv einer Wiese, Einstellung einer Landschaft, Gebilde von Wolken.
2. *Orale Thematik:* Motiv der Quelle, der Kuh, der Küche in einem Haus.
3. *Aggressiv-expansive Thematik:*
   - anal-aggressiv: Motiv des Sumpflochs, des Vulkans,
   - oral-aggressiv (Durchsetzung): Motiv eines Löwen,

   - expansive Entfaltung und Entwicklung: Motiv eines Bachlaufs, einer Fahrt mit der Eisenbahn, einem Schiff, eines Flugs mit dem „magischen Teppich", in einem Flugzeug oder in der Rolle eines Vogels, Ritt auf einem Pferd.
4. *Ödipale und sexuelle Thematik:* Motiv eines Sumpflochs, eines Obstbaums, dessen Frucht gegessen wird, eines Rosenbuschs mit Abpflücken einer Blüte (für den Mann), einer Pferdekutsche oder eines Automobils, mit der Aufforderung einzusteigen (für die Frau).
5. *Leistungs- und Konkurrenzthematik* (Identifikation mit leistungsstrebigem Introjekt): Motiv einer Bergbesteigung mit Rundblick.
6. *Selbsteinschätzung:*
   - der eigenen Person hinsichtlich Kontaktbereitschaft, Impulsfreudigkeit, Aufdeckung genetischen Materials usw.: Motiv eines Hauses, das betrachtet und eingehend besichtigt wird,
   - der eigenen Person hinsichtlich verdrängter Verhaltens- und Triebtendenzen, auch auf der Introjektebene zu lesen: Motive von Symbolgestalten, die sich aus dem Dunkel des Waldes, der Höhle, aus dem Sumpfloch oder dem Meer frei entfalten,
   - Prüfung der Hingabefähigkeit: Motiv des Sichtreibenlassens in einem Bach oder Fluß, des Badens und Schwimmens im Wasser überhaupt.
7. *Problem der Identität bzw. des Ich-Ideals:* Assoziation einer Person zu einem spontan einfallenden, gleichgeschlechtlichen Vornamen.
8. *Begegnung mit Bezugspersonen* aus der Gegenwart oder der Genese (Introjekt):
   - symbolisch eingekleidet in allen Motiven der Landschaft wie Berg, Baum und Baumgruppen, Pflanzen; in Tieren (auch Tierfamilie für die eigene oder die Herkunftsfamile), entwickelt auf der Wiese, aus dem Dunkel des Waldes oder den erwähnten Erdöffnungen, Höhle und Sumpfloch, oder der Tiefe des Meeres; spontan als Symbolgestalten erscheinend,
   - als reale Personen der Gegenwart wie Eltern, Geschwister, Kinder, Lehrer, Chef, Konkurrent usw.; auch regressive Kindheitsszenen (etwa Mittagstisch im Kreise der Familie, als Säugling im Schoße der Mutter) gehören dazu.
9. *Inspektion des Körperinneren zur Darstellung der libidinös besetzten Beschwerden* bei psychogenen und psychosomatischen Erkrankungen: (a) Die Körperdecke als aus Glas imaginiert, ermöglicht den Blick in ein Organ, (b) der Proband schrumpft zu einem „Winzling" und dringt durch eine der Körperöffnungen ein, um zu dem betreffenden Organ zu wandern und es zu besichtigen.

Die **Interventionsstrategien** lassen sich wie folgt zusammenfassen:
Kreative Entfaltung: Die Standardmotive können von einer zur anderen Sitzung in lockerer Folge gestaffelt eingestellt werden, je nach dem Ausmaß und der Art der problembeladenen Inhalte; ihre spontane szenische Weiterentwicklung kann zur Kontrolle wieder eingestellt werden. Der spontanen „kreativen Gestaltung" der Motive sind keine Grenzen gesetzt. Aus den Eingangs- (Standard-)Motiven kann sich der Fluß in frei assoziierter szenischer Entwicklung entfalten, die besonders in der Mittelstufentechnik gefördert wird: *assoziatives Vorgehen.* Spontane, gelegentlich auftretende Altersregressionen führen dabei zurück in traumatisierende infantile Szenen oder vor diese in einen konfliktfreien Bereich. Die erstgenannte Regression erlaubt die Bearbeitung der Genese infantiler Konflikte (erste Dimension), die zweitgenannte die Befriedigung archaischer Bedürfnisse (zweite Dimension).
Regieprinzipien und einzelne therapeutische Techniken: Sie dienen der vorsichtigen Len-

kung des Tagtraums zum Zweck der dosierten Exposition mit Konfliktmaterial, der Auseinandersetzung mit diesem und dessen Bearbeitung. Das Repertoire ist vielseitig und entzieht sich einer referierenden Darstellung; hinsichtlich der einzelnen Kategorien kann auf Tab. 1 verwiesen werden. Eine knappe Darstellung mit Begründung des Einsatzes dieser Modi des therapeutischen Procedere gibt Leuner (1990).

Durcharbeiten im KB: Ausgeprägte neurotische Charakterdeformierungen haben lange Behandlungszeiten und bedürfen der Durcharbeitung. Diese kompliziertere Technik wird unterstützt durch die klare phänomenologische, bildhafte Darstellung der Konflikte und Stereotypen (fixierte Bilder), wofür spezielle Interventionsmodi vorgesehen sind: Klarifizieren, Fokussieren, Konfrontieren, „Durchleben und Durchleiden“ affektiv negativ besetzter Inhalte, Assoziieren, Verhaltensbeobachtung, Förderung expansiven Handelns (auch Probehandeln), deutende Hilfen.

Übertragungsanalyse: Obgleich die emotionale Übertragung und Gegenübertragung stets beobachtet werden sollen, spielen sie im KB eine geringere Rolle als in anderen Therapieverfahren. Gründe: (a) In der Kurztherapie von 30 Sitzungen entwickelt sich selten eine Übertragungsneurose; (b) der überwiegende Teil der affektiven Projektionen verlagert sich in den Tagtraum; (c) subtile Übertragungsphänomene zeichnen sich in der KB-Szene mehr oder weniger ab. Sie wachsen selten zu Übertragungswiderständen an, die den Verlauf der Therapie beeinträchtigen. Mißerfolge der KB-Therapie gehen jedoch in der Regel auf diese zurück. Deshalb muß der KB-Therapeut diese Relation erkennen und bearbeiten können.

Gestalterische Darstellung imaginierter Inhalte: Sie kann die Therapie unterstützen. Im musikalischen KB (mKB) (Leuner und Nerenz, 1964; Nerenz, 1969) wird Musik zur Entspannung und Stimulation des freien Flusses der Imaginationen angewandt. Das mKB ist auch für eine vereinfachte gruppentherapeutische Technik des KB (GKB) geeignet (Kreische, 1980).

Exemplarisches Fallbeispiel*

Kurztherapie eines Stotterers von 6 Sitzungen mit Interpretationen und Bildung von Hypothesen, die den einzelnen Strategien zugrunde liegen. Der Patient ist ein 18jähriger angelernter Arbeiter, der seit dem 11. Lebensjahr an wechselnd starkem Stottern leidet.

Vorgeschichte

Die Störung sei durch den Schlag eines strengen Lehrers auf den Hinterkopf verursacht worden. Eine Ohrfeige von ihm habe ihn ängstlicher gemacht. Der Lehrer beschimpfte ihn; er wurde scheuer und konnte nicht mehr richtig sprechen. Bei einem freundlicheren Lehrer im nächsten Schuljahr blieb der Sprachfehler bestehen. – Auf seiner Arbeitsstelle (Eichen von elektrischen Zählern) war er sehr ehrgeizig. Als sich Mißerfolge einstellten, wurde er zerstreut und zunehmend deprimiert. Von seinen Arbeitskollegen fühlte er sich beobachtet, konnte nicht mehr arbeiten und zog sich ins Bett zurück. Diese „Minderwertigkeitsgefühle“ und der „Verfolgungswahn“ bestanden bis zu Beginn der Therapie unverändert. Auch mit dem Meister hatte er sich überworfen und reagierte auch ihm gegenüber ängstlich. Seitdem konnte er sich nicht mehr mit ihm unterhalten. Auch mit dem Vater hatte er Schwierigkeiten und bekam mit ihm leicht Krach.

---

* Der psychodynamisch gut überschaubare Fall erlaubt eine didaktisch evidente Darstellung und gibt Einblick in das systemische Ordnungsprinzip des KB.

Kommentar: Die Anamnese der Einschüchterung durch männliche Autoritäten mit der Neigung zum depressiven Rückzug bei Verlust der Zuwendung durch väterliche Gestalten und Gleichaltrige wird deutlich mit Einbuße des an Leistung gebundenen Selbstwertgefühls. Paranoide Ideenverbindungen und Herabsetzung seines intellektuellen Vermögens stellen sich ein.

Im Hinblick auf die reflektorische Einschleifung des Stotterns wird zunächst eine Entspannungstherapie mit Suggestionen gegen die Sprachstörung angewandt. Sie bessert sich, jedoch verbleibt ein Rest immer dann, wenn er mit dem Vater, dem Meister oder anderen männlichen Autoritäten zu sprechen versucht. Um diese Psychodynamik gezielter anzusprechen, wird ein Behandlungsversuch mit dem KB vorgenommen.

Behandlung

1. KB-Sitzung (22. 4. 1948): Beim Wiesenmotiv werden Tiere und Blumen und ein belebter Bach im Sonnenschein imaginiert, eine unproblematische Szene wie bei einem therapierten Patienten, hier Hinweis auf ausgeprägte Konfliktabwehren. Die Szene erweitert sich durch schön gefiederte Enten kreativ und ästhetisch. Der Bach kann durch einen Steg überbrückt werden und bildet keine Grenze. Vielfältiger Wald ringsum repräsentiert möglicherweise die väterlich-männliche Welt, betont durch die Größe der Bäume, trotzdem ist eine Straße begehbar und breit. Das Wasser das Baches treibt eine Ölmühle, füllt ein Bassin, aus dem eine Wasserleitung in das nahe Dorf führt. Ein sublimiertes orales Motiv (Versorgung mit Flüssigkeit)[1] scheint sich zu konstellieren. In der Ölmühle wohnt eine Müllersfamilie (Wertschätzung der Familie). Beim sich einstellenden Fachwerkhaus wird der Schweinestall vor dem Schlafzimmer betont (gemeinsames Schlafen wird offenbar als „schweinisch“ [Sexualabwehr] empfunden). In der Scheune steht ein Auto vom Typ des Wagens seines Chefs, das beschädigt ist. (Der Chef erscheint so als Introjekt, aber abgewertet.) Mit dem Haus ist er jedoch nicht zufrieden; es sei alt eingerichtet, während er ein freundlicheres und nettes Design bevorzuge. Ein Storchennest auf dem Dach mag sexuelle Impulse symbolisieren, zumal er damit Schmutz und Dreck assoziiert. Zu dem beschädigten Auto seines Chefs assoziiert er, daß sein Denken und Sprechen auch oft stockte.

2. KB-Sitzung (29. 4. 1948): Der Ausgangspunkt Wiese ist unproblematisch und wie zuvor. Die Mühle hat jetzt ein größeres Rad, das Auto in der Scheune ist älter und baufälliger geworden. Das Schwein vor dem Schlafzimmer ist fetter, dieses Thema offenbar stärker libidinisiert. Das Auto des Chefs schleppt er ab und verkauft es bei einem Händler, um von dem Erlös ein Fahrrad mit Hilfsmotor zu erstehen und zu fahren. (Er möchte seine bessere Mobilität im Vergleich mit den Potenzen des Chefs dokumentieren, diesen übertrumpfend, wäre die hypothetische Interpretation des Therapeuten.) Jedoch kommt er nicht weit, ein Reifen ist platt infolge eines Nagels, der vom Absatz eines Männerschuhs stammt. (Die männliche Autorität einer Vaterimago [Vater, Chef?] scheint eine Progression zu hemmen.)

3. KB-Sitzung (7. 5. 1948): Er steht mit seiner Lehrerin am Schlafzimmerfenster des Hauses und zeigt ihr sein Leichtmotorrad (worin sich offenbar erotische Wünsche und Imponiergehabe zeigen; „Leichtmotorrad“ scheint für begrenzte Potenz zu stehen). Das Haus hat sich jedoch in ein Siedlungshaus ohne Fachwerk gewandelt; sein Wunsch nach einer modernen Form geht in Erfüllung. Jedoch hat sich die Zahl der Tiere – Schweine, Gänse, Enten und Katzen sowie Tauben auf dem Dach – als Ausdruck einer vermehrten Freisetzung von

[1] Angaben in Klammern: kurzer, dem Patienten gegenüber nicht ausgesprochener Kommentar.

Triebimpulsen vergrößert. Auch Ackerpferde (Sexualsymbol?) erscheinen, ziehen einen stabilen Wagen, geführt von einem alten Bauern, der Pfeife raucht und ihm freundlich zulächelt. Er assoziiert dazu den Bruder des Vaters. Eine auftretende Bäuerin erinnert ihn in ihrem nervösen Verhalten an „alle Frauen“ (worin die Repräsentanz einer feminin-mütterlichen Gestalt verstanden werden kann). Jetzt entdeckt er vor dem Stall einen großen Misthaufen (als aufkeimende Wertschätzung des Analen, verbunden mit Fruchtbarkeit?); Kühe werden gemolken (als Hinweis auf eine oralspendende Bedeutung der mütterlichen Welt?).

4. KB-Sitzung (10. 5. 1948): Er sieht die Möglichkeit, sein Leichtmotorrad für eine landwirtschaftliche Maschine einzutauschen, eine Mähmaschine, die ermöglicht, die Wiese nicht mehr mit einer Sense zu mähen. (Das „Luxusgefährt“ wird offenbar abgewertet zugunsten einer Realeinsicht.) Ein sehr dickes und aufgedunsenes, bäuerlich wirkendes Hausmädchen mißfällt ihm. Da es immerfort lacht, weiß er es nicht zu beurteilen. Es erinnert ihn an seine Cousine. (Man darf daraus die Abwertung der erotisch-sexuellen Beziehungen zu Mädchen vermuten, ambivalent wie seine Beziehungen zur Cousine.)
(Der Therapeut bildet nun die Hypothese, daß durch eine Identifikation mit dem Vater die Autoritätsängste nachlassen würden und damit auch die Sprachstörung. Zur Verifizierung wird die Einstellung des Motivs eines Berges und seine Besteigung angeregt. Der Berg wird hypothetisch als eine Repräsentanz der väterlichen Autorität angesehen. Seine erfolgreiche Besteigung würde die Identifikation mit dem Vater darstellen.) Der vom Patienten gezeichnete Berg hat die Form eines „Zuckerhutes“: sehr hoch, aber mit wenig Volumen. Oben findet er einen überdachten Schutz- und Ruheplatz (sucht also offenbar nach Schutz). Der Rundblick ist vielgestaltig: Industriestadt, hohe Schornsteine (phallisches Symbol), ein alter Jäger usw. Linker Hand in einiger Entfernung ist ein massiger hoher Berg mit einem großen Aussichtsturm zu erkennen. (Der Therapeut bildet die Hypothese: Der soeben auffällig leicht erstiegene Berg steht für sein Selbst, der gegenüberliegende ist der gesuchte Berg der väterlichen Repräsentanz wegen der größeren Masse und des phallischen Aussichtsturms.)

5. KB-Sitzung (12. 5. 1948): Der Therapeut schlägt den Aufstieg auf den „anderen Berg“ vor: Der Patient steht im Tal, rechts vor sich diesen Berg, dessen Turm verdeckt ist. Ein langsam ansteigender Weg führt ihn durch Wald nach oben. Es ist heiß, er schwitzt, der Aufstieg fällt ihm schwerer als auf den anderen Berg. Es ist schwül und gewittrig. Oben ruht er sich erschöpft aus. Gewitterwolken ziehen auf, es fängt an zu blitzen. Er bekommt Angst (das Wetter ist gegen ihn, das „drohende Gewitter“ erscheint als Drohgebärde der göttlichen, väterlichen Instanz, Über-Ich). Bei der Besteigung des Turms reicht die Kraft nicht, eine Stahltür zur Plattform zu öffnen. Der Therapeut muß ihm suggestiv seine Kraft leihen. Der Ausblick ist wegen des trüben gewittrigen Wetters enttäuschend (mehrere fixierte Bilder: das Wetter, das Gewitter, die Mühsal des Aufstiegs). Er erkennt gegenüber den „anderen Berg“, der höher ist als der jetzt bestiegene. Er kommentiert spontan: „Mein Vater ist dumm, ich bin gescheit“; man könne von diesem Berg nicht so weit sehen (Überbesetzung des eigenen narzißtischen Ich, Herabsetzung des Vaters). – Das Gewitter kommt näher, er will fliehen, da er furchtsam wird. Auf dem anderen Berg hätte er Schutz vor dem Blitz, hier auf dem Berg sei er dem Wetter schonungslos ausgesetzt. Das Gewitter empfinde er als „Schicksalsschlag“. (Die „Strafexpedition“ bedroht ihn immer mehr: die Szene wird als existentielle Bedrohung erlebt. Der Therapeut erinnert sich an die in der Anamnese erwähnten Schläge des Lehrers auf den Kopf.) – Im Nachgespräch wird die Interpretation der beiden Berge angeboten, die auf Zustimmung stößt.

6. KB-Sitzung (22. 5. 1948): Zur Kontrolle wird nochmals das Hausmotiv eingestellt. Die Personen darin sind andere: eine rundliche junge Bauersfrau und ein schlankes Dienstmädchen, „ganz neu", das einen viel besseren Eindruck mache als das dickliche Mädchen vordem. Auch die mütterlich-weiblichen Repräsentanzen haben sich zum Positiven gewendet (Wandlungsphänomene). Die Zuwendung zu diesen Gestalten erscheint jetzt leichter. – Abschluß der Behandlung, Entlassung des Patienten aus der stationären Therapie.
Kontrolle und Nachbehandlung (21. 8. 1948): Er sei selbstbewußt, könne offen und klar sprechen und stottere überhaupt nicht mehr. Mit seinem Vater verstehe er sich besser, die Arbeit ginge gut von der Hand. Er bleibe ruhig, wenn dabei Schwierigkeiten aufträten. Er sei weniger ehrgeizig, könne Arbeit auch liegenlassen, sei Stimmungen weniger ausgesetzt. – Die Sprachstörung habe sich im übrigen zu Hause noch gebessert. Er habe sich zu einer Tanzstunde angemeldet und ein „sehr spannendes" Autorennen mit einem Kollegen und älteren Herrn besucht. (Neu ist das Interesse an Frauen, an aggressiven Schauspielen, an Gemeinschaft mit Männern, auch älteren.) Er berichtet über sicheren Umgang, das Gefühl von Selbständigkeit, Minderung seines Abhängigkeitsgefühls, darüber, daß er an das Sprechen kaum noch denke und auch kleine Restschwierigkeiten ihm gleichgültig seien. Von einem Polizisten wegen einer Übertretung angehalten, habe er für sich gesprochen und sich sicher gefühlt. (Selbst die amtliche Autorität vermag ihn nicht zu beunruhigen.)

7. KB-Sitzung (zur Kontrolle): Beim Wiesen-, Berg- und Hausmotiv zeigen sich keine wesentlichen Veränderungen gegenüber der letzten Einstellung. Beim Berg jedoch erscheint ein Wandlungsphänomen: die Höhendifferenz zwischen beiden Bergen ist aufgehoben, das phallische Symbol des Aussichtsturms (Idealisierung der väterlichen Kraft) ist verschwunden. Insgesamt kann daraus geschlossen werden, daß der Patient sich jetzt als Gleichgestellter gegenüber männlich-väterlicher Autorität fühlt. Auf dem „väterlichen Berg" sind eine Wetterbeobachtungsstation und eine Sternwarte eingerichtet (Benutzung dieses Berges, vermehrte Wachsamkeit gegen Witterungseinflüsse [auch Gewitter], Ausblick in den Weltenraum, sublimierte narzißtische Haltung?). Wandlung am Bach, der zum Fluß geworden ist (Zunahme an vitaler „affektiver" Potenz?, d. h. Selbstsicherheit und Durchsetzungskraft). Die Stadt hat einen Flughafen (Ausdruck der Kommunikation „zu fernen Welten" und des realistisch eingesetzten Kraftgefühls). Die Besteigung des „väterlichen Berges" gelingt jetzt ohne Mühe (als Hinweis auf die Integration der väterlichen Repräsentanz in sein Ich = Identifikation bzw. Introjektion).

Diskussion

Der Fall vermag die Lesart der symbolischen Inhalte nach klinischer Erfahrung und der Lehre über tiefenpsychologische Symbolik (Leuner, 1978) zu veranschaulichen und die Hypothese „Die Besteigung des ‚väterlichen Berges' führt zur Befreiung von Symptomen" zu prüfen. Außerdem wird gezeigt, daß der therapeutische Prozeß an den Wandlungsphänomenen gewisser Linien verfolgbar ist. Da nur 7 Sitzungen vorliegen, sind diese hier sehr kurz; die Linien der Entwicklung des Hauses als sein Selbst, des Autos als Repräsentanz des mit Macht ausgestatteten Chefs, der Beziehung zur Welt des Vaters und der Autoritäten und die

Linie der Beziehung zur mütterlich-weiblichen Welt.
Besonders hervorzuheben ist ferner die Tatsache, daß der Transfer der sich im Tagtraum darstellenden Entwicklung auf das Realverhalten, auf reale Verhaltenstendenzen „von selbst" erfolgt ist, ohne eine kognitive Brückenbildung i. S. eines weiteren Lernvorgangs. (Eine Ausnahme bildet allein die interpretativ-kognitive Zuordnung der beiden Berge.) Diese schon sehr früh (Leuner, 1955, 1957) gemachte Beobachtung führte zu dem Untertitel „Ein nicht-interpretierendes Verfahren". Sie deckt sich im übrigen mit Beobachtungen der Verhaltenstherapie (Kadzin, 1978), daß zwischen in der Phantasie und in der Realität gesammelten Erfahrungen nicht unterschieden wird. Das Fallbeispiel verdeutlicht damit den umfassenderen Aspekt der Tagtraumtechnik: Nicht einzelne Verhaltenszüge, wie in der Verhaltenstherapie die Regel, erfahren eine Modifikation, sondern die gesamte Motivations- und Konfliktmatrix wird beeinflußt, so daß alle von ihr abhängigen Verhaltensstrukturen und -tendenzen – gewissermaßen auf breiter Basis – eine Modifikation erfahren, oft i. S. der Ausweitung von Freiheitsgraden.

Anwendungsbereiche und Behandlungsdauer

Das KB hat einen breiten **Anwendungsbereich**.

Indikationen
Kriseninterventionen, alle Formen neurotischer Entwicklungen sowie psychosomatische Erkrankungen Erwachsener (Leuner, 1987) und des Kindes- und Jugendalters (Leuner, Horn und Klessmann, 1990). Ausgewählte Fälle von Borderline- und narzißtischen Störungen können vom erfahrenen Therapeuten behandelt werden (Lang, 1982; Wächter, 1982).

Spezielle Erfahrungen mit günstigen Ergebnissen[1] liegen für folgende Indikationen vor:
- Krisenintervention (Leuner, 1982),
- Kurztherapie auch depressiver Neurosen und Phobien (Wächter und Pudel, 1980*, 1983*),
- charakterneurotische Anpassungsstörungen (Horn, 1978 u. a.),
- Zwangsneurosen (Koch, 1969; Salvisberg 1982),
- psychogene Psychose (Holfeld und Leuner, 1982; Schendl, 1989),
- psychogene Organstörungen (Kulessa und Jung, 1983*; Wächter und Pudel, 1983*),
- Herzneurosen (Eibach, 1982; Steiner, 1982),
- Anorexia nervosa (Klessmann, 1978, 1983; Seithe, 1982),
- Colitis ulcerosa (Wilke, 1979*, 1982),
- psychogene Genitalstörungen bei Mann und Frau (Roth, 1983, 1990),
- Paartherapie (Henle, 1982; Kottje-Birnbacher, 1981, 1982),
- Familientherapie (Klessmann, 1982).

Gefahren
Das KB ist ein z. T. sehr intensiv wirkendes, die Regression förderndes Verfahren. Vorbildung in allgemeiner Psychotherapie, Tiefenpsychologie und Weiterbildung zum KB-Therapeuten werden deshalb dringend empfohlen.

Kontraindikationen
- mangelnde Intelligenz (IQ unter 85),
- Psychosen akuter und chronischer Art,
- Formen der ausgeprägten Ich-Schwäche wie z. B.
  - schwere depressive Neurosen,
  - ausgesprochen hysterische Neurosen,
  - z. T. Borderline- und narzißtische Syndrome.

[1] Die mit * bezeichneten Nachweise beinhalten Effizienzkontrollen.

Die **Behandlungsdauer** hängt von einer Reihe unterschiedlicher Faktoren ab. Nach klinischer Erfahrung haben sich folgende Daten ergeben:
Krisenintervention oder extreme Kurzbehandlungen: 1 bis 8 Sitzungen; Kurztherapie: 8 bis 30 Sitzungen (Hauptkontingent der KB-Therapie). Effizienzkontrollen mit einer auf 15 und einer auf 20 Sitzungen begrenzten Therapie zeigten überraschend günstige Ergebnisse zur Kompensation von Neurosen und psychovegetativen Symptomen (Kulessa und Jung, 1983*; Wächter und Pudel*, 1980, 1983). Sie halten der Nachuntersuchung über 18 Monate und länger stand, z. T. mit signifikanter testpsychologisch verifizierbarer Nachbesserung (Jung und Kulessa, 1983*).
Selbst so schwere psychosomatische Krankheitsbilder wie Colitis ulcerosa (Wilke, 1990a, c) und Pubertätsmagersucht (Klessmann und Klessmann, 1978; Klessmann, 1983) oder chronische psychogene Psychose (Holfeld und Leuner, 1982) überschreiten die Schwelle einer mehr als 50 Sitzungen in Anspruch nehmenden Therapie nicht. Langdauernde Therapien zwischen 100 und 150 Sitzungen beschränken sich in der Regel auf schwere Charakterstörungen, Borderline- und narzißtisch gestörte Patienten und solche, die älter als etwa 45 Jahre sind (Leuner, 1982, S. 169; Lang, 1982, S. 151).
Die Praxis hat gezeigt, daß die Erfolge bei einer begrenzten Zahl von Behandlungssitzungen in einem längeren Zeitraum besser sind als in gedrängter Zeit (z. B. 20 Sitzungen in 20 Wochen statt in 5 Wochen). Die für eine Reifung der Person notwendigen Lernprozesse bedürfen offensichtlich längerer Perioden.

Beziehungen zu anderen Konzepten

Die hauptsächliche Beziehung besteht bislang zur psychoanalytischen Schule von Freud und dessen Nachfolgern, partiell zur Schule von C. G. Jung. Sehr früh, vor Erscheinen der Verhaltenstherapie, sind einige Regieprinzipien im KB eingeführt worden (Leuner, 1957), die in analoger Form später in der Verhaltenstherapie eine Rolle gespielt haben; hinsichtlich der Führung des Patienten haben KB-Therapeuten von der nichtdirektiven Technik der Gesprächspsychotherapie nach Rogers gelernt, z. B. die Beachtung der VEE (Verbalisierung emotionaler Erlebnisinhalte), jedoch mit klar definierbarer Modifikation im Hinblick auf die zentrale Stellung des nichtverbalen, erlebniszentrierten Parameters der Imaginationen (Ketzer, 1978).

Integration des Katathymen Bilderlebens in der tiefenpsychologischen Psychotherapie

Derzeitiger Stand der Entwicklung des Katathymen Bilderlebens

Hanscarl Leuner

Einleitung

Mit der Wahl des Namens „Katathym" für unsere Tagtraumtechnik folgte ich bei meiner ersten Veröffentlichung (1954) der psychiatrischen Nomenklatur für emotional bedingtes Verhalten[1]. Sehr viel später erfuhr ich von einer liebenswürdigen Philologin, daß dieses griechische Wort in der „Odyssee" erscheint und dort übersetzt wird als „vom Herzen kommend". Darin liegt zugleich die kürzlich von Th. v. Uexküll (1990) betonte „Wiederentdeckung des beseelten Leibes" für Psychotherapie und Psychosomatik.

In der Tat drücken die imaginativen Erlebnisse unserer Patienten emotionale Konstellationen der unbewußten Konflikt- und Wunschwelt symbolisch aus, gelegentlich begleitet von starken Affekten und Triebreaktionen. Sie nehmen eine vermittelnde Rolle ein zwischen der leibnahen emotional-affektiven Sphäre einerseits und der kognitiv-analysierbaren Wahrnehmung bildhaften Erlebens andererseits. In ihnen verbinden sich somit die beiden von Freud (1900) voneinander abgehobenen psychischen Funktionen vom Primärprozeß als dem emotional und bildhaft bestimmten kindlichen Erleben und vom Sekundärprozeß des Erwachsenen, bestimmt durch logisches Denken und Akzeptanz der Realität.

Im Verlauf einer fünfjährigen Periode (1948–1953) mit informellen Experimenten der „konkreten Phantasie", wie es Roth (1984) in seiner Festschrift genannt hat, fand ich Zusammenhänge unbewußter Prozesse, die heute als „systemisch" bezeichnet werden. Damit war ich auf ein System unbewußter dynamischer Vernetzungen gestoßen, dessen Untersuchung und Erforschung im einzelnen wie auch im allgemeinen meine Neugier und meinen Forscherdrang beflügelten und auch bald andere Therapeuten. Für den derzeitigen Entwicklungsstand des KB finde ich im Zusammenhang damit die Charakterisierung der Methode von Fürstenau (1990) in fünf Punkten zutreffend (in von mir etwas verdichteter, abgewandelter Formulierung). Es sind dies:

1. Die Orientierung der psychoanalytischen Behandlung nicht an „Metapsychologie" vorzunehmen, sondern an Modellen, d.h. an Strukturschemata, die eine Orientierung vermittelnde und handlungssteuernde Funktion für das Therapieren auszuüben vermögen.
2. Neue Erfahrungen auf dem Hintergrund eines neuen Musters von Beziehungen anregen und einüben als wesentlicher Aspekt der (psychoanalytischen) Therapie schwerer Persönlichkeitsstörungen neben dem Aufarbeiten verbliebener Kindlichkeit.
3. Das Interesse zunehmend an einer modellorientierten Untersuchung der therapeutischen Chancen und Risiken der einzelnen Behandlungsarrangements (z.B. Einzel-, Gruppentherapie) orientieren, einschließlich einer neuen Würdigung von Momenten wie Ritualbildung, Gewöhnung und Übung.

[1] Von H. Maier, Oberarzt von Eugen Bleuler, Zürich, 1912 eingeführt; Brockhaus 1979: "Katathymie, die Beeinflussung oder Umformung psychischer Inhalte durch affektive und gefühlsmäßige Einflüsse."

4. Auf die Bedeutung der Deklaration (der Willenskundgebung), insbesondere im Sinne der Aufforderung zur Handlung, aufmerksam machen als einem eigenen Interventionsmodus neben sinnkommunizierenden Interventionen.
5. Überlegungen zur Kontrolle von Dosierung, Widerstand und Regression, überhaupt die Sensibilisierung für Belastungs- und Verarbeitungsgrenzen von Patienten regelmäßig anstellen.

Auf die Erläuterungen dieser programmatisch erscheinenden Positionen von Fürstenau kann ich hier nicht weiter eingehen und verweise auf das Original. Man wird aber in meinen Ausführungen bald erkennen, daß viele dieser Positionen von Fürstenau in der Entwicklung des KB und in seinem derzeitigen Stand der Forschung sichtbar werden.

Die äußere Situation

Der derzeitige Stand der Entwicklung des Katathymen Bilderlebens kann anhand folgender Zeugnisse veranschaulicht werden:

Publikationen

Zeitschriften, Dissertationen usw.
In Zeitschriften, Handbüchern und Lexika sowie als Thema von Dissertationen oder Diplomarbeiten sind bisher etwa 300 Arbeiten erschienen, davon 10 in englischer, 6 in schwedischer, andere in spanischer, ungarischer und portugiesischer Sprache[1].

Bücher
Zum gegenwärtigen Zeitpunkt liegen vor: zwei Lehrbücher (Leuner, 1987, 1989) und vier Ergebnisbände (Leuner, 1990; Leuner und Lang, 1982; Roth, 1984; Bartl und Pesendorfer, 1989), ferner drei Bände, die sich mit dem Katathymen Bilderleben (KB) bei speziellen Indikationsstellungen beschäftigen (Leuner et al. 1986, 1990; Wilke und Leuner, 1990).

Organisationen

Die sich mit der Weiterbildung zum Katathymen Bilderleben befassenden Organisationen sind unter der Dachorganisation der Internationalen Gesellschaft für Katathymes Bilderleben und imaginative Verfahren in Psychotherapie und Psychologie (IGKB), Sitz Göttingen, zusammengefaßt. Ihr gehören Arbeitsgemeinschaften bzw. Gesellschaften und Sektionen in Deutschland, Österreich, der Schweiz, Schweden und den Niederlanden an. Ferner bestehen Arbeitsgruppen in Ungarn, Bulgarien, Chile und in der Tschechoslowakei.
Diese Gesellschaft fördert die wissenschaftliche Entwicklung des KB und angrenzender Bereiche und veranstaltet zu diesem Zweck Kongresse. Internationale Kongresse, die den jeweiligen Stand der klinischen und wissenschaftlichen Arbeit mit dem KB widerspiegeln, wurden bisher in Göttingen (1978), Salzburg (1981), München (1983), Interlaken (1986), Baden bei Wien (1989) und in Halle (1990) abgehalten.

Entwicklungstrends

Die Voraussetzungen für die Weiterentwicklung des KB waren und sind ohne die Zusammenarbeit eines internationalen Dozententeams nicht zu denken. Die bisherige Entwicklung war ferner abhängig von Fortschritten in der internationalen psychoanalytischen Forschung und verwandter Gebiete. Eine Reihe kompetenter und wissenschaftlich besonders interessierter Persönlichkeiten

---
[1] Literaturdienst auf Anfrage: Sekretariat der Internationalen Gesellschaft für Katathymes Bilderleben (IGKB), Friedländer Weg 30, W-3400 Göttingen.

– Ärzte und Diplompsychologen gleichermaßen – hat entscheidend dazu beigetragen, den einheitlichen Stand des Verfahrens in Theorie und Klinik zu erreichen. Die meisten von ihnen sind voll analytisch ausgebildet oder psychosomatisch orientiert. Viele beherrschen darüber hinaus noch andere Psychotherapiemethoden wie Psychodrama, Familientherapie, Therapie von Kindern und Jugendlichen, Verhaltenstherapie und Focussing, um die wichtigsten zu nennen. Der Austausch untereinander findet bei den zentralen und regionalen Seminaren ebenso statt wie bei den Dozententreffen oder in informellen Gruppen zum Austausch über spezielle Probleme. Schätzungsweise 70% der Publikationen sind psychoanalytisch orientiert, die restlichen 30% sind besonders praxisbezogen und pragmatisch. Oft von bemerkenswertem therapeutischen Common sense getragen, haben letztere Diskussionen anregend und befruchtend auf die größere Gruppe gewirkt.

Man darf nicht vergessen, daß die ersten Schritte der Behandlung bestimmter Krankheitsbilder mit dem KB häufig dem pragmatischen Prinzip von Versuch und Irrtum gefolgt sind. Die Methode bietet dafür günstige Voraussetzungen, wie auch Fürstenau (1990) hervorgehoben hat. Mit Hilfe der Imaginationen, gewissermaßen als einem „bildgebenden Verfahren für unbewußte Prozesse", bleibt der Untersucher immer empirisch orientiert. Die Tagtraumprojektionen spiegeln die Psychodynamik des „Hier und Jetzt", ebenso wie jede therapeutische und auch nichttherapeutische Intervention. Auch läßt sich die Verlaufsgestalt der Behandlung gut verfolgen. So spielte z.B. das Versuch-Irrtums-Prinzip unter psychodynamischen Erwägungen und Zielsetzungen eine Rolle bei der Konzeptualisierung der Therapie von Zwangsneurosen und von psychosomatischen bzw. psychovegetativen Krankheitsbildern. Die derzeitige mühevolle Erkundung einer Behandlung der frühen strukturellen Ich-Störungen, also von Borderline-Patienten sowie Patienten mit frühen narzißtischen Defekten, folgte dem gleichen Weg.

Ein wichtiger Schritt in diese Richtung war ein in den 70er Jahren auftretendes Problem. Wir sahen überraschende therapeutische Phänomene und Ergebnisse, denen die psychoanalytische Metapsychologie keine ausreichende theoretische, also psychodynamische Begründung zur Verfügung stellen konnte. In unserem Göttinger Team und bald auch von einer Reihe verstreut arbeitender Therapeuten wurden, unabhängig voneinander, Erlebnispassagen im Tagtraum beobachtet, die weder eine Konfliktbearbeitung noch eine Analyse der Abwehrmechanismen möglich machten. Trotzdem zeigte sich bei einigen dieser Fälle nach 8 bis 15 KB-Sitzungen ein kaum erklärliches Verschwinden der Symptome. Die Patienten fühlten sich im Szenario ihrer Tagträume wohl, gaben sich auf der Wiese der Ruhe im Sommersonnenschein hin oder erlebten ungewöhnlich erhebende Landschaftsbilder.

Fallbeispiel

Im Jahre 1975 stellte mir Wächter eine Patientin vor (Wächter, 1984), die im Rahmen einer gemeinsam mit Pudel durchgeführten kontrollierten Studie über eine auf 15 Sitzungen begrenzte KB-Kurztherapie (Wächter und Pudel, 1990), deren Patienten unausgelesen waren und aus der Psychiatrischen Poliklinik stammten, behandelt wurde. Die Vorstellung der 39 Jahre alten Frau begann mit der etwas ärgerlich vorgetragenen Bemerkung Wächters (1984): „... sie ist für das KB überhaupt nicht geeignet." Das bestätigten die vorgetragenen Daten. Die tiefenpsychologische Anamnese brachte kaum relevante Inhalte. Aktuelle Konflikte waren weder zu erfahren noch tauchten sie in den Imaginationen auf. Auf breiter Front war deutlich, daß die Patientin gewohnt war, abzudecken. Sie konnte zwar sehr gut imaginieren, bewegte sich aber durch Wiesenmotive und andere Landschaftsbilder, die ausgesprochen freundlich, blumig und in Sonnenschein getaucht waren. Das KB war nicht nur problemlos, sondern verkörperte geradezu eine „Kinder-Bilderbuch-Welt", wie es meine Seminarteilnehmer nannten. Alle Versuche, eine hintergründige Problematik zu entdecken, scheiterten. Ich zerstreute die Bedenken des Therapeuten und riet zur Fortsetzung der Behandlung in der Auffassung, die Patientin befriedigten diese überhöhten kindlichen Erlebnisse offenbar.

Nach der 15stündigen Behandlung schied die Patientin aus dem Programm aus. Die Testmethoden zeigten aus einem nicht ersichtlichen Grund eine deutliche Reduktion der Werte der Gießener Beschwerdenliste, der neurotischen Tendenz nach Brengelmann (1960) und besonders ausgeprägt der manifesten Angst nach Taylor (1953). Am überraschendsten war aber die Tatsache, daß die seit neun Jahren bestehenden multiplen psychosomatischen Beschwerden fast gänzlich zurückgetreten waren, d.h. die spastischen Oberbauch- und Gallenblasenbeschwerden, ein Fluor genitalis, Schlafstörungen und auch depressive Verstimmungen einschließlich phobischer Reaktionen. Das katamnestische Gespräch nach drei Jahren apostrophierte die Patientin mit den Worten: „Mir geht es gut. Wenn es so bleibt, bin ich zufrieden."
Die Publikation dieser ungewöhlichen KB-Therapie stellten wir seinerzeit wegen des Mangels einer schlüssigen theoretischen, d.h. psychoanalytischen Erklärung dieser Wirkung des KB zurück. Eine Übertragungsheilung konnte im Hinblick auf die lange Katamnese unseres Erachtens ausgeschlossen werden, zumal der Therapeut der Patientin wenig Anlaß dazu gegeben hatte.
In den folgenden Jahren erfuhren wir von ähnlichen Wirkungen dieser Therapie. Da ist z.B. der aus Schweden berichtete Fall einer 35jährigen Frau, die seit sechs Jahren an einer rezidivierenden Depression litt (Leuner, 1987). Sie hatte zwei Suizidversuche hinter sich und war fünfmal stationär, mehrfach auch ambulant in der Psychiatrischen Universitätsklinik in Växjö psychopharmakologisch behandelt worden.

Fallbeispiel

Als die Patientin erneut erkrankte, stellte die Psychotherapeutin, Frau Dahlgren, die Hypothese auf, die schon immer bestehende Frigidität dieser verheirateten, aber kinderlosen Patientin sei Basis ihrer Vereinsamung. In den wöchentlich einmal durchgeführten KB-Sitzungen war auch bei dieser Patientin keinerlei Konfliktmaterial zu erkennen. Die Therapeutin akzeptierte jedoch ihre stillen Wanderungen durch die warme, sommerliche schwedische Landschaft, durch Birkenhaine und entlang der Seeufer. Nach der 5. Behandlung berichtete die Patientin von einer Verbesserung der Beziehung zu ihrem Ehemann. Während der 8. Sitzung fiel auf, daß sie während des Tagtraums ein Lächeln auf den Lippen behielt und entspannt und froh wirkte. Verschämt sprach sie hernach von einem beglückenden Erlebnis. Gemeinsam mit ihrem Ehemann habe sie nackend am Ufer eines Sees gelegen. Ein Segelschiff hätte sich genähert, aus dem neben anderen Leuten ein Mann ans Ufer gestiegen sei und auf einer Orgel gespielt hätte. Er habe sich als der Vater der Patientin entpuppt, der sie herzlich beglückwünscht habe. Über ihrem und ihres Mannes Körper habe nun eine aus Rosen geflochtene Decke gelegen, die ihre Nacktheit verborgen habe.
Dieses poetische, märchenartige Szenario einer Neuvermählung des Ehepaares, abgesegnet von ihrem Vater, interpretiert sich weitgehend von selbst. Statt zur 10. Behandlungssitzung zu kommen, sandte die Frau ihrer Therapeutin einen Brief. Sie fühle sich wohl, die Beziehung zu ihrem Ehemann beglücke sie. Sie habe sich völlig geändert: „Nachdem ich selbst geglaubt hatte, eine eiskalte Frau zu sein, bin ich nun ein lebendiger und warmer Mensch." – Die von mir nach dreieinhalb Jahren erbetene Katamnese ergab, daß niemals wieder eine depressive Verstimmung aufgetreten war, selbst eine inzwischen eingetretene Impotenz des an MS leidenden Ehemanns hatte sie gut verwinden können.

Diese Behandlung kann selbstverständlich nicht als eine Therapie Depressiver mit dem Symboldrama verallgemeinert werden. Sie zeigt jedoch, wie analog verlaufene Fälle, die außerordentliche „therapeutische Macht", die eine symbolische Befriedigung archaischer Bedürfnisse haben kann: Besserung der Symptomatik und Wandel der Persönlichkeit.
Diese klinische Empirie konfliktfrei abgelaufener Tagtraumbehandlungen widerspricht dem psychoanalytischen Konzept absolut, dem wir und viele unserer Therapeuten gefolgt waren. Lassen sich derartige machtvolle Einwirkungen tatsächlich allein zurückführen auf das, was Balint (1970)

als „primäre Substanz des Therapeuten“ bezeichnete? Eine typische Übertragungsheilung konnte wegen der dreijährigen Symtomfreiheit beider Fälle kaum noch erwogen werden. – So fragten wir gegen Ende der 70er Jahre etwas ratlos nach einem überzeugenden theoretischen Ansatz, einem psychodynamischen Erklärungsmodell. Es erwuchs aus dem seinerzeit bekannt werdenden neuen Konzept des primären Narzißmus, zunächst bei Kohut (1977) und Grunberger (1982), entwickelt aus der Behandlung narzißtisch Gestörter. Wenn diese Patienten in der Übertragung auf den achtsamen Therapeuten in ihre frühe symbiotische Phase regredieren konnten, schien ihre spätere Entwicklung eine Korrektur zu erfahren. Ein „gesunder Narzißmus“ etabliere sich als unabhängige psychische Konstellation des Selbst durch den Ausgleich eines strukturellen Ich-Defektes. Eine Korrektur an der Basis der Entwicklung sollte dadurch möglich sein. Die langwierige Behandlung der emotionalen Entwicklungsphasen mit Durcharbeiten der Konflikte in den Objektbeziehungen schien damit überflüssig.

Dieses hier nur kurz skizzierte Konzept hat zu einer heftigen Kontroverse in psychoanalytischen Kreisen diesseits und jenseits des Atlantiks geführt. Der „Kohutismus“, meinte man, kündige die Grundprinzipien des analytischen Konzeptes auf.

Eine größere Zahl von Dozenten und Therapeuten, aufmerksam gemacht auf die Bedeutung konfliktfreier Bereiche im KB, bestätigte bald unsere Beobachtungen, und zwar besonders dann, wenn es sich um die Behandlung von psychosomatischen Erkrankungen bzw. Grundstörungen oder entsprechenden Ich-defizitären Strukturen handelte. Damit verdichtete sich der Eindruck, daß wir hier ein wichtiges Spezifikum der KB-Therapie erkennen können, und zwar als eine zweite Dimension unserer Methode in Ergänzung der ersten Dimension der Konfliktbearbeitung. Ich sprach umfassender von der „Befriedigung archaischer Bedürfnisse“ (Leuner, 1987). Gemeint ist eine therapeutische Regression von Befriedigungscharakter im Sinne von Balint (1970) in den primärnarzißtischen Bereich oder auf die orale, seltener auch auf die ödipale Ebene. Sie sind mehr oder weniger deutlich objektbezogen und schlagen sich in der Übertragung auf den Therapeuten nieder.

Das unreflektierte Befriedigungsprinzip in der KB-Therapie fand Stützung in der zurückliegenden Literatur. Ich nenne nur Ferenczi (1913), Anna Freud (1954) und Spitz (1956). Das Befriedigungsprinzip wird auch in der Psychotherapie von Psychosen hervorgehoben, am bekanntesten ist bei uns die symbolische Wunschbefriedigung nach Sechehaye (1955). Eine weitere Parallele findet sich in der nichtanalysierenden Spieltherapie bei Kindern durch Berna (1955) und Zulliger (1951). Immer liegt dann inhaltlich eine besonders wirksame symbolische Manifestation zugrunde. Sie steht in Beziehung zu den von mir herausgearbeiteten Regieprinzipien des KB wie z. B. Anreichern und Nähren und/oder der Symbolkonfrontation. Wir erkennen hier eine Parallele zu den psychosomatischen und psychovegetativen Erkrankungen.

Psychosomatische und psychovegetative Erkrankungen

Eibach (1986), Wächter (1984), Wilke (1982) sowie Sachsse und Wilke (1987) erkannten die Notwendigkeit, bei der Behandlung psychosomatischer und psychovegetativer Störungen besonders auf eine ausgeprägt positive oder symbiotische Übertragung zu achten. Sie ist zwar durch die immanente anaklitisch-mütterliche Basisübertragung im KB gewährt (Leuner, 1987), soll aber bei Behandlung psychosomatischer Erkrankungen durch eine stützende Haltung des Therapeuten verstärkt werden; sie kann hier überhaupt Voraussetzung für das Gelingen der Therapie sein. Bald erkannten die Autoren, besonders hervorgehoben durch Wilke (1982, 1990), daß sich bei der Behandlung der Psychosomatosen mehr oder minder deutlich ein eigenartiger, fluktuierender Rhythmus zwischen regressiv-symbiotischen bzw. oral befriedigenden Phasen und progressiv-konfliktzentrierter Einstellung entwickeln kann. Die symbiotische Einstellung scheint den Patienten für die anschließende Konfliktbearbeitung Ich-stärkend vorzubereiten. Nach dieser konfliktzentrierten Phase, die bei akuten psychosomatischen Zuständen, etwa der Colitis ulcerosa, symptomverstärkend sein kann, ist die Rückkehr zur Ich-stärkenden Regression bzw. „bemutternden" Übertragung wiederum angezeigt und begleitet von einer psychovegetativen Beruhigung mit Nachlassen der Symptome. Dieser Balanceakt verlangt vom Therapeuten, wie Wilke und Leuner (1990) immer wieder hervorheben, eine sehr gute Kontrolle der Gegenübertragung, einen hohen Grad an Sensibilität, nicht hingegen allein eine fortlaufend akzentuierte Bemutterung bzw. ausschließlich stützende Behandlung. Zur Veranschaulichung führe ich das Beispiel aus einer KB-Sitzung von Wilke an:

Fallbeispiel

Eine Patientin mittleren Alters stand wegen einer Colitis ulcerosa in stationärer Behandlung der Psychosomatischen Abteilung an der Lübecker Medizinischen Universitätsklinik. Sie war durch die Zunahme ihrer Stühle geängstigt. Im KB regnete es heftig auf der Wiese. Der Boden wurde aufgeweicht, und die Patientin sank langsam in das Erdreich, was sie noch mehr ängstigte. Der erfahrene Therapeut aber konnte die Angst der Patientin tragen, strahlte weiterhin Ruhe, Beständigkeit und damit Schutz aus. Er ließ dem Prozeß seinen Lauf. Sie sank immer tiefer, bis sich die Erde über ihr schloß. Allmählich konnte sie sich in der kleinen Erdhöhle Raum schaffen, um nicht ersticken zu müssen. Schließlich fand sie die Situation zunehmend behaglicher, warm und wohlig. Der Therapeut bestärkte diese symbiotische, narzißtisch-intrauterine Einheit („Mutter Erde") vorsichtig. Nach geraumer Zeit stieß die Patientin von selbst nach oben durch und erblickte eine schöne, große, grüne Wiese im strahlenden Sonnenschein.

Die Gefahr einer pathologischen Regression nach Balint (1970) ist unter diesen Bedingungen gering. Vielmehr setzten die Patienten Wilkes, ähnlich denen von Klessmann (1982b), in der Regel in den darauffolgenden Sitzungen die konfliktzentrierte Auseinandersetzung im KB spontan wieder fort. Entscheidend dafür ist offensichtlich die Gegenübertragungsreaktion des Therapeuten, wie Eibach (1982), Wächter (1984) und Wilke (1990b) hervorgehoben haben. Der Therapeut kann seine anaklitische schützende und gewährende Haltung verlieren, wenn eigene latente Ängste mobilisiert werden, in unserem Beispiel der in der Erde versinkenden Frau durch die Befürchtung, sie könne ersticken.

Die Bedeutung der symbiotisch-supportiven Ebene hat auch Wesiack (1985) für die Behandlung von Psychosomatosen hervorgehoben. Inzwischen hat Wilke – z.T. mit anderen Therapeuten wie Bartl (1984, 1990), Klessmann (1990a), Roth (1990) und Sachsse (1987) sowie Seithe (1989) und Wächter (1984) – klare Maßstäbe für die KB-Behandlung dieser Patientengruppen gesetzt, einschließlich der hochakuten Bilder der Colitis ulcerosa und des Asthma bronchiale. Dabei ist aber folgendes einschränkend hervorzuheben: Wenn die genannten Autoren auch der Empfehlung Balints (1970) folgten, eine „gegenseitig vertraute, arglose Beziehung, die an die primäre Ursubstanz erinnert", als Voraussetzung der gutartigen Regression aufzubauen, liegen die Dinge in der klinischen Empirie komplizierter. Die Bereitschaft zur therapeutisch nutzbaren Regression liegt nach Wilke bei Colitis-ulcerosa-Patienten von Beginn an bei etwa 80%, bei Morbus-Crohn-Patienten hingegen nur bei 50%, und bei Asthmapatienten kann das besondere Setting des KB einen Grad von Nähe hervorrufen, der sie ängstigt. Trotzdem erkennen diese Patienten, wenn sie sehr behutsam an die Imaginationen herangeführt werden, daß „sie hier etwas sehr Wichtiges erleben“. Wie komplex die Übertragungslage bei diesen hochakuten psychosomatischen Zustandsbildern, etwa dem Morbus Crohn, sein kann und welch hohe Forderungen an Ausbildung und Sensibilität des Therapeuten einerseits sowie an sein Stehvermögen andererseits gestellt werden, illustriert schließlich das kurze Protokoll einer 32jährigen Frau:

Fallbeispiel

„Ich sitze auf Wilkes Schoß und bin ganz klein. Ich muß genau hinsehen, so klein bin ich. Ich bin ein Säugling und habe O-Beine. Ich versuche, mich an seinem Zeigefinger aufzurichten. Ich kann mich daran festhalten und versuche aufzustehen, aber es klappt nicht so richtig. Ich habe das Gefühl, viel Zeit zu haben, mich zwischendurch ausruhen zu dürfen. Die Versuche aufzustehen sind wichtig, aber es macht mich nicht traurig, wenn ich wieder umkippe. Der Zeigefinger zeigt immer in dieselbe Richtung. Er ist stur. Jetzt möchte ich vom Schoß oder vom Bauch doch lieber auf die Sommerwiese.“

Der Therapeut wird hier also einerseits von den neurotischen Anteilen der Patientin als gehaßtes Übertragungsobjekt erblickt, andererseits soll er aber ganz selbstverständlich Zuverlässigkeit und Konstanz immer wieder von neuem versichern. Ein anschließendes Wiedererleben traumatisierender Szenen der Kindheit und das von vielen Therapeuten allzu leicht vergessene sorgfältige Durcharbeiten (nach der von mir für das KB beschriebenen Methode) förderten bei dieser Patientin schließlich eine versöhnliche und kompromißhafte Symbolisierung. Zu deren Verständnis dienten ergänzende längere Gesprächsphasen, deren Notwendigkeit bei einer einseitigen, instrumentell-mechanistischen Anwendung der Imaginationen allzuleicht übersehen wird.
Nach den hier referierten Erkenntnissen habe ich (1990) die Spezifika des KB für die Behandlung psychosomatischer Zustände in vier Punkten zusammengefaßt:

1. Der Therapeut hat die Möglichkeit, die Relation von Symptom, Konflikt und infantiler Objektbeziehungen in der KB-Szene zu lesen und dem Patienten evident zu machen. Dazu kann auch das imaginative Probehandeln beitragen. Die gefährliche negative Übertragung z. B. aggressiver Impulse kann auf diese Weise in den Bereich der Imaginationen verlegt werden.
2. Das sog. psychosomatische Syndrom bzw. die „Alexithymie“ wird durch Entfaltung der Phantasie und der die Imaginationen begleitenden Gefühle überwunden.
3. Die sich beim KB spontan einstellende psychophysische Entspannung, getragen von der sie begleitenden anaklitischen Übertragung, hat als eine wichtige supportive, Ich-stützende Komponente basale Bedeutung; das hat Feiereis (1990) erneut hervorgehoben.
4. Die Möglichkeit der therapeutischen Regression auf einen Grundkonflikt oder auf die Ebene des primären Narzißmus fordert die Auseinandersetzung mit den frühen Ich-strukturellen Störungen.

Mit der interessanten und vielversprechenden Technik der Imagination des Krankheitsherdes im Körperinneren haben sich Eibach (1982) und Roth (1990) neben Freiwald et al. (1975) sowie Zepf (1990) befaßt. Weitere Untersuchungen über die Indikation dieser etwas diffizilen Methode sind wünschenswert.

Strukturelle Ich-Störungen bei Borderline-Fällen

Auch in diesem Bereich tauchen im KB sehr häufig Manifestationen auf niederem Strukturniveau im Sinne archaischer Abwehrformationen auf, ähnlich wie bei der Anorexia nervosa, der Colitis ulcerosa, dem Morbus Crohn und anderen Psychosomatosen. Die beste, inzwischen schon als klassisch zu bezeichnende Fallanalyse der Behandlung eines Borderline-Patienten mit chronischer psychosomatischer Symptomatik veröffentlichte Lang (1982). Die primitive Spaltung und Verleugnung im Kernbergschen Sinn wird deutlich und vom Autor zur Integration des gespaltenen Mutterobjektes bearbeitet. Dieser Prozeß findet seinen Abschluß durch eine märchenartige, mythologische „Operation am Symbol". Der Patient erlöst die extrem aggressive „Mutterkatze" durch Tötung, wodurch sie sich in eine zärtliche Muttergestalt verwandelt. Die Symptomatik bestand seit 13 Jahren, die Therapie brauchte 150 Stunden und hielt einer zehnjährigen Katamnese stand.

Klessman (1989) und Rust (1989) haben den Unterschied der Imagination auf niederem, d.h. archaischem Niveau – Barolin et al. (1983) sprechen hier von „maskierter Regression" – gegenüber dem auf höherem Strukturniveau an Patientenzeichnungen gezeigt. Daraus lassen sich Rückschlüsse ziehen, inwieweit ein Patient auf frühe Abwehrmechanismen bis hin zur primitiven Spaltung angewiesen ist. Archaische Ich-strukturelle Anteile können im KB anfangs auch überdeckt bleiben durch relativ gut funktionierende reifere Ich-Anteile (Ich-Stärke) im Sinne der öfter hervorgehobenen „Pseudoautonomie" (Wilke, 1990). Die bei einer KB-Therapie von Borderline-Fällen involvierten Probleme wurden in drei Studien, und zwar von Jollet, Krägeloh und Krippner (1989), Sachsse (1989) sowie Salvisberg (1986), unabhängig voneinander sorgfältig untersucht. In allen drei Untersuchungen war das Ausmaß der archaischen Mechanismen anfänglich verdeckt, und die Therapeuten gerieten später in eine angstbesetzte Gegenübertragung. Inzwischen haben die beiden erstgenannten Autoren durch mühevolle Bearbeitung des Problems eine modifizierte Technik der KB-Therapie von Borderline-Fällen empfohlen.

Weiterführend sind auf diesem Gebiet auch Publikationen von Bartl (1983, 1984, 1988, 1990), die eine aktive Gestaltung der Beziehung zu dem grundgestörten Patienten empfehlen. Bartl signalisiert schon früh, daß den Patienten ein „warmes Klima" erwartet, u.U. später sogar verbunden mit körperlicher Berührung. Der Patient kann vom Therapeuten einen gleichbleibenden Rhythmus erfahren, der an frühes Rhythmuserleben anknüpft, wozu auch die Verläßlichkeit des Therapeuten gehört. Breitgefächerte sinnliche Wahrnehmungen über das Optische hinaus, wie Tasten, Hören, Riechen und sogar Schmecken, werden im KB angeregt. Die Bedeutung taktilen Wahrnehmens hat auch Eibach (1982) bei der Behandlung einer chronischen Herzneurose veranschaulicht. – Den auf dieser Ebene liegenden unmittelbaren sinnlich-kindlichen Zugang zur Symbolwelt führte Gerber (1990) gemäß ihrem genetisch-therapeutischen Entwicklungsmodell in die KB-Gruppenbehandlung von Kindern und Jugendlichen ein. Analoges erprobte Wollschläger (1989) zur Förderung des Symbolverständnisses bei Ausbildungskandidaten. Bei diesen drei Ansätzen geht es also, vereinfachend zusammengefaßt, darum, durch aktive, sinnlich eingeübte Wahrnehmung besonders günstige Voraussetzungen für die nachfolgende KB-Therapie Frühgestörter zu schaffen.

Eine vertrauensvolle Objekt- und Übertragungsbeziehung bei grundgestörten Patienten in der Imagination selbst herzustellen, erprobte Seithe (1989). Sie führte die Begegnung mit einer „guten, freundlichen Gestalt" ein als Kontrast zu ihren früheren Beobachtungen von spontan auftretenden „hämisch lachenden Gestalten" (1986). Diese hatten bei manchen ihrer Patienten „den Heilungsabsichten einen intensiven, bösartig-triumphierenden Widerstand" entgegengesetzt. Seithe findet Bestätigung bei

Kernberg (1987), der empfiehlt, sich an die „versöhnliche, schützende, behütende und liebevolle Seite einer Objektimago" zu erinnern.

Symbolische Beeinflussung früher Objektbeziehungen

Wegen der notwendigen Begrenzung dieser Technik können die bis heute bekannten exemplarischen Ansätze nur stichwortartig aufgeführt werden.

1. Den positiven Einfluß der zärtlich umfangenden Behandlung des von Giovacchini (1978) beschriebenen „eingefrorenen Objektes" habe ich bei einem narzißtisch Gestörten gezeigt (Leuner, 1982).
2. Die Korrektur eines schweren oralen Defizits gelang bei einem Zwangsneurotiker durch die Imagination einer oral spendenden, urmütterlichen Gestalt (Leuner, 1982).
3. Über die Auflösung der gespaltenen Mutterimago bei dem Borderline-Fall von Lang durch Tötung des bösen Symboltieres habe ich oben berichtet.
4. Die archaische Form einer extremen oralen Gier führte durch das symbolische Angebot einer goldenen Kugel, die in einen als verschlingend erlebten Schlund der Erde geworfen wurde, zu einem dramatischen Wandel infantiler Objektbeziehungen (Leuner, 1989).
5. Kulessa (1990) korrigierte die Beziehung eines Zehnjährigen zu seinem schwer gekränkten, autoritären Vater während einer Sitzung.

Auf theoretische Erwägungen zu diesen symboldramatischen Interventionen muß hier leider verzichtet werden (vgl. Leuner, 1987).

Der Übergangsraum

Dieser Bereich ist ein wichtiges Kapitel in der Interpretation und Anwendung des KB. Die psychosomatische Behandlung wie gleichermaßen die Therapie der Grundstörung teilt Lippmann (1990) in drei Stadien ein:

a) die archaische Befriedigung,
b) die innovative Seite des „acting in", das an den Neubeginn und das „Agieren" von Balint (1970) erinnert, und vor allem
c) die Entfaltung der Kreativität fordert.

Ich habe die dem KB immanente Komponente der Kreativität als seine „Dritte Dimension" bezeichnet (Leuner, 1987). Sie erlaubt unter anderem die Entwicklung des Übergangsraums nach Winnicott (1973). Schon früh ist phänomenologisch deutlich geworden, daß sich der Imaginierende oft in einem dreidimensionalen, quasi-realen Raum erlebt (Leuner, 1955a). Lippmann (1990) hat sich, wie auch schon Ullmann (1988a und b), mit den Übergangsfunktionen des KB befaßt. Ihre Bedeutung ist vielfältig. Sie stehen in Parallele zu den schon genannten sehr frühen regressiven Objektbeziehungen. Das KB entfaltet Übergangsphänomene als potentiellen imaginären Raum von Beginn der Behandlung an. Sie stehen dem kindlichen Spiel nahe. Der Übergangsraum ermöglicht dem Kleinkind ebenso wie unseren narzißtisch gestörten Patienten die Lösung aus ihrer symbiotischen Beziehung von Selbst und Objekt bzw. Selbst-Objekt (Kohut, 1979a u. b). Damit kann also der erste Schritt zur Individuation (Mahler, 1986) vollzogen werden. Voraussetzung ist allerdings die Gegenwart des mütterlich-zurückhaltend wirkenden Therapeuten von der Art: „Er ist einfach da!". In dem exemplarischen Fall einer schweren chronischen Neurodermitis zeigt Lippmann die Bedeutung seines Konzepts vom Übergangsraum in der KB-Therapie der Psychosomatose.

Fallbeispiel

Die 50stündige Behandlung eines stark zwangsstrukturierten Patienten führte zu einer wesentlichen klinischen Besserung mit dreijähriger Nachkontrolle. Der Patient war niemals fähig, auch nur andeutungsweise tiefenpsychologische Zusammenhänge zu erkennen. Wenn ich recht verstehe, konzentrierte sich die Behandlung vorwiegend auf die Inhalte der Symbiose mit dem primären archaischen Objekt, der Mutter. Das sich allein um Grenze und Abgrenzung rankende KB-Szenario führte zur schrittweisen Bestätigung der Selbstexistenz unter der Entfaltung eines sich erweiternden Übergangsraums. Beides kommt auch in den Zeichnungen dieses Patienten zum Ausdruck, die von Lippmann ausführlich phänomenologisch erläutert werden und wichtiges Material für die therapeutische Entwicklung des Patienten waren.

Die Studie von Lippmann wirft die Frage auf, inwieweit die Ausweitung pathologisch eingeengter Übergangsräume im KB eine wichtige therapeutische Hilfe für symbiotisch fixierte Patienten sein kann. Das scheint besonders von Bedeutung, wenn das tiefenpsychologische Symbolverständnis fehlt und auch nicht zu wecken ist. Weitere Versuche in dieser Richtung sind zu wünschen.

Eine analoge Betrachtung zum Übergangsraum stellen v. Uexküll und Wesiack (1988) an. „In der Geburt der Phantasie“ sehen sie „die schützende Hülle um das Individuum“, die die Reifung illusionärer Fähigkeiten zur Grundlage hat. Auch Gaddini (1977) und M. Mitscherlich (1978) stützen diese Auffassung. Sie fanden bei psychosomatisch Erkrankten den Mangel eines Übergangsobjektes in der Kindheit oder dessen verzögerte Ausbildung zu einem späteren Zeitpunkt. Hierher gehört auch das Problem des „falschen Selbst“, das Eibach (1982) bei der Behandlung einer Künstlerin zeigt und mit dem sich Stigler (1989) ausführlich in einer KB-Therapie auseinandersetzt.

Zum Schluß möchte ich noch auf einige wichtige klinisch-praktische Themen eingehen: Kurzzeittherapie, Gruppentherapie, die Paar- und Familientherapie sowie die Behandlung von Kindern und Jugendlichen.

Kurzzeittherapie

In den weitergehenden Möglichkeiten der Kurzzeittherapie bewährt sich das Katathyme Bilderleben besonders unter dem Versorgungsgesichtspunkt. Die Altersgruppen vom 8. bis zum 40. Lebensjahr zeigen hier offenbar die besten Resultate. Eine Serie von Fällen der Kurzzeittherapie mit dem KB (weniger als 30 Stunden) ist in den Arbeiten über statistische Effizienzkontrollen enthalten. Ich erinnere an die randomisierte, kontrollierte Studie von Wächter und Pudel (1990) (n = 15) einer Behandlung von 15 Stunden und die anschließende Untersuchung von Kulessa und Jung (1990) (n = 26) über eine 20stündige Therapie. Das Durchschnittsalter der Patienten lag bei 26,6 Jahren! Die erste „Katamnese“ erfolgten nach 6, die zweite nach 18 Monaten. In beiden Studien wurden unausgelesene Patienten mit neurotischer, psychovegetativer oder psychosomatischer Symptomatik behandelt. Kürzlich publizierte Roth (1990) eine erweiterte orientierende Studie über die Behandlung psychosexueller Symptome bei 65 Frauen (Durchschnittsalter 32 Jahre) und 26 Männern (Durchschnittsalter 34 Jahre). 12 Therapeuten gingen von der Standardtechnik der Grundstufe und von der Neurosentherapie aus. Sie berücksichtigten ferner, wie von Roth (1982, 1984) empfohlen, die Körpersensationen. Durchschnittlich wurden bei den Frauen 23 und bei den Männern 27½ Behandlungssitzungen bis zur klinischen Besserung durchgeführt. Die neurotischen und psychovegetativen Begleitsymptome sprachen bei Frauen in 83%, bei Männern in 75% an.

Sturm (1984) stellte alle bis zu diesem Zeitpunkt in der KB-Literatur publizierten Einzelfallberichte zusammen. Von den 97 Fällen waren nur 18% Langzeittherapien. Fallstudien über Kurztherapien liegen vor zu: neurotischen Depressionen (Pohlhammer, 1989; Wächter, 1982), mehreren Zwangsneurosen (Hexel, 1990; Salvisberg, 1982; Schendl,

1989) und Herzneurosen (Steiner, 1982). Klessmann und Klessmann (1990c) behandelten Patientinnen mit Magersucht ambulant, kombiniert psychotherapeutisch und internistisch in durchschnittlich 18 KB-Sitzungen, die überwiegend kompensatorischen Charakter hatten. Hervorzuheben sind die ersten und günstigen Versuche von Erlanger (1984), das KB zur Kurzzeittherapie älterer Menschen einzusetzen. Hier scheint sich ein weites Feld mit sehr ermutigenden Möglichkeiten aufzutun.

Gruppen-, Paar- und Familientherapie

Das Katathyme Bilderleben in der **Gruppe** (GKB) hat eine lange Entwicklung, sie reicht bis in das Jahr 1964 (Nerenz) zurück. Die seinerzeit und später von Kreische (1977a u. b, 1980) erprobte Einzeltherapie mit dem musikalischen Katathymen Bilderleben (mKB) in der Gruppe wurde auf meinen Vorschlag hin zurückgestellt zugunsten einer die Gruppendynamik stärker akzentuierenden Methode. Ich nahm an, daß sich der Gruppenprozeß in seinen Facetten dann am besten entwickeln kann, wenn die Gruppenmitglieder eine gemeinsame, thematisch zentrierte Imagination entfalten. Diese Erwartung hat sich bestätigt, wobei die Patienten in enger verbaler Kommunikation miteinander bleiben. Die ersten Erfahrungsberichte stellten Kreische (1977) und Sachsse (1974, 1979, 1980a und b, 1984) zur Diskussion, ferner Kreische und Sachsse (1978, 1980) sowie Sachsse und Kottje-Birnbacher (1985).

Das 1986 erschienene Buch „Gruppenimagination" von Leuner, Kottje-Birnbacher, Sachsse und Wächter mit einem Beitrag von Rust (1986) behandelt die Anwendung des GKB bei Weiterbildungskandidaten und Patienten der Psychiatrischen Klinik; Wächter vertritt die Kombination des GKB mit dem Psychodrama. Der Band wurde von bekannten Vertretern der Gruppentherapie sehr positiv referiert, ebenso ist die sorgfältige Darstellung der gruppendynamischen Konzepte hervorgehoben worden (z.B. Fürstenau, 1989). Ein häufiges Mißverständnis über diese Technik sollte mit dieser Publikation ausgeräumt werden. Die gemeinsame Gruppenphantasie ist stets in lange Passagen einer tiefenpsychologisch fundierten Gesprächsführung eingebettet. In diesem Rahmen ist die Gruppenimagination gewissermaßen nur der dynamische Höhepunkt als Verdichtung zu einem regressiv-symbolischen Erleben. Dieses fordert eine ausgedehnte Bearbeitung des freigesetzten emotionalen Materials. An Ausbildungskandidaten und Patienten konnte die persönlichkeitswandelnde Wirkung des GKB seit Beginn seiner Entwicklung beobachtet werden.

Die Paar- und Familientherapie mit dem KB hat ebenfalls eine längere Tradition. Die erste Darstellung der Paarbehandlung stammt von Kottje-Birnbacher (1981). Die weitere Entwicklung spiegelt sich in Arbeiten der Autorin von 1982 und 1990 wider. Zwei Konzepte und damit methodische Versionen gingen in die Paartherapie (1984) ein: einmal die der Tiefenpsychologie mit zurückhaltender Aufdeckung der Konflikte und ihres genetischen Hintergrundes, zum anderen die intradyadische Funktionsaufteilung nach dem Prinzip der systemischen Analyse mit entsprechenden Interaktionsstrategien. Zu nennen sind das Kollusionskonzept von Willi (1975) und das Familienkonzept von Stierlin (1975). Den besten Überblick bietet eine Publikation von Kottje-Birnbacher (1984). Ein pragmatisches Beispiel der KB-Paartherapie gibt Henle (1982). In dem Themenkreis Paar- und Familientherapie liegen auch „die Beziehungs- und Familienanalyse" von Klessmann (1982, 1990, 1990d) sowie die Familientherapie von Voss-Coxhead (1989). Paar- und Familientherapie gehören zweifellos zu den anspruchsvollsten Therapieverfahren. Didaktisch sehr ermutigende Konzepte zur Weiterbildung haben Klessmann (1990b) in dem Familienmodell einer Vierergruppe (Elternpaar und 2 Kinder) und Kottje-Birnbacher (1990a) für die Behandlung psychosomatischer Patienten veröffentlicht. Eine Methode der Selbsterfahrung des angehenden Therapeuten ebenfalls durch Regression in das Kindes- und Jugendalter hat Horn (1990) für die Weiterbildung entwickelt. Der Rollenwechsel von der Erwachsenenebene auf die regressive Ebene des Kindes in einem imaginierten Familienszenario vermittelt genetische Einsichten und oft tiefe Betroffenheit. Der angehende Kinder-, Paar- und Familientherapeut gewinnt überaus fruchtbares Anschauungsmaterial für seine Ausbildung.

Vergegenwärtigt man sich zusammenfassend die großen Möglichkeiten der hier genannten KB-Techniken zur Selbst- und zur therapeutischen Erfahrung drängt sich die Frage auf, ob diese überzeugenden Formen in einem wesentlich breiteren Ausmaß als eine didaktische Basis zur Vermittlung von Tiefenpsychologie im Sinne eines „Living-Learning" (Cohn, 1975) genutzt werden sollten. Diese Perspektive sollte sorgfältig überdacht werden. Erste Versuche in dieser Richtung wurden bereits an den sog. Theorietagen auf den regionalen KB-Seminaren von Pahl und Rosenberg (1991) und von Bölcs (1989) in der Supervision erprobt. Sie sind Versuche, Imaginationen und ihre regressiven psychodynamischen Möglichkeiten für ein „persönlichkeitsbezogenes Lernen" in der psychotherapeutischen Weiterbildung zu nutzen.

Behandlung von Kindern und Jugendlichen

Die Therapie von Kindern und Jugendlichen mit dem Katathymen Bilderleben hat in gewisser Hinsicht immer eine Sonderstellung eingenommen. Die erste Auflage eines Buches von Leuner et al. zu diesem Thema erschien bereits 1977, die wesentlich erweiterte 3. Auflage 1990 (vgl. oben). Der Band führt in die Psychotherapie von Kindern und Jugendlichen ein. Die Altersgruppe bis zum 8. Lebensjahr verlangt eine andere therapeutische Anwendung als Kinder in der Latenz und in der Pubertät, wie Horn und Seithe zeigen. Eine Reihe von Einzelfällen in der Therapie bestimmter Probleme etwa bei Kindern alleinerziehender Mütter, der ambulanten Psychotherapie der Anorexia nervosa und exemplarischer Fälle gestörter Jugendlicher bzw. gestörter Spätadoleszenten geben Beispiele der Anwendung des KB in diesem sich schnell wandelnden Entwicklungsbereich. Hennig et al. (1987) berichten über Krisenintervention bei schwer gestörten Adoleszenten, zum Teil mit extrem archaischer Psychodynamik. Das Studium von Einzelheiten dieses entwicklungspsychologisch sehr aufschlußreichen Gebietes hat auch Bedeutung für die Behandlung Erwachsener.

Zusammenfassung

Dieser Überblick über den derzeitigen Stand der Entwicklung des Katathymen Bilderlebens geht von meiner ersten Publikation 1954 aus. Er beschreibt die Grundstruktur der Methode im Vergleich zur Psychoanalyse und referiert kurz über erschienene Bücher, abgehaltene Internationale Kongresse und die derzeit bestehende Organisation zur Weiterbildung und wissenschaftlichen Förderung des Katathymen Bilderlebens. Entwicklungstrends befassen sich mit der Macht konfliktfreien Erlebens im KB als der zweiten Dimension in Form von Befriedigung archaischer Bedürfnisse neben der Konfliktbearbeitung. Die Erarbeitung der Methoden zur Behandlung psychosomatischer und psychovegetativer Erkrankungen ebenso wie der Borderline-Patienten bzw. der strukturellen Ich-Störungen nimmt breiten Raum ein. Im Zusammenhang damit steht die symbolische Beeinflussung früherer Objektbeziehungen. Ein besonders zukunftsträchtiges Kapitel ist offensichtlich die Beachtung des Übergangsraums in der KB-Therapie, eventuell auch ohne das tiefenpsychologische Konzept.

Seit langem ausgearbeitete und klinisch praktizierte Techniken sind die Kurzpsychotherapie, die Gruppentherapie und in gewissem Maße auch die Paar- und Familientherapie. Die Behandlung von Kindern und Jugendlichen hat schon seit 1977 eine zunehmende Würdigung gefunden. Im Hinblick auf die breite Erfahrung in der Behandlung von Restneurosen bei Ausbildungskandidaten und in didaktischen Übungen in Seminaren hat die Regression in das Kindesalter (Horn, 1990; Klessmann 1990) die Frage nach der Bedeutung des KB als eine Lehrform der Tiefenpsychologie aufgeworfen.

Imaginationen als Instrumentarium der Psychotherapie

Heinz Hennig

Einige grundlegende Bemerkungen zu Imagination und Tagtraum aus psychoanalytischer Sicht

Freud (1985, S. 400ff.) selbst ist es, der durch sein Studium der Psychoneurosen zu dem Ergebnis kommt, daß Tagträume (die er wegen der Gemeinsamkeit wesentlicher Teile ihrer Eigenschaft mit dem Nachttraum nahezu gleichsetzt) nicht nur Vorstufen hysterischer Symptome sein können. Vielmehr hängen hysterische Symptome an den „auf Grund der Erinnerungen aufgebauten Phantasien", also nicht an den Erinnerungen selbst. Neben bewußten Tagträumen, so folgert Freud weiter (übrigens unter Gleichsetzung der Begriffe Phantasie und Tagtraum), „kommen überreichlich unbewußte vor, die wegen ihres Inhaltes und ihrer Abkunft vom verdrängten Material unbewußt bleiben müssen". Freud setzt dann noch hinzu, „ihre Untersuchung hätte uns eigentlich den nächsten und letzten Zugang zum Verständnis der Nachtträume eröffnen können".

In seiner Gleichsetzung der Tagträume mit den Nachtträumen fährt Freud (a.a.O., S. 401) fort, indem er ersteren ebenfalls zubilligt, daß sie als Wunscherfüllung anzusehen seien, und, was besonders aufmerken läßt, daß sie überwiegend auf Eindrücken frühkindlicher Erlebnisse basieren sowie aufgrund ihrer Eigenart Zensurwirkungen (also Abwehrfunktionen) mindern. Schließlich erwähnt er, daß die hinter der Tagtraumproduktion stehenden Wunschmotive ihr Baumaterial durcheinandergeworfen, umgeordnet und zu einem neuen Ganzen zusammengefügt haben. Die Tagträume „stehen zu den Kindheitserinnerungen, auf die sie zurückgehen, etwa in demselben Verhältnis wie manche Barockpaläste Roms zu den antiken Ruinen, deren Quadern und Säulen das Material für den Bau in modernen Formen hergegeben haben" (a.a.O., S. 401). Freud waren sehr wohl die Tagtraumstudien von Silberer (1909) bekannt. Silberer habe, so Freud (a.a.O., S. 401f.), „die Umsetzung von Gedanken in Bilder gleichsam in flagranti erhascht", wenn er seine an der Schwelle zwischen Schlaf- und Wachzustand liegenden „funktionalen Phänomene" entdeckt und beschreibt. Anstatt der von ihm bearbeiteten Gedanken stellten sich (als Ersatz?) Visionen ein, z.B. jene, in der sich im Verlauf seiner vergeblichen Versuche, die Ansichten Kants und Schopenhauers im schläfrigen Zustand zu vergleichen, folgendes Traumbild „als anschaulich-plastisches Symbol" darstellte: „Ich verlange eine Auskunft von einem mürrischen Sekretär, der, über einen Schreibtisch gebeugt, sich durch mein Drängen nicht stören läßt. Sich halb aufrichtend, blickt er mich unwillig und abweisend an" (Silberer, 1909). Freud (1985, S. 411) folgert weiter, daß diese „Schwellensymbolik", d.h. die Tagtraumphänomene, „auch manche Elemente mitten im Zusammenhang eines Traumes aufklären" würde.

Freud hat also nicht nur die grundsätzliche Bedeutung der Tagträume als psychotherapeutisch nutzbares Agens erkannt, mit seinen ausführlichen Hinweisen auf die Untersuchungen von Silberer verweist er darüber hinaus auf die Wirksamkeit oder zumindest auf die Produktivität von Tagträumen auf verschiedenen Bewußtseinsebenen. Von Interesse ist weiter, daß Silberer die Wechsel der Bewußtseinsebenen oder -zustände während seiner experimentellen Tagträume deutlich erkennt. Experimentelle Befunde aus der modernen empirischen Traumforschung weisen im übrigen auf Entsprechungen von Tagträumen und Nachtträumen hin und beschreiben ein Kontinuum von Tagtraumphantasien über Hypnose bis zu den Nachtträumen (Thomä und Kächele, 1986, S. 145f.).

Diese Überlegungen widersprechen keinesfalls der prinzipiellen Regressionshypothese von Leuner (1978, 1987), daß Tagträume als katathyme Bilder auf der Stufe der Primärebene stets regressiver Natur sind. Im Verlauf der Entwicklung dieses Mediums zu einer systematischen Psychotherapie entdeckte Leuner (1987) jedoch bald den Ablauf von Tagtraumprozessen auf verschiedenen Ebenen, die von ihm definierten Wirkdimensionen des Katathymen Bilderlebens sind ein Ergebnis dieser Gedanken. Klinger (1988) und Hennig (1989, 1990) haben diese Gedanken zur Wirkung von Imaginationen auf den verschiedenen Bewußtseinsebenen unter den Aspekten der Kreativitätsförderung in der Vorstellungsforschung und der Strukturbildung im therapeutischen Prozeß fortgesetzt.

Zu tiefenpsychologisch orientierten Erweiterungen der Dimensionen von Tagträumen und Imaginationen

Die unbewußten und bewußten Inhalte von Tagträumen bewegen sich jedoch nicht nur in diesen Dimensionen. Während Freud den Traum in der Regel als Ausgangspunkt für freie Assoziationen betrachtet, kommt C. G. Jung nach seinen klinischen und empirischen Studien zu dem Schluß, daß der „tatsächlichen Form und dem Inhalt des Traumes“ besondere Aufmerksamkeit gelten sollte, „denn oft besitzen Träume eine ganz besondere, offenbar zweckmäßige Struktur, die eine gewisse Absicht ahnen läßt” (Jung, 1988, S. 27ff.). Zumindest sollte das von ihm vorgeschlagene „Umkreisen“ des jeweiligen Traumbildes („Was sagt der Traum“) als methodische Ergänzung zum psychoanalytischen Vorgehen interpretiert werden.

Nicht so sehr apodiktisch, sondern eher erweiternd und neben anderen Aspekten geltend, hat die Aussage von Jung (1988, S. 29) „Der Traum zieht seine eigenen Grenzen“ nicht zuletzt für den therapeutischen Umgang mit katathymen Bildern eine hervorragende Bedeutung. Wenn nämlich die „Traumsprache“ mit ihrem beträchtlichen Potential an emotionaler Energie während des Tag- bzw. Nachttraums (und mit Hilfe der Phantasie) vermag, wesentliche (auch pathogene) unbewußte psychische Inhalte in das Bewußtsein einzubringen, die als verdrängtes Material permanente psychogene oder psychosomatische Störungen provozieren können, dann läßt sich daraus unschwer die „komplementäre (oder kompensatorische) Funktion der Träume“ ableiten. „Die allgemeine Funktion der Träume besteht in dem Versuch, uns das psychische Gleichgewicht wiederzugeben, indem sie Traummaterial produzieren, das auf subtile Weise die gesamte psychische Balance wiederherstellt“ (a.a.O., S. 50). Jung (1921, S. 89ff.) betont ausdrücklich die unmittelbare Nähe von Traum, Phantasie und Imagination sowie deren wesentliche Bedeutung nicht nur für die Psychohygiene und Psychotherapie, sondern für eine kreative Lebensgestaltung überhaupt.

Diesen Überlegungen folgend, bewertet Drewermann (1988, S. 156ff.) die Traumcharakterisierung von Jung als außerordentlich nützlich, weil es grundsätzlich unwahrscheinlich sei, „daß der Inhalt der Traumsymbole nur aus verdrängtem und uneigentlichem Material der individuellen Pathogenese bestehen soll". Es ist durchaus die Annahme zulässig, daß ein Teil des Unbewußten „niemals zum Bewußtsein gelangt ist ..., sondern allenfalls durch eine zu starke Isolierung vom Bewußtsein neurotisierend wirken oder neurotisch deformiert sein kann; zudem, wenn die Symbolsprache selbst ein gemeinsamer Besitz der Menschheit ist, muß sich in ihr etwas aussprechen, das zum Menschen selbst gehört und nicht erst aus den sozialhistorisch vermittelten Gegensätzen der jeweiligen Kultur zu den menschlichen Triebbedürfnissen hervorgeht". Anders gesagt, Jung erkennt in den Symbolen seiner Traumbilder nicht nur Vorstellungen triebhafter Wünsche, sondern die „Darstellung bestimmter unbewußter Inhalte, die des symbolischen Ausdrucks gar nicht bedürfen, wenn sie in einer anderen Form als im Symbol mitgeteilt ... werden könnten". Diese von Jung ursprünglich als Gegensatz zu Freud definierten Thesen der komplexen Psychologie erweisen sich heutzutage als eine wesentliche Erleichterung unserer Möglichkeiten der Traum- und auch Tagtrauminterpretation. Der Traum kann, wenn auch von verschiedenen Ebenen aus betrachtet, sowohl Entstellung und Wunscherfüllung (Ersatzbefriedigung) ursprünglicher Triebwünsche als auch Vermittler zum Unbewußten des einzelnen und der Gesellschaft sein.

Auch Adler (1929, S. 42ff.) sieht Phantasie, Tagtraum und Nachttraum in enger Gemeinschaft und fügt, zunächst gemeinsam mit Freud, später gegen ihn arbeitend, der Traumsymboldeutung eine weitere Dimension hinzu. Das Individuum wird in seiner Ganzheit, seiner Zielgerichtetheit und seiner sozialen Wesenheit begriffen; Tagträume sind (wie auch Nachtträume) diesen Prinzipien untergeordnet (Louis, 1987, S. 21ff.). Für die therapeutische Arbeit mit dem Katathymen Bilderleben ist die Erkenntnis Adlers (Ansbacher und Ansbacher, 1972, S. 224ff.) von erheblicher Bedeutung, „daß das Leben im Wachzustand mit dem Leben im Schlafzustand eine Einheit bildet". Ferner wird der Aspekt einer dynamischen Bezugnahme auf die Zukunft in den Inhalt der Traumsymbolik eingeführt und insbesondere auf die Aufgabe des Traumes, als Produkt des Lebensplanes, „beim Aufbau und bei der Stärkung des Lebensstils" zu helfen, aufmerksam gemacht. Für Adler läßt sich den Träumen (auch den Tagträumen) der „persönliche Finalitätsirrtum" (Louis, 1987) entnehmen, der seinerseits Inhalte produziert, die ohne ihre Symbolverkleidung Minderwertigkeitsgefühle freisetzen können. In der Traumsymbolik offenbart sich folglich auch die Diskrepanz zwischen den Zielvorstellungen des Träumers (heutzutage würde man hier von Größen-Selbst – oder zumindest Individuationsphantasien sprechen) und seinen sozialen Möglichkeiten; „das Traumproblem muß also zum zentralen Kern einer neurotischen Auseinandersetzung führen" (Louis, 1987). Der freien Assoziation wird im übrigen bei der Interpretation von Traumsymbolen auch von Adler eine bevorzugte Stellung eingeräumt.

Einige Ergänzungen mit Therapiekonzeptionen außerhalb der Tiefenpsychologie

Diese kurzen Ausführungen der Schöpfer der drei klassischen tiefenpsychologischen Theorien zum Umgang mit Phantasie, Tagtraum und Traum, also mit Imaginationen und ihren Symbolen, können mit dem Abstand der heutigen Zeit als wesentliche Ebenen der Psychodynamik des Tagtraumgeschehens angesehen werden. Zugleich sind unter anderem hier die Wurzeln im KB zu suchen. Die Anzahl dieser Aspekte ließe sich in Anbetracht der bis in unsere Tage anhaltenden Gründungen weiterer tiefenpsychologisch orientierter Schulen, die zumeist Weiterentwicklungen der beschriebenen grundlegenden Denksysteme darstellen oder aber Ergänzungen sind, welche die Facette unserer Möglichkeiten zur Tagtrauminterpretation bereichern (und damit zur klinischen Nutzung dieses Mediums beitragen), stetig erweitern. Dies schließt Modellvorstellungen der verschiedensten Art ein, d.h. moderne Imaginationstherapie kann heutzutage nur auf dem Hintergrund der breiten Palette derzeitigen psychotherapeutischen Vorgehens bzw. theoretischer Konzepte gesehen werden, die z.B. von der Transaktionsanalyse bis hin zu körpertherapeutischen Elementen, zur Narzißmustheorie und anderem reichen können.

Stets eröffnen sich für den therapeutischen Umgang mit Imaginationen hieraus neue kreative Einsichten und Gestaltungsmöglichkeiten. Für den therapeutischen Umgang mit katathymen Bildern ist daher zumindest die Auseinandersetzung mit den aktuellen Psychotherapiekonzepten jeglicher Couleur eine zwingende Notwendigkeit, zumal sich das KB gelegentlich auch als Kurzzeittherapie zwischen stützenden und dynamischen Verfahren liegend versteht. Gerade die neuerdings in Europa immer intensiver genutzten Kurzzeitpsychotherapiemethoden (de Shazer, 1989), wie etwa das Neurolinguistische Programmieren und anderes, nutzen mit Erfolg Imaginationen, wenn auch zunächst mit anderen Therapiezielen als das KB. Dennoch können KB-Therapeuten aus dem Umgang dieser Schulen mit Imaginationen profitieren, sie sollten sorgfältig eruieren, welche Wirkmechanismen dort im Zentrum stehen.

Einige Gedanken zu den Wirkungsebenen im Verlauf therapeutischer Tagträume

Aus den beschriebenen Wurzeln, die ständig Nahrung aus vielerlei theoretischen Konzepten und klinischen Ergebnissen aufnehmen müssen, um lebendig zu bleiben und wachsen zu können, hat sich nunmehr also ein ansehnlicher Baum entwickelt, dessen weitverzweigte Krone aus einer Fülle gelegentlich sogar bizarr anmutender Äste besteht, die zwar von gemeinsamen Wurzeln genährt werden, in ihrer eigenartigen Ausprägung jedoch sehr verschieden sein können.

Bedenkt man ferner, daß mit jedem katathymen Imaginationsablauf auch kognitive Erkennungsprozesse verbunden sind (bei möglichen Interpretationen ohnehin), dann läßt sich auf dem Hintergrund moderner systemisch-strukturalistischer Überlegungen nach Maturana und Varela (1987, S. 262) eine kognitive (individuelle) Zirkularität nicht übersehen, die auch für den therapeutischen Prozeß gilt, allerdings einen Ebenenwechsel voraussetzt: „Indem wir erkennen, wie wir erkennen, bringen wir uns selbst hervor.“ Dem Psychotherapeuten muß ebenfalls stets bewußt sein, daß „unsere Gewißheiten keine Beweise der Wahrheit sind, daß die Welt, die jedermann sieht, nicht die Welt ist, sondern eine Welt, die wir mit anderen hervorbringen“ (a.a.O., S. 264). Diese Dimension sollte dem KB-Therapeuten nicht fremd sein, wenn er tiefenpsychologischen Interpretationen von Tagträumen Raum geben will.

Als ein Paradigma für weitere psychoanalytisch orientierte Überlegungen möge die Methapher von Moser (1989, S. 15f.) gelten, mit der jener die psychoanalytische Körpertherapie als nützliche Ergänzung zur Psychoanalyse beschreibt. Mit der Umsetzung der oft „schwer entzifferbaren Spuren, Fragmente und Zeichen der zerrissenen leibseelischen Wechselseitigkeit ..., auf der Ebene seiner schwersten Traumatisierung“ in die sprachliche Kommunikation über unbewußte Szenen bedient sich der Analysand seiner ursprünglichen Ausdrucksmittel „und macht sich an ein Leistungsprogramm: er drückt die in einem ganz anderen Aggregatzustand, sozusagen unter der Erde eingeschlossenen Affekte durch feine Röhren und Filter an die Erdoberfläche und füllt sie in die bereitliegenden, aber zum größten Teil nicht von ihm entwickelten Sprachgefäße ... Aber Handlungsimpulse sind in den Filtern oder in den dünnen Steigleitungen hängengeblieben. Das Personal an der Erdoberfläche hat es mit Derivaten zu tun ..., die an ihren ursprünglichen Zustand oft nur noch entfernt erinnern". Zweifelsohne sollten solche Gedanken die Aufmerksamkeit des KB-Therapeuten auf sich ziehen, zumal wenn er es, wie das im Zeitalter des Narzißmus der Fall ist, zunehmend mit frühen Störungen zu tun hat. Wenn Bartl (1984) den Mangel an Wärme, Rhythmus und Konstanz als ein wesentliches Charakteristikum der Grundstörung beschreibt und dabei die Genese der therapeutischen Begegnung mit diesen Patienten, dann wird die eigenartige Sonderstellung imaginativer Interventionen zwischen dem klassischen psychoanalytischen Setting und der psychoanalytisch orientierten Körpertherapie (oder verwandter Methoden) sichtbar; wie offenbar tagtraumtherapeutische Interventionen in vielfacher Hinsicht eine Zwischenstellung, also einen nützlichen therapeutischen Kompromiß darstellen. Diese Tatsache ergibt sich aus den verschiedenen, sich parallel bzw. gegenseitig bedingenden Wirkungsebenen nahezu zwangsläufig.

Bedenkt man ferner, daß Kernberg (1983, S. 214) als allgemeinste Behandlungsstrategie der den Therapeuten enorm belastenden Patienten mit Borderline-Störungen oder narzißtischen Beeinträchtigungen, u.a. besonders die systematische Bearbeitung der negativen Übertragung, die konsequente Deutung der Abwehrkonstellation dieser Patienten (in der negativen Übertragung), die Festsetzung von Grenzen, keine Deutung der weniger primitiv motivierten positiven Übertragungsanteile fordert, dann präsentiert sich das vielfach vernetzte System wirksamer therapeutischer Elemente bei der Tagtraumbehandlung noch deutlicher. Für eine nicht selten nötige stützende Kurzpsychotherapie und für daran anschließende oder spätere „kombiniert stützende und aufdeckende" psychoanalytisch bzw. tiefenpsychologisch orientierte therapeutische Interventionen bietet das KB nahezu ideale Voraussetzungen, wenn Kernberg (1983, S. 378f.) zunächst die hier im Vordergrund stehende Deutung der „markantesten Abwehrvorgänge in der Übertragung" empfiehlt, „die auf eine Entwertung des Therapeuten" hinauslaufen, „während man andere Aspekte des Größen-Selbst schont" (Reste vorhandener Ich-Stärke also nutzt), um pathologischen Narzißmus abzuschwächen, und auf eine bessere Anpassung hin modifiziert. Das sicherlich gelegentlich komplizierte therapeutische Agieren auf einem Kontinuum zwischen „Ich-reparativer, auf Ich-Defizite abzielender therapeutischer Intervention" (Mertens, 1988, S. 16) und neurosetherapeutischem Vorgehen im Sinne von Übertragungs- und Widerstandsdeutungen sollte keinesfalls dichotomisch verstanden werden, weil beides unter gewissen Aspekten auch als Fehlentwicklung oder Entwicklungsstörung interpretierbar ist und damit auch eine entwicklungspsychologische Dimension aufweist.

Phantasien zum klinischen Vorgehen mit dem KB

Alle diese mit dem Fortschritt tiefenpsychologischen Denkens verbundenen Aspekte sind zweifelsohne in den Imaginationen, also in der Symbolik selbst und ihrer Dynamik stets präsent, nur muß der Therapeut das Spiel zwischen Übertragung und Gegenübertragung häufiger mittelbar aus dem Inhalt der auf die „innere Leinwand" projizierten Bildsymbole herauslesen. Vielleicht ist das KB gerade wegen dieser seiner selbstinterpretierenden Akzentuierung als therapeutisches Medium besonders interessant, wenn im Verlauf der „Imaginationsanalyse“ Gegenübertragungsphänomene beim KB-Therapeuten in ihren vielfältigen Formen auftreten. „Narzißtische Verwundungen“ oder „das unerwartete Eindringen des Tödlichen“, wie Smirnoff (1988) das Ausloten der Ertragensfähigkeit des Therapeuten im analytischen Prozeß nennt, die ihrerseits Gegenübertragung als notwendiges Sicherungssystem auslösen, stellen sich jedenfalls in der Symbolverkleidung von Imaginationen andersartig vor. Diese Tatsache bedarf ebenso dringend weiterer Untersuchungen wie die Übertragungsartefakte, die sich aus dem KB selbst ergeben.

Schließlich sei noch auf eine bisher unbeachtet gebliebene Ebenenstruktur verwiesen, die bei imaginationstherapeutischem Vorgehen, in Sonderheit bei der Arbeit mit Tagträumen, zwangsläufig wirksam wird: Nicht nur die vegetativen Begleitprozesse der therapeutischen Regression provozieren Veränderungen des Bewußtseinszustandes, sondern die in mancherlei Hinsicht meditativen Abläufen ähnlichen regressiven Tagtraumprozesse mit ihren Bildsymbolen selbst führen zu transzendenten Einsichten und metapsychologischen Veränderungen, deren Intensität individuell sehr verschieden sein kann. Gemeint sind hier Ebenen, wie sie von der transpersonalen Psychotherapie als Weiterentwicklung westlicher Therapiemodelle unter anderem in Verknüpfung mit östlicher Meditation beschrieben werden (Vaughan, 1985).

Ganzheitliches Denken in der Psychotherapie impliziert, daß auch den KB-Therapeuten die Gesamtheit möglicher Wirkungsebenen und ihrer Konsequenzen zumindest bewußt sein sollte. Das gilt für jedes Handeln in der Psychotherapie, in übertragenem Sinn für jede therapeutische Intervention in der Medizin und Psychologie überhaupt. Gegenseitige Ignoranz, wie sie heute noch oft von den verschiedenen Schulen, die eigentlich Teile eines Systems sind, weil sie Kommunikationsstrategien (hier mit therapeutischen Zielstellungen) auf den verschiedensten psychischen Ebenen (auch Bewußtseinsebenen) einer Wesenheit darstellen, ausgeht, mutet daher nahezu anachronistisch an. Fast scheint es, als wiederholten sich hier die ohnehin vorhandenen, ganzheitliches Denken und Handeln stets beeinträchtigenden Diskrepanzen zwischen Physiologie, Psychologie und Soziologie, die in der Medizin und damit offenbar auch in der Psychotherapie bis heute ein Zusammenrücken der vielfältigen Ansätze behindern. Die Ganzheit einer Struktur, der Zusammenhang ihrer Subsysteme erfordert eine Metasprache (auch in der Psychotherapie), die Freiheit für Paradigmenwechsel zuläßt. Dies bedeutet für unsere Überlegungen, also für das System Psychotherapie im allgemeinen und das Tagtraumgeschehen im besonderen, daß Beziehungen zwischen Subjekt und Phantasieobjekt als Zeichenprozesse (im übertragenen Sinne nach v. Uexküll und Wesiack, 1988) gesehen werden müssen. Die Bedeutung der spielerischen Phantasie im Zusammenwirken physiologischer, psychischer und sozialer Determinanten hat v. Uexküll in glücklicher Weise in dem Modell des Situationskreises (v. Uexküll und Wesiack, 1988, S. 271 ff.) vereint; derzeit dürfte dieses Modell gemeinsam mit den Denkansätzen von Maturana (1982) zur Selbst-Rückbezüglichkeit autopoietischer Systeme (autopoietisches System bedeutet, daß die Produktion der Elemente eines Systems stets ein System hervorbringen, das wiederum seine Elemente produziert) in besonderer Weise geeignet sein, diesen Paradigmenwechsel der modernen Ganzheitsmedizin zu garantieren.

Im therapeutischen Prozeß des KB verdichtet sich wie in kaum einer anderen Methode die Problematik der Bedeutungserprobung, der zunächst als phantasiegesteuerter Bedeutungsunterstellung in der Symboldynamik des Tagtraums eine zentrale Stellung im System Individuum-Umwelt zukommt. Hier ist zumindest einer der Schlüssel zu finden, mit dem das vielfältig gesicherte System unbewußter Konfliktkerne einer therapeutischen Bearbeitung erschlossen werden kann.

Ein klinisches Beispiel und Anregungen zur ganzheitlichen Interpretation von Imaginationen

Die katathymen Bilder im Behandlungsverlauf einer 38jährigen Patientin mit einer Bulimia nervosa, einer intellektuell und kreativ im Beruf außerordentlich befähigten und geforderten Frau, Mutter zweier Töchter im Jugendalter, geschieden, bieten sich als ein Beispiel für Interpretationen auf den verschiedenen Ebenen an:

1. Tagtraum
„... Ich bin klein – im weißen weiten Kleid mit weißen Kniestrümpfen ... ich fasse sie (eine Margerite) am Stengel an und ziehe sie zu mir ... ich sehe mich schnell nach meiner Oma um ... die sieht streng zu mir herüber ... ich habe eine gelbe Nase vom Blütenstaub ... sie hat es geahnt, daß ich mich schmutzig mache, ich bin ein böses Kind ..."
Eigener Kommentar: „... Ich bin 4 oder 5 Jahre alt und der Stolz meiner Eltern und Großeltern, ich soll immer schön aussehen, brav sein und sauber ..."

6. Tagtraum
„... Bedrohlich auch ein älteres Ehepaar vor mir, er legt liebevoll den Arm um sie und zeigt ihr etwas in der Ferne ... ich hasse sie, alle, mich und warte, bis sie außer Sichtweite sind ... vor der Tür unseres Hauses bleibe ich stehen und starre entsetzt auf die Tür, die keinen Drücker hat ... ich kann nicht hinein ... wieder diese Lähmung ... die Leute steigen die Treppe hinauf, achtlos über mich hinweg ..."
Eigener Komentar: „Mein Vater hat meine Mutter zärtlich mit ihrem Spitznamen gerufen, während er sie umarmen wollte und sie ihn wegstieß ..., ... das sich an etwas, an jemanden Pressen, als Methode gegen die Angst ... wahrscheinlich bin ich Gretel, ausgesetzt ohne Hänsel, einsam im dunklen Wald ..."

8. Tagtraum
„... Eine Quelle ... ein behauener Steinblock ... aus ihm ragt ein dünnes, fast rostiges Eisenrohr, aus dem das Quellwasser fließt, nicht sprudelt ... ich halte die zum Trichter geformten Hände darunter und trinke den erfrischenden Trunk ..."
Eigener Kommentar: „... Sehnsucht nach Wandlung ... wer aus mir trinkt, wird ein Reh ..."

13. Tagtraum
„... Ich bin in einer Röhre, unter der Erde ... vorsichtig taste ich mich vorwärts, ich stütze mich mit den Armen ab, mein Kopf stößt fest an die Decke ... das Ende der Röhre ist nicht abzusehen ... nur ein kleines dunkles Loch weist in die Ferne ... plötzlich taucht ein dunkles Untier auf ... es ist zottig, das Gesicht zu einer bedrohlichen Grimasse verzerrt ... von Angst gepackt, drehe ich mich um ... die Röhre bricht unter mir durch ..."
Eigener Kommentar: „Vielleicht ist die Röhre in meiner Mutter ... vielleicht muß ich mich durch einen Penis tasten ... ich bin unwilliger denn je ... Selbsthaß, Aussichtslosigkeit ... egal wo ich losgehe, ich komme immer wieder in der Kindheit an – ich bin schmutzig, ich bin schlecht ..."

14. Tagtraum
„... Da ist wieder meine Röhre ... der Schlitz in der Mitte trennt sie sauber auseinander ... ich ... hangele mich an den Haltegriffen ... vorwärts. Schneller als erwartet bin ich am Ziel. Die Röhre ist kurz, zeppelin- oder zigarrenförmig. Wenn ich durch den Schlitz unter mir sehe, erkenne ich das Weltall ..."
Eigener Kommentar: „Mein Grundgefühl ist heute weniger bedrohlich und hoffnungslos, prompt sieht die Röhre viel leichter und freundlicher aus – auch die Welt ist, wie sie ist ..."

Dem erfahrenen KB-Therapeuten fällt es nicht schwer, in dem von der Patientin angebotenen Symboldrama die rasche Fokussierung sowie die intensiv ablaufenden Bearbeitungsvorgänge zu erkennen. Auch die unmittelbar einsetzenden spontanen Regressionen sind ihm geläufig.
Eine ganzheitlich orientierte Interpretation des Tagtraumgeschehens, die hier nur sehr verallgemeinert angedeutet werden kann, sollte die vielfältigen Ebenen der gesamten Imaginationsstruktur angemessen berücksichtigen. Erst das Zusammenspiel der auf diesen einzelnen Ebenen wirksamen psychodynamischen Faktoren, also die verschiedenen Transaktionen der Strukturteile miteinander, läßt einen Einblick in das psychosystemische Geschehen und schließlich,

unter Einbeziehung transpersonaler Aspekte, eine tiefenpsychologisch ausreichende Analyse des Symboldramas zu. Aus Ichpsychologischer (und damit psychoanalytischer) Sicht fallen zunächst die Ich-Schwächen der Patientin sowie die beginnenden leidvollen Bearbeitungsversuche auf; daneben wird unter anderem das subjektive System der Objektbeziehungen, insbesondere die Beziehung zum Mutter-Introjekt transparent. Unschwer klingen ferner Identifikations- und (sogar im konstruktiven Sinne) Identitätsthemen an.

Nahezu archetypische Züge tragen die Quellen- und Röhrenmotive, sie sind aus der Sicht der analytischen Psychologie als „Lebensmuster" (Jung, 1988, S. 166ff.) anzusehen und bilden die Dynamik von Individuationsprozessen ab, wobei sich gleichsam nebenbei Ansätze für eine schöpferische androgyne Ganzheit andeuten. Individualpsychologisch lassen sich Hinweise auf gewisse Leitlinien im Tagtraum der Patientin erkennen, die in ihrer Finalität permanente Konflikte mit dem sozialen Umfeld unvermeidlich werden lassen. Dennoch sind Ansätze zur Veränderung dieses Skripts, also des vorbewußten Lebensplanes, bereits in diesen knappen Tagtraumausschnitten und vor allem in den eigenen Kommentarauszügen der Patientin enthalten. Hierzu muß sich der Therapeut jedoch auf die Beobachtungsebene der Transaktionsanalyse begeben (Berne, 1990, S. 43ff.). Ein Bezug zur Wirkdimension „Probehandeln" des KB und als prinzipielle Dimension zum Situationskreis nach v. Uexküll (1990) läßt sich leicht herstellen. Der besondere Bewußtseinszustand, der den gesamten katathymen Bildablauf als Regressionsprozeß (häufig auf der Ebene der Primärprozesse) bestimmt, stellt aus der Sicht der Transpersonalen Psychologie eine Bewußtseinserweiterung, das heißt hier einen persönlichkeitsfördernden Zustand an sich dar. Bezüge bis hin zu meditativen Vorgehensweisen lassen sich im Imaginationsverlauf unschwer nachvollziehen. „Der Raum der Imagination ist der Raum der Freiheit – ein Raum, in dem auf natürliche Weise Grenzen überschritten, Raum und Zeit relativiert, Möglichkeiten, die wir nicht mehr oder noch nicht haben, erlernbar werden." „In der Imagination wird ... erlebte Wirklichkeit zu einem Symbol, sie wird gleichsam zu einem Mittelbereich zwischen konkret erlebter Wirklichkeit und der Verbindung zu unserem psychischen Hintergrund. Imagination steht im Zusammenhang mit der äußeren, erfahrbaren konkreten Welt, bildet diese ab, verändert unser Erleben und verändert dadurch ... diese äußere erfahrbare Welt" (Kast, 1988). Hiermit schließt sich der Kreis hin zum strukturalistischen Ansatz Maturanas (1982), zu ganzheitsmedizinischen Überlegungen von Th. v. Uexküll (1990) und zu pluralistischen Konstrukten einer integrativen tiefenpsychologisch orientierten Psychotherapie überhaupt. Im klinischen Einsatz des KB ist es daher unter dem Eindruck ganzheitlicher, kreativer und systemübergreifender Betrachtungen von menschlichem Erleben und Verhalten in der Dimension Krankheit – Gesundheit außerordentlich nützlich, über die bekannten Wirkdimensionen hinaus die Ebenenvielfalt modernen psychotherapeutischen Denkens und Handelns zu kennen und zu nutzen. Kompromißbildung und Akzeptanz als Zeichen der Individuation und Reife sollten auch die einzelnen methodischen Interventionsvarianten zu einem kompetenten Psychotherapiesystem wachsen lassen – zum Wohl unserer Patienten und zum Nutzen für eine kreative psychologische Gestaltung unserer Welt überhaupt.

Schlußbemerkungen

Imaginationen und Tagträume sind bewußter oder unbewußter Bestandteil jeder psychotherapeutischen Intervention. Aus tiefenpsychologischer Sicht sind verschiedenartige Interpretationsmöglichkeiten gegeben; daneben sollten Psychotherapeuten, die mit diesen Medien arbeiten, auch die Erkenntnisse anderweitiger Schulen berücksichtigen. Das Katathyme Bilderleben als eine der systematischen psychoanalytisch orientierten Imaginationsmethoden ermöglicht in besonderer Weise die Nutzung der vielfältigen therapeutischen Wirkdimensionen von Tagträumen im Sinne eines integrativen Psychotherapiekonzeptes. Schulmeinungen sind für Ausbildungskandidaten unersetzlich; in der täglichen psychotherapeutischen Praxis wird jedoch der Patient die Interventionsstrategien und die Interpretationsmodalitäten wesentlich bestimmen müssen.

Das Konzept des Situationskreises

Thure von Uexküll

Die konstruktivistische These

Wirklichkeit liegt nicht vor, sondern wird von uns erzeugt. Die Frage, die uns beschäftigen muß, lautet daher: Wie wird Wirklichkeit erzeugt? Viktor von Weizsäcker gab darauf die Antwort: Durch Wahrnehmen und Bewegen, die in einem „Gestaltkreis" verbunden sind. Der Hirnforscher Mountcastle (1975) gibt folgende Antwort:

„Jeder von uns glaubt von sich selbst, daß er direkt in der Welt, die ihn umgibt, lebt, ihre Gegenstände und Ereignisse genau fühlt und in einer realen und gegenwärtigen Zeit lebt. Ich behaupte, daß dies Illusionen und Wahrnehmungen sind, denn jeder von uns begegnet der Welt mit einem Gehirn, das mit dem, was ‚draußen' ist, über wenige Millionen gebrechliche sensible Nervenfasern verbunden ist. Dies sind unsere einzigen Informationskanäle, unsere lebendigen Verbindungen zur Realität. Diese sensiblen Nervenfasern sind keine Highfidelity-Empfänger, denn sie heben bestimmte Reizmerkmale hervor und vernächlässigen andere. Das zentrale Neuron ist im Vergleich zu den afferenten Nervenfasern ein Fabulierer; es ist niemals vollkommen glaubwürdig. (...) Empfindung ist eine Abstraktion, nicht eine Replikation der realen Welt."

Wer daraus, wie manche Neurophysiologen, den Schluß zieht, unser Gehirn würde unsere Wirklichkeit (als „Illusionen der Wahrnehmung") erzeugen und jeder von uns würde in einer von seinem Gehirn erzeugten Wirklichkeit leben, hat nur die Hälfte des Problems erfaßt; denn das Gehirn besteht aus einer Ansammlung von vielen Milliarden Ganglienzellen, zwischen denen elektrochemische Zeichen ausgetauscht werden, aber weder Empfindungen noch Sinnesqualitäten. Das Gehirn ist schmerzlos und tonlos, es beherbergt weder Farben noch Formen noch Gerüche noch andere Qualitäten der Gegenstände und Vorgänge unserer Wirklichkeit.

Es ist daher weder eine Abbildung noch eine Abstraktion dieser Welt. Es ist etwas ganz anderes: Es ist ein Netz aus unendlich vielen Zeichenprozessen, die Ganglienzellen miteinander verbinden. Unsere Wirklichkeit besteht dagegen aus Sinneszeichen, die uns mit unserer Umgebung verbinden. Unsere Wahrnehumg benutzt „blau" als Zeichen, um den Himmel über unserem Kopf, und „hart" als Zeichen, um den Stein in unserer Hand als „Illusion unserer Wirklichkeit" zu erzeugen.

Wir haben es also mit zwei gänzlich verschiedenen Zeichensystemen zu tun. Offensichtlich müssen wir den Text, den die „Illusion unserer Wahrnehmung" als unsere farbige, tönende und duftende Wirklichkeit mit einem Zeichensystem aus Sinnesempfindungen entwirft, als eine Übersetzung der verworrenen Texte auffassen, welche die Ganglienzellen unseres Gehirns mit elektrochemischen Zeichen schreiben. So betrachtet ist die „Illusion unserer Wahrnehmung", wie Mountcastle unsere Wirklichkeit nennt, das Produkt einer Instanz, die als Übersetzerin tätig ist und die wir gewöhnlich als „Seele" bezeichnen – und das Leib-Gehirn/Seele-Problem erweist sich als Übersetzungsproblem.

Die Beantwortung der Frage, wie Wirklichkeit erzeugt wird, verlangt daher ein anderes Modell als das Modell des Mechanismus; denn das Mechanismusmodell verzichtet sowohl auf die Berücksichtigung einer Seele als Übersetzerin als auch auf unsere Wirklichkeit als „Illusion der Wahrnehmung“. Es versucht, die Beziehung zwischen dem Organismus und seiner Umgebung als lineare Ursache-Wirkungs-Kette zu beschreiben.

Das Modell des lebenden Systems

Zeichenprozesse als Regelkreise

Statt des Mechanismusmodells will ich das Modell des „lebenden Systems“ vorschlagen. Es beschreibt lebende Gebilde, seien es Zellen und Organe in einem Organismus oder Organismen in ihrer Umgebung, die nicht mechanisch mit mechanischen Wirkungen reagieren, sondern Einwirkungen, die ihre Rezeptoren verändern, zu Zeichen kodieren, welche die biologische Qualität der Umgebung für das System anzeigen. Sie antworten mit ihren Reaktionen auf diese Zeichen.

Die zweigliedrigen, linearen Formeln aus Ursache und Wirkung werden damit durch dreigliedrige, kreisförmige Formeln aus Zeichen, Interpretant (bzw. Code) und Bezeichnetem ersetzt. Die einfachste dieser Formeln ist der Regelkreis, was an einem Modell für die Zelle erläutert werden soll (Abb. 1).

Indem der Rezeptor der Zelle (wie der Fühler des Regelkreismodells) Abweichungen des Ist-Wertes der Umgebung von einem Sollwert (als Symbol der Zellbedürfnisse) mißt, kodiert er den Meßwert zu einem Zeichen, das die Bedeutung anzeigt, welche die Umgebung für die Bedürfnisse (den Sollwert) der Zelle hat. Das Verhalten des Effektors der Zelle (als „Stellwerk“ des Regelkreismodells) entspricht einer Antwort auf dieses Zeichen. Diese Antwort kann z.B. in der Ausschüttung eines Sekrets bestehen, das den ph-Wert der Umgebung verändert und damit die Systembedürfnisse befriedigt (bzw. den Istwert dem Sollwert nachführt). Damit erzeugt die Zelle eine ihren Bedürfnissen entsprechende „Wirklichkeit“, die sich um ihre Zellmembran legt. Das Prinzip der Produktion einer

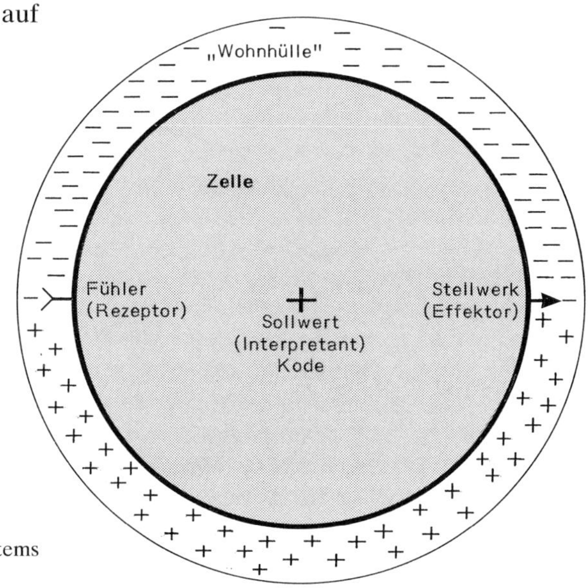

Abb. 1: Die Zelle als Modell eines lebenden Systems in Form eines Regelkreises.

Wirklichkeit, welche die Orientierung lebender Systeme für ihr Handeln ermöglicht, ist damit bereits in primitivster Form angedeutet.

Zeichenprozesse als Funktionskreise

In vielzelligen Organismen sind die einzelnen Zellen durch eine Außenhaut umschlossen. Sie trennt ein „milieu interieur" von einem „milieu exterieur". Das erstere bildet als interzelluläre Flüssigkeit das Medium für die Zeichenströme, welche die in ihre Wohnhüllen eingeschlossenen Zellen durch Nachrichtennetze verbinden.
Die Verbindung zu dem „milieu exterieur" erfordert eine neue Organisationsform mit spezialisierten Zellen für Rezeptor- und Effektororgane sowie für ein beide verbindendes Nervensystem, das über einen gemeinsamen „Sollwert" als „Interpretant" (bzw. Code) verfügt. Jetzt kann das System Zeichenprozesse in das „milieu exterieur" hinein entwerfen und damit Teile der Außenwelt für die Bedürfnisse des Systems gewinnen.

Dieser Zusammenhang läßt sich zeichentheoretisch beschreiben, wenn man sagt: Die Rezeptoren des Systems erteilen Einwirkungen der Umgebung eine Bedeutung, die durch die Antworten der Effektoren „verwertet" wird. Damit bringt man zum Ausdruck, daß Kodierung zu einem Zeichen einer Bedeutungserteilung durch den Rezeptor und die Antwort des Effektors einer Bedeutungsverwertung entspricht, ferner daß beide (im Sinne einer Realitätsprüfung) aufeinander bezogen sind bzw. die Bedeutungsverwertung des Effektors die Richtigkeit der Bedeutungserteilung des Rezeptors kontrolliert. Diesen Zusammenhang beschreibt das Modell des Funktionskreises (J. v. Uexküll, 1920), das den Gedanken des Regelkreises mit negativer Rückkoppelung – allerdings ohne dessen mathematische Formulierung – schon vorwegnahm (Abb. 2).
Beide Modelle (Regelkreis und Funktionskreis) beschreiben, wie lebende Systeme Ausschnitte aus der Umgebung, die für das System eine Bedeutung haben, vorübergehend in ihren Verband aufnehmen. Wenn die Bedeutungsverwertung abgeschlossen ist, treten die nicht verwerteten Teile der Umgebung wieder in das „bedeutungslose

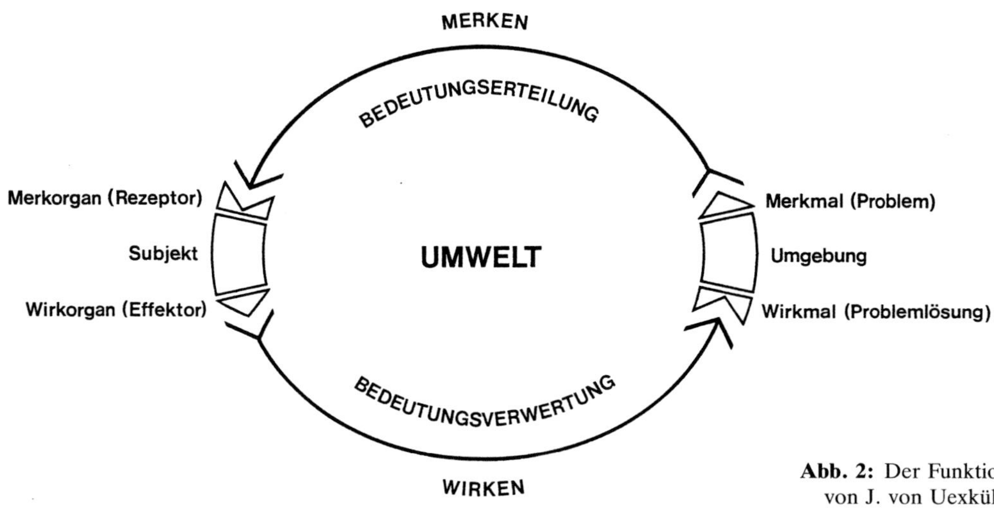

Abb. 2: Der Funktionskreis von J. von Uexküll, 1920.

Nichts“ der Dinge und Vorgänge zurück, die für das System nicht existieren.
Der Unterschied zwischen den beiden Modellen besteht in der Komplexität: Das Modell des Regelkreises beschreibt Zeichenprozesse lebender Systeme, die wie Pflanzen einer „vegetativen Organisationsstufe“ angehören. Auf dieser Stufe gibt es noch keine zu „Fernsinnen“ spezialisierten Rezeptoren, keine für Beutefang ausgebildete Effektoren und vor allem noch kein Rezeptoren und Effektoren verbindendes Nervensystem. Diese lebenden Systeme bauen noch keine „Umwelten“ auf, sondern begnügen sich mit „Wohnhüllen“. Das Modell des Funktionskreises beschreibt demgegenüber Zeichenprozesse einer „animalischen Stufe“, auf der lebende Systeme raum-zeitlich gegliederte Umwelten aufbauen, in denen sie sich für ihre motorischen Aktivitäten orientieren können.
Der Vorteil der beiden Modelle besteht in der Möglichkeit, Vorgänge innerhalb des Organismus als vegetative Systeme und Vorgänge zwischen dem Organismus und seiner Umgebung als animalische Systeme zu beschreiben, ohne den Unterschied zwischen einem psychischen und einem physischen Bereich anzuführen. Statt des psycho-physischen Problems werfen die beiden Modelle die Frage auf, wie wir uns Übersetzungen aus Zeichensystemen der vegetativen Ebene in Zeichensysteme der animalischen Ebene (z.B. elektrophysiologischer Zeichen des Gehirns in sinnesphysiologische Zeichen unserer Umwelt) und umgekehrt vorstellen sollen. Damit kommen Probleme ins Spiel, auf die ich zum Schluß kurz eingehen will.

Der Situationskreis

Regelkreis und Funktionskreis sind Zeichenmodelle, die zeigen, wie lebende Systeme ihre Wirklichkeiten als „Wohnhüllen“ oder als „subjektive Umwelten“ aufbauen. Sie genügen nicht, um zu beschreiben, wie Menschen ihre individuellen Wirklichkeiten erzeugen. Sie zeigen uns aber einen Weg, auf dem wir zu einem solchen Modell kommen können.
Dafür ist es hilfreich festzustellen, wie genau das Modell des Funktionskreises dem Modell entspricht, das Freud in seiner frühen Schrift „Psychologie für Neurologen“ (1895) für sein Triebkonzept entworfen hat. Das Modell Freuds, das er 1915 mit der Beschreibung der vier Momente des Triebs weiterskizziert, zeigt zwei Integrationsebenen eines hierarchisch aufgebauten Systems. Auf der einfacheren Ebene befriedigen Zellsysteme im Inneren des Körpers ihre biologischen Bedürfnisse in einem „milieu interieur“ interzellulärer Chemismen. Diese Vorgänge lassen sich in der Sprache der Physiologie oder, in unserer Terminologie, nach dem Modell lebender Systeme beschreiben, deren Zeichenprozesse nach der Formel von Regelkreisen funktionieren.
Wenn die Bedürfnisse der Zellsysteme auf dieser Ebene nicht befriedigt werden können, erfolgt eine Übersetzung in einen „Triebdrang“, der jetzt auf einer psychischen Ebene eine subjektive Wirklichkeit aus Sinneszeichen mit einem „Triebobjekt“ und dem „Triebziel“ aufbaut, in der die im „milieu interieur“ fehlenden Ressourcen gesucht und gefunden werden können. Die Vorgänge auf dieser Integrationsebene müssen in der Sprache der Psychologie oder, in unserer Terminologie, als Funktionskreise beschrieben werden.
Freud hat im einzelnen dargestellt, wie diese Zeichenprozesse beim Menschen, im Verlauf einer psychischen Entwicklung differenziert werden und zeigt uns damit den Weg, wie das Modell des „Funktionskreises“ modifiziert werden muß.

Die Geschichte des Situationskreises

Die Zeichenprozesse, die nach den Modellen des Regelkreises und des Funktionskreises verlaufen, sind angeboren. Sie haben keine Geschichte. Zeichenprozesse, die das Schema des Situationskreismodells beschreibt, sind nicht angeboren. Sie haben eine Geschichte, die weitgehend eine Geschichte der „Denktätigkeit" ist, die nach dem Resultat von „Probehandlungen" über die Freigabe der „Bedeutungsverwertung" entscheidet (Abb. 3).

Auch Probehandlungen bedürfen einer „Wirklichkeit", in der sie sich orientieren können. Diese „innere Wirklichkeit", die sich im Situationskreismodell zwischen Bedeutungserteilung und Bedeutungsverwertung schiebt und dadurch „primärprozeßhaftes Reagieren" (wie im Funktionskreismodell) in „sekundärprozeßhaftes Handeln" verwandelt, ist ein Erzeugnis unserer Phantasie, deren Fähigkeit, diese „innere Wirklichkeit" zu erzeugen, erst im Verlauf eines entwicklungspsychologischen Prozesses entsteht. Piaget (1975) hat gezeigt, daß die Fähigkeit, eine „innere Wirklichkeit" zu erzeugen, in der Probehandlungen geübt werden können, erst zwischen dem 16. und 24. Lebensmonat mit der Ausbildung eines Vorstellungsvermögens entsteht. Dieses Vermögen entwirft eine innere Wirklichkeit, in der abwesende Objekte und vergangene Erlebnisse gegenwärtig bleiben und die von diesem Zeitpunkt an, anstelle einer äußeren Wirklichkeit, die Orientierung für die kindlichen Handlungen übernimmt.

In der Entwicklungspsychologie hat im Verlauf der letzten 20 Jahre eine Art Revolution stattgefunden: Verbesserte Methoden der Direktbeobachtung der Interaktion zwischen Kindern und ihren Müttern (oder Pflegepersonen) durch Zeitlupen- und Videoaufnahmen (M. Papousek, 1989; Stern 1985) haben dazu geführt, daß heute nicht mehr das Kind als isoliertes Individuum im Zentrum der Betrachtung steht, sondern die averbalen – und erst später auch die verbalen – Zeichenprozesse, die Kind und Mutter (oder Pflegeperson) zu einem „sich entwickelnden System" (Köhler, 1990) verbinden.

Die dabei gemachten Beobachtungen erlauben uns, die Geschichte des Situationskreises in großen Zügen als Geschichte eines gegenseitigen Interpretationsprozesses von Zeichen darzustellen, die zwischen dem Kind und der Mutter ausgetauscht werden. Dabei vertritt die Mutter die Stelle, welche

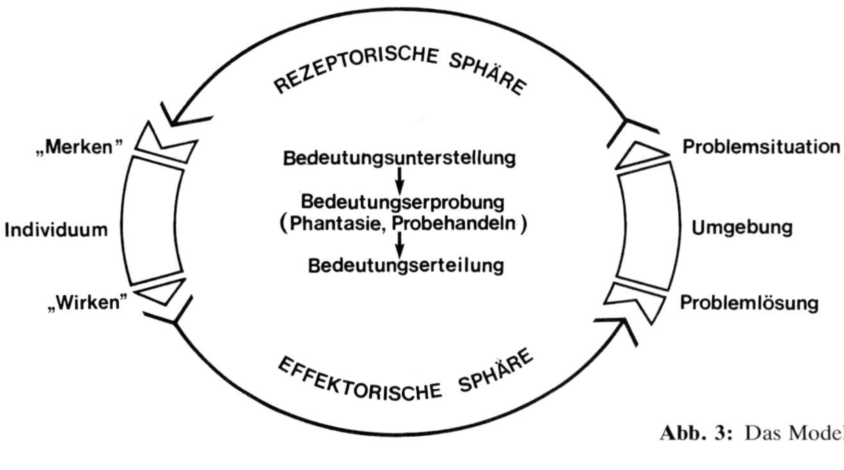

Abb. 3: Das Modell des Situationskreises.

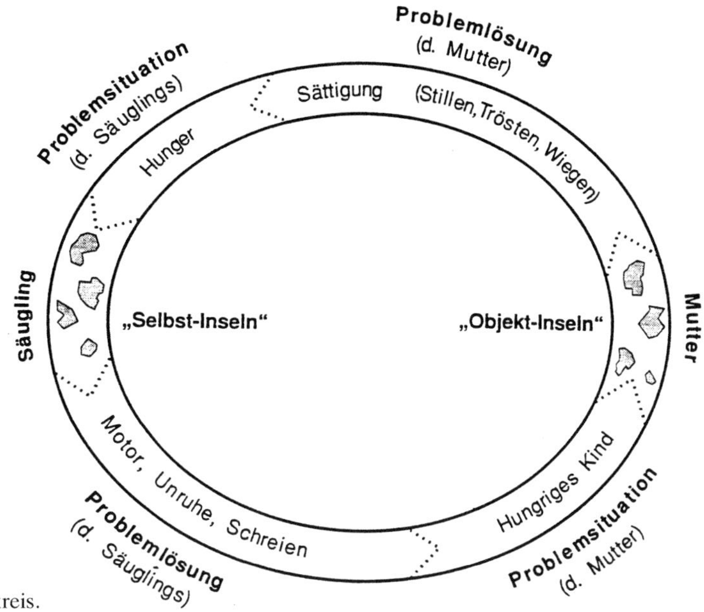

Abb. 4: Der symbiotische Funktionskreis.

später einmal die Außenwelt für das Kind einnehmen wird.

In Abb. 4 ist dargestellt, wie das Kind in einem „symbiotischen Funktionskreis" bestimmten Sensationen (z. B. Hunger) die Bedeutung einer Problemsituation erteilt und sie damit zu Zeichen kodiert, die durch das Antwortverhalten der Mutter interpretiert werden müssen, mit dem diese die Problemsituation für das Kind löst. Die Zeichen werden gewissermaßen zu Fragen, auf welche die Mutter die Antwort (als das Bezeichnete) gibt. Anfangs vollzieht sich dieses Spiel in einem Rahmen, in dem das Kind die Mutter, bzw. ihre bedürfnisbefriedigenden Teile, noch nicht als von sich getrennte Phänomene erlebt. Im Laufe der Zeit bilden sich dann „Selbst- und Objekt-Inseln", die sich schließlich, wenn alles gut geht, zu einem eigenständigen Subjekt und einem eigenständigen Objekt verdichten.

Der „intermediäre Raum", den Winnicott (1979) in dem „Kind-Mutter-System" beschreibt, läßt sich unter zeichentheoretischem Aspekt als sich differenzierende gemeinsame Wirklichkeit für zwei Partner beschreiben. In dem gemeinsamen Medium dieser Wirklichkeit beantwortet jeder die Frage des anderen und hilft ihm auf diese Weise, seine individuelle Wirklichkeit aufzubauen. So gesehen läßt sich dann schließlich das Modell des Situationskreises auch als Modell eines lebenden Systems auffassen, das aus zwei (oder mehr) Personen besteht.

Systemtheorie und die Konzepte „Emergenz" und „Hierarchie"

Die drei Modelle Regelkreis, Funktionskreis und Situationskreis, die wir entwickelt haben, beschreiben, wie auf drei verschiedenen Ebenen – einer vegetativen, einer animalischen und einer humanen – „Wirklichkeit" aus sehr verschiedenen Zeichenprozessen erzeugt wird. Abschließend möchte ich noch auf das Problem eingehen, wie wir uns die Verbindung zwischen diesen

Ebenen vorstellen sollen. Das Problem wird deutlicher, wenn wir es im Rahmen der Vorstellungen formulieren, die von der Systemtheorie entwickelt worden sind.
Ein zentraler Gedanke der Systemtheorie ist die Wiederentdeckung der Formel: „Das Ganze ist mehr als die Summe seiner Teile" (Ch. v. Ehrenfels). Mit der Integration von Teilen zu einem Ganzen, einem System, treten sprunghaft und unvorhersehbar neue Eigenschaften auf, die das „Mehr" gegenüber einer bloßen Summe von Teilen ausmachen. Für diesen Vorgang hat man den Begriff „Emergenz" geprägt.
Mit diesem Begriff ist gleichzeitig die Vorstellung einer hierarchischen Ordnung verbunden, die z. B. beschreibt, wie physikalische Partikel auf einer „höheren Ebene" in Molekülen, Moleküle auf einer „noch höheren Ebene" in Zellorganellen, dann Zellorganellen in Zellen, Zellen in Organen, Organe in Organismen und schließlich Organismen in sozialen Systemen integriert sind. Damit werden verschiedene „Integrationsebenen" sichtbar, auf denen jeweils andere Zeichensysteme auftauchen, die alle, wenn wir sie „verstehen" wollen, in unsere menschliche Sprache übersetzt werden müssen. Damit wird verständlich, warum unsere Wissenschaften verschiedene Terminologien entwickeln mußten, und einsehbar, daß sich die Ordnung der Integrationsebenen in den Beziehungen spiegelt, in denen Physik, Chemie und Biologie, Psychologie und Soziologie zueinander stehen.

Zusammenfassung

Wir haben die Frage, wie die Integrationsebenen miteinander verknüpft sind, als Problem der Emergenz und der Übersetzungen formuliert. In diesem Zusammenhang bedeutet „Emergenz" das Auftreten neuer „Bedeutungen", sobald neue Systeme entstehen. „Übersetzung" heißt dann „Bedeutungskoppelung" oder in psychoanalytischer Terminologie „Überbesetzung".
Wir haben gesehen, wie elektrochemische Zeichen, mit denen sich Ganglienzellen unseres Gehirns „verständigen", auf einer komplexeren Ebene in Sinneszeichen „übersetzt" werden, aus denen unser Organismus seine Wirklichkeit aufbaut. Wir haben weiter gesehen, wie diese Wirklichkeit im Verlauf unserer psychischen Entwicklung in ständigen Austausch mit einer „inneren Wirklichkeit" gerät und damit als Ausdruck einer neuen „Bedeutungskoppelung" oder „Übersetzung" eine bisher unbekannte Tiefendimension gewinnt. Wir haben schließlich angedeutet, daß diese „Tiefendimension" eine Vorbedingung für die Integration individueller Wirklichkeiten in soziale Wirklichkeiten ist, in denen Menschen unter gegenseitiger Anerkennung ihrer Individualität miteinander kommunizieren können.
Zum Schluß der Hinweis, daß der Vorgang der „Bedeutungskoppelung" als biologisches Phänomen zuerst von Pawlow (1954) beobachtet und von diesem als „Konditionierung" beschrieben worden ist.

Die Macht des Symbols

Otto Lang

Einleitung

Die Macht des Symbols zu demonstrieren, wäre eigentlich am wirksamsten durch eindrucksvolle KB-Falldarstellungen zu bewerkstelligen.

Nichtsdestotrotz möchte ich eine abstraktere Darstellung wählen, in der ich die wichtigsten (nicht nur tiefenpsychologischen) Symbolauffassungen beschreibe und sie dann mit anderen gesicherten Ergebnissen, insbesondere der Ethologie, der Wissenschaft vom tierischen Verhalten, in Beziehung setze und versuche, die Skizze einer anthropologischen Gesamtbetrachtung zu entwerfen. Es könnte auch ein Beitrag zur Aufhebung des Widerspruches von naturwissenschaftlicher und geisteswissenschaftlicher Methodik, von nomothetischen und idiographischen Methoden in der Psychologie sein – ein Anspruch, den im übrigen schon Leuner (1954) vor etwa 40 Jahren mit dem Begriff „experimentelles Katathymes Bilderleben" erhob. Und tatsächlich hat das mittlerweile reiche Erfahrungswissen dieser Methode (ich nenne beispielhaft nur so bekannte Phänomene wie etwa die synchrone Wandlung oder das sich selbst interpretierende Symbol) mindestens so sehr wie die Diskussion innerhalb der Psychoanalyse dazu beigetragen, unsere Kenntnis vom Symbol zu klären und zu erweitern.

Im Kontext der Evolution

Stellen wir in den Mittelpunkt unserer Überlegungen einmal die ganz konkrete Frage nach Handlungsfähigkeit und Lebensmöglichkeit eines Wesens, wie es der Mensch ist. Wir müssen ihn betrachten: eingebettet in die Gesamtheit des Lebens, insbesondere des tierischen Lebens, dem er ja phylogenetisch eng verbunden ist. Mit anderen Worten: Wie ist es der Natur gelungen, eine (so) weit von jeder naturhaften Steuerung abgekommene Spezies nicht nur hervorzubringen, sondern auch am Leben zu halten und ihr einen wenigstens bisher (!) einmaligen evolutiven Erfolg zu bescheren; einen Erfolg, der aber zweifellos kein zwangsläufiger und gesicherter war, wie uns die einfache Tatsache zeigt, daß außer dem Homo sapiens alle Hominiden ausgestorben sind, obwohl neue „Erfindungen" in der Evolution ansonsten typischerweise zu einer Entfaltung, ja „Explosion" von neuen Gattungen und Arten führen!

Die Menschwerdung muß also ausgesprochen gefährdet, riskant abgelaufen sein. Wieso? Diese Frage führt uns mitten in die Ethologie und auch in die Evolutionstheorie.

Die primär wirksamen Faktoren waren wohl Zufall und Notwendigkeit: der Zufall wahrscheinlich völlig ungelenkter Mutationen und die Notwendigkeit für die neuentstandenen Varianten und Arten, sich einer erbarmungslosen Auslese durch Naturfaktoren und der Konkurrenz aller anderen Arten zu stellen. Zwar wirkt in der Evolution neben dem Prinzip der maximalen Ökonomie in der Verhaltenssteuerung (vgl. das berühmte Beispiel der Zecke, für deren Selbst- und Arterhaltung lediglich Buttersäure-, d.h. Schweißgeruch und tierische Wärme als Merkmale in ihrer Merk- und Wirkwelt genügen) – um mich der Terminologie Jacob v. Uexkülls (1940) zu bedienen, also neben dem Prinzip maximaler Ökonomie in der Evolution – ein dem Anschein nach entgegengesetztes Prinzip, nämlich die Fülle der Arten und Formen und die Differenzierung des Verhaltens. Aber auch hier braucht man nicht unbedingt an ein metaphysisches Prinzip wie den „elan vital" (H. Bergson) zu denken, die Differenzierung ist auch erklärlich durch das Bestreben in der Evolution, jede Nische in den Biotopen zu füllen. Und in die betreffende Nische ist nun die Tierart auch wirklich „fest eingebaut", im Körperbau wie auch in der instinktiven Verhaltenssteuerung. In diesem festen Einbau, in der völligen Entsprechung von Merk- und Wirkwelt einerseits und der artspezifischen Umwelt andererseits liegt dann auch die Garantie für das Überleben der Art – zumindest solange sich die Umwelt nicht verändert: dann muß die Tierart gerade wegen ihrer Spezialisierung aussterben, wie etwa die Saurier.

Instinktmangel des Menschen

Dem Menschen ist nun im Laufe seiner Evolution etwas widerfahren, was man umschreiben kann mit den Worten „Instinktverlust" oder „Instinktverwirrung" (Lincke, 1981) oder vielleicht genauer „Entdifferenzierung der Auslöser" (Lorenz, 1943) (im Wahrnehmungsbereich), aber auch Entdifferenzierung der „angeborenen auslösenden Mechanismen" (im Handlungsbereich). Deutlich feststellbar sind angeborene Schemata eigentlich nur noch in den Funktionskreisen der Sexualität (Auslöserqualität primärer und sekundärer Geschlechtsmerkmale) und der Brutpflege („Kindchenschema"), in geringem Grad auch im Aggressionsbereich. Ganz überwiegend aber entbehrt das menschliche Verhalten der angeborenen instinktiven Steuerung, alles ist kulturell bestimmt, durch Lern- oder durch Prägungsvorgänge – und zwar sogar bis in die Bereiche triebhaften Verhaltens hinein, z. B. in der Oralität: Was in einem Kulturkreis als Delikatesse gilt, erweckt in einem anderen Ekel und umgekehrt (Heuschrekken).

Die Voraussetzung dieser Instinktreduktion ist die Entlastung vom Auslesedruck durch Schaffung einer künstlichen Umwelt, welche z. B. feindliche Tierarten oder extreme Klimawirkungen abhält. Diese Umweltverhältnisse hat der Mensch neu geschaffen, für sich selber, aber z. B. auch für seine Haustiere, die sich (in bezug auf Körperbau wie auf Verhalten) Varianten leisten können, die in der freien Natur nicht lebensfähig wären. Wegen dieser sich aufdrängenden Analogien hat Lorenz (1939) von der „Verhausschweinung" der Menschen gesprochen. Weniger wertend und sinnvoller erscheint mir die Rede von der „Selbstdomestikation" des Menschen.

Es muß zugegeben werden, daß sich bei dieser Entwicklung zunächst vor allem die negativen Aspekte aufdrängen. Lincke (1981) meint, der Mensch sei „das Tier, das sich auf Fehlprägungen spezialisiert hat": Er spielt dabei auf pathologische Entwicklungen insbesondere des kindlichen Individuums an, wobei z. B. bei einer gestörten Mutter-Kind-Beziehung das physiologisch hochwertige Nahrungsmittel Milch Ekel oder Allergien zu erzeugen vermag, weil es zu einer Stellvertretung, zu einer Repräsentanz, zu einem Symbol der Mutter geworden ist und diese innerseelische Funktion meistens hartnäckig behauptet.

Als weiteres Beispiel für die Theorie Linckes von der Entstehung von Symbolen durch Prägungsvorgänge, zugleich aber auch als eindrucksvolles Gegenbeispiel gegen seine Gleichsetzung von Prägung mit Fehlprägung sei der Erwerb des wohl wichtigsten Symbolsystems, der Sprache, erwähnt, welche bekanntlich an soziale und verbale Kontakte in einer relativ kurzen prägsamen Phase in der frühen Kindheit

geknüpft ist. Später ist der Spracherwerb nicht nachholbar, wie die Beispiele der Wolfskinder bzw. Kaspar-Hauser-Schicksale zeigen.
Es sei erwähnt, daß Prägungsphänomene auch bei höheren, sozial lebenden Tierarten vorkommen, wie z. B. bei den durch Lorenz (1939) bekanntgewordenen Graugänsen: Hier wird die Prägung unmittelbar nach dem Ausschlüpfen praktisch immer – in sehr lebensdienlicher Weise – das Muttertier betreffen, denn die Störung ist vor allem auf die List des Experimentators zurückzuführen. Der oben erwähnte Normalfall bei der Prägung wird gerade durch die sehr stabile, instinkthaft abgesicherte soziale Ordnung der Graugänse fast immer eintreten. Nicht so beim Menschen: Seine soziale Ordnung ist nur ganz geringfügig durch Instinkte abgesichert, er bedarf der kulturellen Ordnung, welche sich ihm – und dies ist sehr wichtig – in symbolischer Form präsentiert: Das Totemtier, die Mythen, die Riten und was alles an emotionaler Steuerung und sozialer Strukturierung damit verbunden ist – das alles sind Symbole!

Strukturfunktion der Symbole

Greifen wir aber noch einmal auf die Beschreibung dessen zurück, was dem Menschen im Laufe seiner Evolution – man muß schon sagen – widerfahren ist: Die Entdifferenzierung der Auslöser überlieferte ihn einem mächtigen Triebdruck (in der philosophischen Anthropologie Gehlens aus dem Jahr 1986 euphemistisch auch „Antriebsüberschuß“ genannt), der sich nicht mehr entlang festfixierter Instinktbahnen entladen konnte: Symbole mußten also eine den Auslösern (AA-Schemata) analoge Funktion übernehmen, um den lebensgefährlichen Triebdruck zu reduzieren. Mit der durch Symbole ermöglichten Abreaktion wurde das innere Chaos, das wir in etwa mit dem Bereich des Primärprozesses gleichsetzen dürfen, reduziert, und zwar nicht nur für den Einzelfall, sondern durch das wiederholte Entlastungserlebnis und die damit geschaffenen Bahnungen der Antriebsentlastung auch dauernd. Mit anderen Worten: Wir werden annehmen dürfen, daß die Symbole gegenüber Antriebsüberschuß, Chaos, Primärprozeß eine strukturierende Wirkung haben!
Ganz zweifellos ist diese strukturierende Wirkung der Symbole aber nachweisbar auf dem afferenten Schenkel des Wahrnehmungs-Handlungs-Kreises, der ja durch die Entdifferenzierung der AA-Schemata in eine nicht geringe Krise geraten ist: Sprechen wir dort, beim efferenten Schenkel, der Handlung, von Antriebsüberschuß, so sprechen wir hier, bei der Wahrnehmung, von einer durch die erwähnte Auslöser-Entdifferenzierung hervorgerufenen „Reizüberflutung” (Gehlen, 1986). Die Filterfunktion des AAS (= angeborene auslösende Schemata) ist weggefallen, statt der oft minimalen, jedenfalls aber eng begrenzten Reize, welche für jede Tierart ihre arteigene Umwelt konstituieren (= eine Merkwelt, restriktiv zugeschnitten nur auf die Bedürfnisse der arteigenen Wirkwelt), haben wir beim Menschen die potentielle Gesamtheit aller Daten des Universums als mögliche Informationen für den Menschen (Gehlen, S. 131: „ein unendliches Überraschungsfeld“): eine wahrhaft krisenhafte Situation! Erinnern wir uns doch daran, daß eine der wichtigsten Aufgaben der Mutter darin besteht, ihrem Baby Reizschutz zu vermitteln, um überhaupt das biologische Überleben zu ermöglichen. (Oder, ein analoges Problem auf höherer kultureller Ebene und sehr aktuell: die Informationskrise in den Wissenschaften ...)
Die Mutter vermittelt ihrem Säugling aber nicht nur passiven Reizschutz (z. B. ruhiges, dunkles Zimmer, insbesondere aber in den Arm nehmen), sondern auch die Ansätze zu einem aktiven Reizschutz, der im

Symbolsystem der Sprache besteht: Tatsächlich läßt sich ja beobachten, wie durch wiederholtes Benennen einzelner Objekte diese für den Säugling an Valenz gewinnen, sein Interesse wird auf die benannten Gegenstände hingezogen. Die benannten Objekte sind wichtig, sie werden libidinös besetzt. Die nicht libidinös besetzten, d.h. unbenannten Objekte verlieren an Interesse, werden fast inexistent. Das Symbolsystem der Sprache konstituiert Wirklichkeit, es stellt als Perzeptionsfilter ein funktionelles Analogon zu den AA-Schemata dar. Aber eben nur ein Analogon, nicht mehr! Der entscheidende Unterschied ist die relative Beweglichkeit der menschlichen Symbolsysteme, und dazu gehört außer der Sprache noch das System bewußter und unbewußter Vorstellungen, insbesondere Bildvorstellungen: Mit diesen inneren Symbolen ist ein inneres Probehandeln möglich, das nach Freud mit geringen Energiebesetzungen (und übrigens auch viel geringerer Gefahr als bei physikalischem, äußerem Versuch-Irrtums-Verhalten) eine Antizipation von Handlungsfolgen ermöglicht. Denken wir vorerst einmal nicht an den Psychotherapeuten besonders geläufigen Gefühlsbereich, sondern zunächst einmal an das Zweckhandeln: Hier ist das innere Durchprobieren verschiedener Handlungsmöglichkeiten unentbehrlich, einerseits für überlebenswichtige Fertigkeiten wie etwa den Werkzeuggebrauch und andererseits für die Entwicklung innerer Kategorien wie etwa der Kausalität und der Finalität und damit für die spätere Entwicklung der Wissenschaft. Mit anderen Worten: Die gesamte praktische und theoretische Intelligenz des Menschen beruht auf dem inneren Probehandeln mit einem beweglichen Symbolsystem. Richtigerweise hat man auch schon früher die Intelligenz als „Fähigkeit zum Umstrukturieren" bezeichnet.

Diskursive und präsentative Symbolik

Das innere Probehandeln schafft also die Möglichkeit zu äußerem, die Realität verändemdem Handeln, ebenso wie zu theoretischem Begreifen der Realität. Diese technische und wissenschaftliche Weiterentwicklung primärer Symbolsysteme erfordert deren ständige Differenzierung, zugleich aber auch ihre zunehmende Exaktheit zwecks genauer Erfassung des Wirklichen und mißverständnisfreier, eindeutiger intersubjektiver Verständigung über das Wirkliche. Diesem Bedürfnis diente einerseits die Entwicklung absolut eindeutiger Zeichen, insbesondere der mathematischen Zeichen, andererseits die zunehmende Exaktheit des Symbolsystems der Sprache. Mit dieser Entwicklung erreicht die oben beschriebene Ausblendungswirkung der Symbole aber einen so hohen Grad, daß auch große Teile der inneren Wirklichkeit, insbesondere die Gefühlshaftigkeit, ausgeblendet werden.

Als korrigierende Gegenbewegung dient einerseits der unpräzise, aber gefühlshafte Sprachgebrauch, insbesondere in der Dichtung, andererseits das mehr elementare und archaische Symbolsystem der Bilder. Lorenzer (1972) hat im Anschluß an Cassirer (1990), insbesondere aber an die Cassirer-Schülerin Susanne Langer (1965), dieses Symbolsystem (beinhaltend außerdem noch Musik, Tanz, Ritus) als sog. „präsentative Symbolik" mit der charakteristischen Möglichkeit der augenblicklichen, nicht reflektierten, emotionalen Sinn-Erschließung der „diskursiven Symbolik" der Sprache gegenübergestellt, die erst auf dem zeitlich ausgedehnten Weg des Lesens, Sprechens oder inneren Sprechens (Denkens) einen – emotionalen oder auch nicht emotionalen – Sinnzusammenhang eröffnet. Er hat die Zurückdrängung der präsentativen Symbolik in unserer überrationalen Kultur bedauert. Wir Psychotherapeuten wissen insbesondere von unseren schizoiden und zwanghaften, also abspaltenden und affektisolierenden Patienten sowie den Psychosomatikern, wie sehr sie der präsentativen Symbolik, der inneren Bilderwelt, letzten Endes des Katathymen Bilderlebens, bedürfen, um emotional berührt zu werden und daran zu gesunden. Umgekehrt wissen wir von unseren hysterischen Patienten, wie sie auf bestimmte äußere Situationen prompt emotional reagieren, wie wenn es AA-Schemata wären: Sie sind es aber nicht, und statt von einer Erfolgsgarantie, wie bei den in feste Instinktabläufe eingeordneten Tieren, könnte man bei diesen pathologischen hysterischen Äquivalenten der Auslöser, den „Klischees", wie Lorenzer (1972) sie nennt, eher von einer Mißerfolgsgarantie reden. Gerade diese Patienten müssen die Binnenwelt der Symbole, der Bilder, ebenso wie die des emotionalen Selbstgesprächs wiederentdecken oder neu entdecken, jene innere Welt, die durch das Zerreißen des Zusammenhangs zwischen Auslösern und Instinkthandlungen erst möglich, aber auch notwendig geworden ist! Gehlen (1986) hat die Zerreißung dieses Zusammenhangs mit dem Wort „Hiatus" bezeichnet, und wenn wir nur kurz noch einmal an seine Begriffe „Reizüberflutung" bzw. „Antriebsüberschuß" (also wenigstens tendenziell „Triebüberflutung") denken, so erscheint es wohl erlaubt, das Wort „Hiatus" zu übersetzen mit „gähnender Abgrund", ein Abgrund, in dem das Nichts, die Angst oder das Chaos hausen, ein Chaos unbekannter und unlenkbarer Antriebe – der Primärprozeß.

Konsequenzen für Therapie und Kulturentwicklung

Die Aufgabe des Symbols ist noch einmal zu ergänzen im Rückgriff auf die frühesten Entwicklungsphasen: Die Mutter muß dem Kind Reizschutz geben, um dem Kind in Ausblendung störender, ja zerstörender Umweltreize eine Konzentration auf die Mutter und auf die positive Widerspiegelung durch sie und damit auf eine erste Phase des Ich-Aufbaus zu ermöglichen. Die Mutter muß aber auch bald dem Kind eine aktive Reizsuche in die Umwelt hinaus erlauben (Mahler, 1986: Einübungs- und Loslösungsphase), was das Kind gerade unter dem Schutz der ersten Symbolbilder (Erinnerungsbild der Mutter, Übergangsobjekt) wenigstens zeitweise zustandebringt. Diese Umweltreize sind ein starker Anreiz zur Symbolbildung und damit wieder zur Ich-Stärkung, wovon sich jeder überzeugen kann, wenn er ein Kleinkind beobachtet, das einen „erbeuteten" Ding-Namen triumphierend immer wiederholt. Diese Entwicklung führt – ungestört – zum inneren Probehandeln im dargestellten umfassenden Handlungs- und Affektbereich; das Verfehlen dieser Entwicklung führt zum konkretistischen Erleben, wie es den Patienten mit Borderline-Störungen und Psychosen, aber auch mit Psychomatosen und anderen frühen Störungen eigen ist. Das gilt insbesondere auch für Angstneurotiker und Phobiker. Sicherlich hat jeder Therapeut schon anstrengende Erfahrungen mit Herzphobikern gemacht, die unbeirrt konkrete Hilfeleistungen vom Therapeuten erwarten. Ich habe bereits darauf hingewiesen, wie sehr der Neurotiker der präsentativen Symbolik, letzten Endes des Katathymen Bilderlebens bedarf, Ich will das mit Nachdruck gerade für die meisten frühen Störungen (Borderline-Syndrome nur eingeschränkt) wiederholen und mich kurz mit einem immer noch vorfindbaren Vorurteil mancher Analytiker auseinandersetzen: das Katathyme Bilderleben sei abzulehnen, weil es eine regressive Methode sei ... Ja, das ist doch – mit Verlaub – einer seiner größten Vorteile! Der Patient muß doch abgeholt werden, wo er stehen geblieben ist bzw. wo seine Entwicklung von seinen Beziehungspersonen arretiert worden ist – und das ist leider oft sehr früh geschehen. Wie sinnlos verbale Psychotherapie oder Psychoanalyse bei Menschen mit rein instrumenteller Sprachfunktion sein muß, hat unlängst Moser (1989) wieder drastisch gezeigt. Die von orthodoxen Psychoanalytikern immer wieder als Schreckgespenst an die Wand gemalte Möglichkeit einer malignen Regression ist bei einer zwar regressiven, aber sowohl durch die Symbole als auch durch die Regeln der Methode gut strukturierten Therapieform viel weniger gegeben, als wenn der Patient vergeblich um die Befriedigung regressiver Bedürfnisse (die ja dann auch Grundlage für progressive Entwicklung sind!) mit dem Therapeuten ringen muß und daher nicht selten in einen destruktiven Clinch mit ihm gerät und wieder in die Sackgasse konkretistischer Forderungen kommt. Dies aber nur, weil sein Therapeut schon vorher die Möglichkeit sowohl von symbolischer Wunscherfüllung als auch von Strukturierung durch das Symbol in unheilvoller Weise übersehen hat.

Kehren wir aber nun zu unserem anthropologischen Hauptthema zurück. Ich habe zu zeigen versucht, wie die Instinktreduktion dem Menschen nicht nur das variable Führungssystem einer Kultur und ihrer Entwicklungsfähigkeit anbietet, sondern ihn primär einem gewaltigen Risiko aussetzt, indem er aus den festen Schienen der angeborenen auslösenden Mechanismen (AAM) geworfen wird und zugleich die angeborenen auslösenden Schemata (AAS) ihre Eindeutigkeit, ja oft sogar überhaupt jegliche bestimmte Bedeutung verlieren. Das Auseinanderklaffen zwischen unstrukturierten Antrieben und entdifferenzierten Auslösern stellt nach Gehlen einen Hiatus dar – ein Begriff, den wir wohl zu Recht nicht nur als Terminus technicus, sondern auch emotional wertend als „Abgrund" bezeichnet haben.

Die Aufgabe einer geglückten Enkulturation – sei es einer primären durch Mütter, sei es einer sekundären durch Psychotherapeuten – ist es, diesen Abgrund zu bevölkern mit vertrauten Bildern und Namen: Mag sein, daß viele von den Symbolen Furcht erregen, aber sie sind so weit vertraut, daß man mit ihnen umgehen kann. Sehr deutlich wird diese Funktion in den frühen Religionen und im Mythos, der ja nicht nur kosmogonischer Erklärungsmythos ist, der uns die äußere Welt ein Stück vertrauter macht, nachdem sie insbesondere durch die Auslöser-Entdifferenzierung unvertraut, unheimlich geworden ist. Der Mythos ist wie der Traum zugleich auf der Subjektstufe (nach C. G. Jung, 1988) zu deuten, d.h., er ist auch eine elementare bildhafte Erklärung des innerseelischen Geschehens: Zeus ist nicht nur der Gewittergott, sondern auch der Gott des inneren Zornes, der Wut. Dieser inneren wie äußeren Realität überhaupt Namen zu geben, ist schon entlastend, viel mehr noch, wenn ein inneres Gespräch zustandekommt: Der fromme Grieche, der innerlich Zeus ansprach („O phile Zeu..."), arbeitete, modern und fachlich ausgedrückt, an der Integration seiner Aggression! Wir müssen dies psychologisch ernst nehmen: Noch für die ganz späte Naturreligion der Griechen – an der Schwelle zur Hochreligion – war „alles voll von Göttern" („panta plera theon") des Haines und voll von Quellnymphen, die zugleich höchst differenzierte psychische Sachverhalte repräsentierten, wie wir u.a. aus neuen subtilen Analysen, etwa des Narkissos-Mythos wissen (Zwettler-Otte, 1989).

Die monotheistische Hochreligion diente dann allerdings mehr dem theoretischen Einheitsbedürfnis und dem moralischen Bedürfnis als den primären, psychischen Notwendigkeiten. Sogar im Katholizismus, der noch sehr viele naturreligiöse, mythische Elemente erhalten hat, geht die Entwicklung zur diskursiven Symbolik und damit zu Ratio und Über-Ich (Lorenzer, 1990). Desto wichtiger ist es, den Abgrund der Seele wieder mit Bildern, lebendigen Gestalten zu bevölkern und sie sich langsam vertraut zu machen – bedeutungsvoll für unsere psychische und somatische Gesundheit. Die Heilung ist weitgehend schon erreicht mit der Behebung des Symbolisierungsdefizits. Vielleicht ist es uns in einem gewissen Grade sogar möglich, dem Gefühl und seinem Ausdruck und Entfaltungsmittel, dem Symbol, wieder mehr Aufmerksamkeit, ja Respekt entgegenzubringen: Die Dichter, nicht nur die Lyriker, versuchen ohnehin beständig, uns dazu zu überreden. Vielleicht ist auch die Grüne Bewegung imstande, nicht nur einen minimalen physikochemischen Standard zwecks Überlebens der Menschheit zu sichern, sondern auch wieder Ehrfurcht vor der Natur und ihren zahllosen Symbolen zu ereichen, eine Verehrung ihrer numinosen Macht.

Freilich wird das schlichte Wissenwollen unserer reflektierenden Zeit, insbesondere auch die fachliche Neugierde unseres Psychotherapeutenstandes immer wieder auch eine kognitive Einstellung zu diesen Phänomenen bedingen, ähnlich wie der gute Therapeut in der konkreten Therapie kurzfristig oszilliert zwischen Faszination (eine für die Heilung narzißtischer Wunden des Patienten höchst wertvolle Haltung) und rationaler Klärung der laufenden Psychodynamik: Ebenso können wir unsere Haltung gegenüber dem Symbol ständig auch wissenschaftlich reflektieren.

Ein kleines Beispiel: Wir haben eben von numinosen Phänomenen gesprochen. Diese sind auch noch bei späteren Naturreligionen an besonders auffällige Phänomene gebunden (so z.B. Zeus an Blitz und Donner). Noch mehr ist dies bei den früheren Naturreligionen der Fall: jede auffällige Naturbildung (großer Stein, Berg, großer Baum usw.) galt als numinos, als mana-haltig. Wenn wir uns aber nun an die von Lorenz (1939) entdeckte gemeinsame Eigenschaft aller Auslöser erinnern, nämlich prägnante Gestalten und vor allem unwahrscheinliche Bildungen zu sein (Extrembeispiele bei innerartlichen, insbesondere sexuellen Auslösern), so verstehen wir ganz deutlich die enge Verwandtschaft früher, spontaner Symbolbildungen mit den tierischen Auslösern, von denen sie sich zweifellos auch genetisch herleiten, nur eben nicht gebunden an die Selbstverständlichkeit einer instinkthaften Antwort (AAM), sondern in aller Unsicherheit des Hiatus. Ich glaube, aus diesem Grunde auch in der bekannten merkwürdigen Ambivalenz des Numinosen, nämlich Fascinans und Tremendum zu sein, geradezu eine gewisse Ratlosigkeit zu verspüren: eine Ratlosigkeit, die sowohl zweckrationales Handeln und Lebensfristung betrifft als auch Gefühle. Sicherheit kann nur erreicht werden in einem im Prinzip unendlichen Prozeß der Symbolbildung. Diese ermöglicht präzise Objektwahrnehmung (Wissenschaft) und Objektveränderung (Technik) ebenso wie strukturierte, klare und sichere Gefühle.

Zusammenfassung

Unter Einbeziehung des evolutionären Kontextes wird, ausgehend von anthropologischen Grundaussagen, die Bedeutsamkeit des Symbols dargelegt. Dabei kommt insbesondere die Abnahme der Instinktsicherheit beim Menschen und deren Ersatz durch die strukturierende Anleitung der Symbole zur Sprache. Therapeutische Erfahrungen zugrundelegend, wird das Katathyme Bilderleben als ein Weg ausgewiesen, der der Zurückdrängung der präsentativen Symbolik in unserer Kultur mit der Folge emotional-bildhafter Verarmung entgegenzuwirken vermag.

Über den Führungsstil in der Paartherapie mit dem KB

Leonore Kottje-Birnbacher

Einleitung

Im Paar-KB gibt es genauso wie im Einzel-KB zwei Möglichkeiten der therapeutischen Arbeit: Zum einen kann man die spontan entstehende Abbildungsfunktion der katathymen Bilder – d. h. die Tatsache, daß sich die innere Situation der Beteiligten plastisch wie auf einem Projektionsschirm darstellt – fördern und als Entwicklungsimpuls nutzen: Durch das deutlichere Erkennen der Situation und die weitere Bearbeitung in den Nachgesprächen werden dann neue Lösungsmöglichkeiten sichtbar. Das KB dient in diesem Fall der Produktion von vorbewußtem und unbewußtem Material, das anschließend im Gespräch weiter bearbeitet wird. Es gibt diagnostisch einen Einblick in die psychische Situation und setzt Impulse für die therapeutische Arbeit. Die zweite – weitergehende – Möglichkeit der therapeutischen Nutzung des KB besteht darin, schon während der Imagination auf der Symbolebene mittels therapeutischer Regieprinzipien und Anregungen zum Probehandeln eine Weiterentwicklung der Situation anzuregen, die dann parallel eine entsprechende Veränderung der innerseelischen Situation bewirkt. Leuner hat schon 1955 in gut kontrollierten Experimenten die funktionale Aquivalenz zwischen innerseelischen Zuständen und Imaginationen nachgewiesen, und dieses Phänomen ist inzwischen vielfach bestätigt (Leuner, 1990b, 1987). Das Füttern und Nähren etwa fördert die Assimilation bisher abgespaltener Ich-Anteile und die Versöhnung mit ambivalent besetzten Objektrepräsentanzen, die Symbolkonfrontation ermöglicht eine kathartische Affektentladung und bewirkt eine Minderung der Angst etc.

Diagnostischer und therapeutischer Akzent

Die beiden Möglichkeiten der Arbeit – einmal mit stärker diagnostischem und einmal mit stärker veränderndem Akzent – gibt es genauso in der Paartherapie: Einmal dient das KB primär als Spiegel für die gegenwärtige psychische Situation, und einmal versucht man, Veränderungen dieser Situation schon im KB mittels Regieprinzipien und Anregung von Probehandeln zu erreichen.
In der Einzeltherapie stellen sich die Problemsituationen in den katathymen Bildern als symbolisch verschlüsselte Szenen dar. Der Therapeut sucht diese Szenen in ihrem strukturellen Ablauf und ihrer symbolischen Codierung zu verstehen, wobei Informationen aus der biographischen Anamnese und der aktuellen Situation des Patienten als Verständnishintergrund genutzt werden. Während des KB begleitet der Therapeut den Patienten und übernimmt dabei schützende, klärende und Anregung gebende Funktionen. Seine Anwesenheit und Anteilnahme schafft einen geschützten Raum, in dem der Patient sich in Ruhe auf seine inneren Prozesse einlassen kann; sein klärendes Nachfragen läßt die Bilder plastischer und detailreicher werden; und schließlich kann er dem Patienten in Situationen, in denen dies nötig ist, Anregung, Orientierung und Hilfestellung geben durch

Übernahme von Hilfs-Ich-Funktionen und Einsatz der Regieprinzipien des Fütterns und Nährens, der Symbolkonfrontation etc. Entsprechendes gilt auch für das Paar-KB: Auch hier entwickeln sich im geschützten Raum der Imagination typische Problemsituationen – in diesem Fall sind dies typische interaktionelle Szenen des Paares –, die durch ihre Deutlichkeit und Ungeschminktheit emotionale Betroffenheit auslösen.

Fallbeispiel

Ein Paar, das sich in permanenten Streiterein aufreibt, wird in der 5. Therapiesitzung gebeten, jeder möge sich ein Tier vorstellen. Nach einer kleinen Pause sagt der Mann, bei ihm entstünden zwei Bilder: eine Art Höllenhund und der Bär aus dem Dschungelbuch, der in der Verfilmung immer den Song singe: „Versuch's doch mal mit Gemütlichkeit!" und dabei so zufrieden-gemütlich herumtanze. Die Frau sagt: bei ihr sei sofort die Vorstellung von einem verwundeten Stier entstanden, er stehe in einer Arena, gespickt mit Pfeilen, daneben stehe ein siegreicher Torero, der sich der Menge präsentiere. Beide sind betroffen von der Aggressivität ihrer inneren Vorstellungen. Die Therapeutin bittet sie, sich noch etwas länger auf die Tiere einzulassen und auszuphantasieren, wie es weitergehen könnte, vielleicht könnten die Tiere sich auch begegnen.

Er: Der Höllenhund will sich auf den Stier stürzen, der Bär tritt ihm aber entgegen und hält ihn in Schach.

Sie: Der Stier liegt resigniert und schwach am Boden. Der Torero und der Höllenhund haben sich sicher schon verbündet, der Höllenhund steht immer mit einer Tarnkappe hinter dem Torero.

Er: Der Bär hat Mitleid mit dem Stier, kann ihm aber nicht die Pfeile herausziehen, weil das wehtut und der Stier ihn dann sicher aufspießen würde.

Sie: Der Stier wird so in Raten umgebracht. Höllenhund und Torero wollen immer wieder mit ihm kämpfen. Zwischendurch wird er im Stall immer wieder gut gefüttert und gepflegt. Er wird aber jedesmal schwächer. – Der Stier will nicht mehr kämpfen, sondern weggehen, sich neue Weiden und Wasserstellen suchen und andere Stiere, will sich selbst einen Stall bauen und allen jungen Stieren empfehlen, sich nicht fangen zu lassen.

Er: Wie idyllisch! – Er hatte statt dessen die Phantasie, daß der Stier nach wenigen Tagen Pflege im Stall kämpfen will und gegen das Holz bollert. Der Bär versucht, ihn zurückzuhalten, aber der Stier will kämpfen. Dann verbündet sich der Bär mit dem Torero, um den Stier in Schach zu halten.

In diesem KB spiegelt sich die Struktur der Beziehung mit dem Ineinandergreifen von intrapsychischen Prozessen und Interaktionen. Beim Mann stellen sich zwei Selbst-Anteile ein, einmal der konziliante, fürsorgliche und verantwortungsbewußte Bär, ein Meister im Lavieren und Vermitteln, der für den Mann teilweise seine erwachsene reale Struktur, teilweise Ich-Ideal-Anteile verkörpert, und daneben der sehr archaische Höllenhund, dessen narzißtische Wut im Untergrund lauert, der aber normalerweise vom Bär in Schach gehalten wird.

Bei der Frau stellt sich eine aggressive Szene dar, in der sie sich selbst mit dem gequälten Opfer identifiziert und ihrem Mann, dessen narzißtischer Egoismus sie oft provoziert und dessen untergründige Aggressivität sie fürchtet, die Rolle des erfolgreich-siegreichen Verfolgers zuschreibt. Auffallend ist, daß die Frau, die sofort eine Szene imaginiert, die geradezu prototypisch schizoid-aggressive Mechanismen darstellt, gar keinen Kontakt zu eigenen aggressiven Anteilen hat: Sie sieht sich selbst nur als Opfer, während ihr Mann ihren Stier durchaus als mächtig und aggressiv wahrnimmt. Die Frau bewältigt ihre Aggressivität also projektiv. Wesentlich ist für uns hier aber erst einmal zu sehen, daß sich im Paar-KB die Beziehungsstruktur sehr plastisch darstellen kann und daß sich dadurch Veränderungen anbahnen: In diesem Fall entsteht während der Imagination bei der Frau spontan das Gefühl, so nicht mehr weitermachen zu wollen (der Stier will weg, will sich einen eigenen Stall bauen und andere Kumpane suchen). Dieser Impuls bleibt in der folgenden Zeit erhalten und ermöglicht die Auflockerung der erstarrten Ehebeziehung.

Diese Verdeutlichung der Situation ergibt sich durch das KB sozusagen von selbst. Der Therapeut unterstützt die Partner lediglich durch Interventionen, die einen normalisierenden Einfluß auf die Kommunikation haben. Diese Art der Begleitung von Paaren entspricht dem übenden Vorgehen in der Einzeltherapie, das ebenfalls einen fördernden Einfluß auf die (Nach-)Entwicklung gesunder Ich-Funktionen hat.

Kommunikationsförderndes Verhalten des Therapeuten

Zunächst möchte ich diese basalen kommunikationsfördernden Funktionen des Therapeuten darstellen. Sie richten sich auf die zentralen kommunikativen Probleme von Paaren, die im Bereich der inadäquaten Abgrenzung und dysfunktional einseitigen Rollenfixierung bestehen. Beides ist ein Ergebnis von ungenügend geleisteten Individuationsprozesssen und von Versuchen, Angst interaktionell mittels Projektionen und projektiver Identifikation zu bewältigen.

Abgrenzungsschwierigkeiten können in zu dichten und in zu durchlässigen Grenzen bestehen: Es gibt Paare, die so stark miteinander verschmolzen sind, daß sie Ich und Du nicht unterscheiden können, und es gibt Paare, die ganz unverbunden nebeneinanderzustehen scheinen. Auch die Abgrenzung eines Paares nach außen kann zu dicht oder zu durchlässig sein: Manche sind regelrecht sozial isoliert, haben nur sich selbst, sonst niemanden als relevanten anderen; andere gehen förmlich in ihrem Umfeld auf, sei dies nun ein gesellschaftliches Gruppenleben oder seien es die Herkunftsfamilien.

In allen diesen Fällen ist ein befriedigender Kontakt miteinander, der die Möglichkeiten des Aufeinander-Zugehens, Zusammenseins, Sich-Entfernens und Alleinseins beinhaltet, erschwert.

Genauso behindern Rollenfixierungen den Austausch und die Weiterentwicklung beider Partner. Sie äußern sich in mangelnder Flexibilität, sich auf neue Bedürfnisse und Lebenssituationen einzustellen, und entstehen durch Aufspaltung von Ambivalenzen: Jeder Partner übernimmt einen Pol und delegiert den anderen. Damit legen sie sich aber gegenseitig mit ihren Zuschreibungen fest, und dies wird in seiner Einseitigkeit meist bald für beide unbefriedigend. Der Weg zurück ist jedoch sehr schwierig, denn sie haben sich gegenseitig in ihre innerseelische Ökonomie eingebaut. Statt dessen steigt mit wachsendem inneren Widerstand und wachsender innerer Verunsicherung die Notwendigkeit, den anderen zu kontrollieren. Statt der erhofften Angstminderung wachsen also durch eine fixierte Rollenpolarisierung die Spannungen langfristig an: Rechte und Pflichten können nicht gemäß der aktuellen Lebenssituation neu verhandelt werden, und es ist sogar schwierig, die eigene Unzufriedenheit mit dem Status quo offen zuzugeben wegen der Angst vor Enttäuschungsaggressionen und Beziehungsabbruch.

Jörg Willi hat 1975 in seinem Buch „Die Zweierbeziehung" die Entstehung und Eskalation solcher kollusiver Verklammerungen, die inhaltlich um unterschiedliche Themen kreisen können, aber strukturell gleich sind, minutiös beschrieben.

Für die Normalisierung der Kommunikation eines Paares scheinen vor allem folgende Aktivitäten des Therapeuten wichtig zu sein:

1. Kontrolle und Freigabe des Kommunikationskanals

Der Therapeut sorgt dafür, daß sich jeder Partner äußern kann, Raum erhält und gehört wird. Er verhindert, daß einer sich allzu übermäßig ausbreitet oder sich allzusehr entzieht. Dadurch entsteht ein ausgewogener Ablauf der Kommunikation und ein Gefühl von Fairneß und gleicher Gewichtigkeit jedes Partners.

2. Klärende Fragen

In der Anfangsphase von Therapien bleiben die im KB geschilderten Situationen oft unklar. Die Partner vermeiden eindeutige Aussagen, um nicht festgelegt, gekränkt oder zurückgewiesen zu werden. Gleichzeitig entwickeln sich aber aus Unklarheiten natürlich viele Mißverständnisse, wodurch genau wieder Enttäuschungen erwachsen. Indem der Therapeut um nähere Beschreibungen und klare Stellungnahmen bittet, sorgt er für eine Verständigungs- und Verhandlungsgrundlage. Gleichfalls werden dadurch auch Unterschiede in den Bildern und den Intentionen deutlicher. Diese Unterschiedlichkeiten werden vom Therapeuten akzeptiert und gleichberechtigt ohne Wertung nebeneinandergestellt. Damit bietet der Therapeut in seinem Verhalten ein Modell für das Akzeptieren von Unterschiedlichkeit und Achtung vor andersartigen Empfindungen. Dies ist eine Vorstufe für das Ertragen von Ambivalenz.

3. Fokussierende Fragen

Fragen selektieren Information: Durch eine Nachfrage wird ein bestimmter Aspekt des Vorausgegangenen herausgehoben und in bestimmter Weise akzentuiert. So kann man z.B. durch entsprechende Fragen die Details der Entwicklung einer typischen Interaktionssequenz herausarbeiten oder nach neuen Verhaltensalternativen und Lösungen suchen lassen. Dies sind ganz unterschiedliche Akzentsetzungen. Entsprechend kann man kompensatorisch Gemeinsamkeiten oder Unterschiedlichkeit, Abgrenzung oder Kontakt fördern. Man kann auch die Arbeit an einem Thema abbrechen und zu einem anderen übergehen etc.; d.h.: Durch Fragen kann der Therapeut das Thema der Imagination steuern und an den Situationen arbeiten, wo zum gegenwärtigen Zeitpunkt das Paar ansprechbar ist und Veränderungen erreicht werden können.

4. Beachtung der Toleranzgrenzen von jedem Partner

Der Therapeut muß einen schützenden Raum herstellen, damit überhaupt eine Entwicklung möglich ist (holding function). Dazu muß er die Belastbarkeit jedes Partners im Auge behalten und entweder die Situation so strukturieren, daß keiner überfordert wird (durch Blockieren von destruktiven Auseinandersetzungen, Verhinderung von starkem Bedrängen und Eindringen, Sorgen, daß jeder sein Gesicht wahren kann), oder die wahrgenommenen Spannungssignale, die sich an Haltung, Mimik, Tonfall, Wortwahl ablesen lassen, ansprechen. Dadurch wird die Situation explizit, und die Partner können selbst für diese Signale sensibel werden und Belastungen dosieren lernen. Die erste Art, bei der der Therapeut selbst für ein konstruktives Entwicklungsklima sorgt, ist in der Anfangsphase von Therapien angezeigt, die zweite, bei der die Partner lernen, selbst Signale wahrzunehmen und als Indikatoren zu verwenden, um ein konstruktives Klima herzustellen, ist erst möglich, wenn die innere Spannung und das ängstliche Ressentiment im Umgang miteinander nachgelassen haben.

5. Förderung der Selbstverantwortlichkeit

Wenn ein Partner den anderen in sein Bild einbezieht und ihn in bestimmter Weise sieht, so schreibt er ihm damit ein bestimmtes Verhalten zu. Der Therapeut kann dann den anderen fragen, ob er das auch so sieht, bzw. ob ihm das so recht ist oder was er möchte. Damit signalisiert der Therapeut, daß jeder für sein Verhalten selbst verantwortlich ist und sich entscheiden muß, welche Funktion für den anderen er übernehmen will und welche nicht. Dadurch werden Projektionen und projektive Identifikationen offen verhandelt bzw. abgebaut und eine Korrektur der Wahrnehmung der Situation erreicht.

6. Ermöglichen einer gemeinsamen Aktion

In der Anfangsphase einer Therapie sind Paare meist nicht in der Lage, eine gemeinsame Aktion zu entwickeln. Sie sind voller Ressentiment und Anspannung, gehen nicht aufeinander ein, antworten sich nicht,

weigern sich, sich in den anderen einzufühlen. Der Therapeut muß Hilfs-Ich-Funktionen übernehmen, um einen Abbruch der Bilder oder ein Einrasten in gespurten pathologischen Mustern zu verhindern.
Dies sind zum einen kontakthaltende Hilfs-Ich-Funktionen, d.h., der Therapeut wird jeden immer wieder ansprechen und um Beschreibungen und Stellungnahmen bitten, jedoch emotional stützen und aktiv an ihm Anteil nehmen, Andeutungen verstehen und konkretisieren etc., so daß ein ständiger Kontakt zum Therapeuten und damit indirekt zum Partner hergestellt ist.
Zum anderen sind es abgrenzungserleichternde und kommunikationsverlangsamende Hilfs-Ich-Funktionen, die ein reflexhaftes Abspulen langgeübter unproduktiver Muster verhindern sollen – etwa durch das Einschalten von Fragen, die die aktive Stellungnahme und Bewertung der eigenen Wünsche und der Situation verlangen.
Diese Art der Begleitung nach dem Modell eines empathischen Eingehens und Förderns soll insgesamt die Kommunikation normalisieren, Selbstabgrenzung und Kontakt fördern und die Punkte herausarbeiten, an denen eine vertiefte Arbeit notwendig ist wegen Ich-Funktions-Defiziten oder schwereren Beziehungskonflikten. Diese vertiefte Arbeit kann dann in den Nachgesprächen und tiefenpsychologisch fundierten Gesprächssitzungen stattfinden, aber auch während der Imaginationen in einer direkten Arbeit am Symbol.

Regieprinzipien und Arbeit am Symbol

Als nächstes möchte ich auf die zweite Variante der Arbeit mit dem Dyaden-KB, die Regieprinzipien, eingehen, die auf der Bildebene durch die Arbeit an den Symbolen eine Veränderung der intrapsychischen Situation erreichen wollen, und im folgenden einige der Möglichkeiten der Arbeit am Symbol, die ich bisher gefunden habe, kurz darstellen:

1. Konfrontation: Extensive Verdeutlichung des Miteinander-Umgehens
Durch genaues Nachfragen und Beschreibenlassen kann man, wie im Einzel-KB, eine Konfrontation mit ängstigenden und daher sonst möglichst nicht betrachteten Details der psychischen Situation erreichen, wodurch Angst abfließt und eine neue Sicht der Situation möglich wird: Die sonst automatisch wiederholten Abläufe mit ihren Diskrepanzen, Verzerrungen und illusionären Verkennungen werden plötzlich detailliert betrachtet und werden bewußt mit allen inneren Annahmen jedes Partners, die die jeweilige Reaktion bedingen. Dadurch gewinnen sie einen neuen Verständnishintergrund und können nicht mehr naiv wiederholt werden (vgl. Symptomverschreibungen mit paradoxem Effekt), es ändern sich die inneren Wahrnehmungen und das Verhalten. – Bei diesem Vorgehen müssen die Toleranzgrenzen beider Partner natürlich sorgfältig beachtet werden.

2. Narzißtische Regression
Im Paar-KB kann an gemeinsame positive Erfahrungen (die vor der Phase der gegenwärtigen Konflikte liegen) angeknüpft werden, wodurch die emotionale Basis des Paares gestärkt wird. Dies ist häufig schon in frühen KBs möglich, sofern man Themen gibt, die sich dafür eignen, z.B. ein gemeinsamer Urlaub dort, wo man schon immer mal hin wollte, oder ein Aufenthalt auf einer Insel oder ähnliches.
Es muß aber eine innere Bereitschaft des Paares für positives gemeinsames Erleben vorhanden sein, ähnlich wie im Einzel-KB eine Annäherung und Versöhnung mit Symbolgestalten erst möglich ist nach einer Konfrontation, durch die das Gefühl innerer Gefährdung abgebaut wird. Bei dem zu Anfang in dem Tier-KB geschilderten Paar

hätte die Vorgabe des Themas Urlaub zu dem Zeitpunkt sicher nur Konflikte evoziert: Sie hätten keine Nähe zueinander gewollt, sondern hätten sich gestritten, jeder hätte woanders hinfahren und etwas anderes unternehmen wollen etc. Ein solches KB hätte eher demoralisierend als hilfreich gewirkt. – Wenn aber ein Eintauchen in einen gemeinsamen symbiotischen Zustand mit intensivem Glücks- und Verbundenheitsgefühl gelingt, bedeutet das eine erhebliche Stärkung der Beziehung und des individuellen Selbstgefühls.

3. Ermutigen zu neuem Verhalten

In Paar-KBs entstehen oft widersprüchliche und unklare Situationen. So läßt z.B. einer den anderen die Situation strukturieren und sich selbst einbeziehen in einer Weise, die er eigentlich nicht mag: Sein Nicht-Mögen ist spürbar, aber er wehrt sich nicht; oder einer ist eigentlich ärgerlich, traut sich aber nicht, das zu zeigen; oder einer macht einen Vorschlag, von dem er meint, das müsse er wohl, der andere erwarte das; er weiß dabei aber gar nicht, ob er das selbst so will; er weiß auch nicht genau, ob der andere das wirklich möchte, oder ob er nur meint, daß der andere es möchte, obwohl der andere nur stillhält, weil er seinerseits meint, das müsse er wohl etc. Aus diesen Situationen pflegen sich eskalierende Mißverständnisse zu entwickeln.

Wenn man die Partner in diesen Situationen ermutigt, genau zu spüren, was sie selbst jetzt wollen und für dies Erspürte dann eine angemessene Äußerungsform zu suchen, hilft man ihnen bei der Ausformung neuer Umgehensweisen miteinander. Ohne persistierendes In-Frage-Stellen und Ermutigen seitens des Therapeuten finden die Paare aus diesen unklar-ambivalenten Situationen nicht heraus. Sie brauchen Hilfestellung, um angstbedingte Hemmungen zu überwinden, da sie oft alle Impulse nach Eigenständigkeit (also eigenem und möglicherweise unterschiedlichem Fühlen und Wollen) als aggressiv gegen den anderen gerichtet erleben und sie sich entsprechend verbieten.

4. Identifikation mit lebendigen Aspekten des Bildes

Bei depressiv-resignierten Paaren entstehen oft vorsichtig-unverbindliche Bilder ohne affektive Beteiligung. Der Therapeut entwickelt dabei dann ein Gefühl von Uneigentlichkeit, Langeweile, Unproduktivität. In solchen Fällen kann ein plötzlicher Themenwechsel, indem man die beiden bittet, sich mit nebenbei beschriebenen Randfiguren zu identifizieren (z.B. mit den Enten, die über einen Teich schwimmen, oder dem Hund, der herumstreunt, oder den Bäumen, die am Berghang wachsen), die Atmosphäre total verändern: Es kommen dann die Themen hervor, die vorher vermieden wurden, und man kann an den eigentlichen Problemen arbeiten.

Insgesamt stellt die Verwendung dieser Regieprinzipien im Dyaden-KB genau wie im Einzel-KB einen erheblich größeren Eingriff in die Balance des Paares dar als das vorher geschilderte kommunikationsnormalisierende Vorgehen. Er sollte daher dem erfahrenen Therapeuten vorbehalten bleiben, der genügend Sicherheit in der diagnostischen Beurteilung der aktuellen Situation eines Paares hat, während das Basisverhalten genau dazu dient, einen guten diagnostischen Überblick zu gewinnen.

Zusammenfassung

Ausgehend von den beiden grundsätzlichen Möglichkeiten des Vorgehens im KB, projektiv eine psychische Situation abzubilden und sie so dem Erkennen und Bearbeiten zugänglich zu machen einerseits, andererseits im Tagtraumgeschehen selbst Veränderungen anzuregen, wird deren therapeutische Anwendung auf die Paartherapie dargestellt. Dabei werden ein kommunikationsförderndes therapeutisches Basisverhalten, welches die imaginativen Inhalte zum Ausgangspunkt nimmt, von einer weitgehenden therapeutischen Intervention während des Tagtraumgeschehens unterschieden und beide an Beispielen erläutert.

Borderline- und neurotische Patienten

Therapie von Frühstörungen

Günther Bartl

Einleitung

Entsprechend langjähriger psychotherapeutischer Erfahrungen mit Ich-strukturell gestörten Patienten hat sich mir die Notwendigkeit zur Strukturbildung im therapeutischen Prozeß gezeigt. Zu diesem Thema gibt es bereits wichtige Grundsatzarbeiten (Bartl, 1989; Jollet et al., 1989; Klessmann, 1989; Leuner, 1989; Pahl, 1989; Rust, 1989; Sachsse, 1989; Wächter, 1989; Wilke, 1989 u.a.). Nach Fürstenau (1985) eignet sich das Katathyme Bilderleben bei Ich-strukturell gestörten Patienten als therapeutische Methode, da der Therapeut als „steuerndes Objekt" sein Ich-Potential dem Patienten zur Verfügung stellen und damit zur Nachreifung der gestörten Ich-Bildung beitragen kann. Strukturbildung bedeutet, daß zwischen Selbst- und Objektrepräsentanzen flexible Grenzen geschaffen und zunehmend mehr Funktionen von den Selbstrepräsentanzen übernommen werden. Strukturbildung erfolgt also, indem einzelne Interaktionserfahrungen zu einem Ganzen sich konsolidieren. Der fortlaufende psychotherapeutische Entwicklungsprozeß besteht bekanntlich aus Verinnerlichung, Differenzierung und Strukturierung.

Im folgenden wird die Intention deutlich gemacht, daß sich das KB als tiefenpsychologisch fundiertes, imaginatives Verfahren, mit dem sich auf der Symbolebene narzißtische Homöostase und ebenso Strukturbildung (z.B. mittels Differenzierung der Wahrnehmung und Anreicherung der emotionalen Anteilnahme) erreichen läßt, zur Behandlung von „Grundstörungen" (Balint 1970) sinnvoll einsetzen läßt.

Die Bedeutung von Wärme, Rhythmus und Konstanz in der frühkindlichen Entwicklung

Entsprechend moderner entwicklungspsychologischer Erkenntnisse, insbesondere aktualisiert durch Beobachtungen der Säuglingsforscher (Papousek, 1977, 1983; Stern, 1985), ist bekannt, daß in der Frühkindheit bei einem inadäquaten Angebot an Wärme, Rhythmus und Konstanz (Bartl, 1983, 1984) von seiten der primären Bezugsperson der Säugling sein angeborenes Potential, aus seiner Umwelt Nutzen zu ziehen und in der Begegnung sukzessiv seine Beziehungsfähigkeit zu differenzieren, nicht nutzen kann. Je nach Entwicklungsniveau kommt es zur unterschiedlich verzerrten Bildung von Selbstobjekten und in weiterer Folge zur mangelnden Differenzierung von Selbst- und Objektteilrepräsentanzen. Entsprechend der coenästhetischen Wahrnehmung des Säuglings führt das inadäquate Zusammenpassen von Säugling und primärer Bezugsperson zur Verformung bzw. zu mangelnder Reifung sinnlicher Objektwahrnehmung und in weiterer Folge auch zur Verfälschung der diakritischen Wahrnehmung (Spitz, 1960). Das Selbsterleben und damit auch das Wahrnehmen von Außenobjekten wird verfremdet. Diese defizitär erfahrene Erlebniswelt zeigt sich ebenso auch in der mangelhaft entwickelten Fähigkeit zur Symbolisation und läßt sich im Katathymen Bilderleben anhand verfremdeter und oftmals denaturierter symbolischer Darstellungen deutlich machen:

Im formalen Bereich zeigen sich in den Bildern je nach Schwere des Defizits Strukturlosigkeit, Fragmentierung bis zum Verlust von Naturhaftigkeit und häufiges Auftreten von „Kunstprodukten“ (Metall, Plastikgegenstände etc.). Im Stimmungsbereich zeigen sich sowohl Farbüberflutung wie auch reine Schwarzweißdarstellungen von Symbolen. Die natürliche Mischung von Form und Farbe geht mehr oder weniger verloren. Nicht zuletzt wirkt oftmals die gesamte Szene „tot“ als Ausdruck der formalistischen Erstarrung der szenischen, vorsprachlichen Interaktionsformen (Lorenzer, 1972, 1990). In der Gegenübertragung tritt als Ausdruck dieser schweren Beziehungsstörung Langeweile, Müdigkeit und vor allem große Mühe beim empathisch resonanten Begleiten auf. Einige Beispiele für den Verlust von Naturhaftigkeit aus KBs von frühgestörten Patienten möchte ich erwähnen: z. B. das Auftreten von Glühlampen als Auge, ein aufgesetzter Brotlaib als Kopf, das Erscheinen einer verkehrsreichen Autobahn anstelle einer Wiese, mit einer riesigen Maschine daneben, die alle Autos auffrißt. Letztlich kann es sogar zum Auftreten von mechanischen Menschen kommen, die als Maschinen funktionieren und rein roboterhaft agieren, wie es aus der Darstellung von klassischen psychosomatischen Patienten bekannt ist (Pensee operatoire bzw. Alexithymie).

Wie in der frühkindlichen Entwicklung beim Säugling, so geht es auch im Rahmen des Strukturbildungsprozesses bei Frühstörungen um adäquate Zufuhr von Wärme, Rhythmus und um Konstanz (Bartl, 1983, 1984). Dabei gilt folgende Gleichung: Wärme findet ihre Äquivalente im Klang, in der Farbe, im Geruch oder Geschmack, Rhythmus sein Äquivalent in der Form und Konstanz in der Gestaltung bzw. in der Dynamik szenischer Interaktionen. Es ist inzwischen hinlänglich bekannt, daß Strukturbildung auf der Differenzierung der Sinnesmodalitäten beruht. Das bedeutet für den KB-Therapeuten, daß die Strukturierung im Bild eine grundsätzliche und ernst zu nehmende Strategie sein muß. Man darf hier nicht kurzschlüssig von katathymen Bildern von „normalen Neurotikern“, also eigentlich Gesunden auf das therapeutische Vorgehen im KB mit Frühstörungen schließen. Denn mit Gesunden läuft das KB eben als Tagtraum wie von selbst, ohne viel Zutun von seiten des Therapeuten, und führt deshalb auch zu keinen nennenswerten Schwierigkeiten. Die Natur ist gütig und erlaubt dem Individuum in der Imagination ein Auftanken und Füllen allfällig „bedürftiger seelischer Futterstellen“. Dabei kommt es im Bild bei intakter Abwehr zum geschickten Umgehen nicht zumutbarer Belastungen. Der Anfänger-Therapeut ist bei Gesunden zumeist stolz auf seine gut laufenden „Therapien“. Daher kommt es auch leicht zum Mißbrauch, denn das KB bietet sich, wie auch andere Psychotherapiemethoden, als nettes Freizeitspiel geradezu an und verführt noch wenig erfahrene Psychotherapeuten zum mutigen, jedoch unreflektierten Probieren. In der Therapie der Grundstörung ist eine unbekümmerte Vorgehensweise gefährlich. Hier ist eine klar gefaßte Diagnostik mit einer daraus entwickelten Basisarbeitshypothese zwingend, damit die Gefahr von pathologischen Entwicklungsabläufen, wie etwa der Überflutung von Gefühlen im vermeintlichen Vertrauen, wie es prototypisch ist für die „maligne Regression“ (Balint, 1966, 1970), minimiert werden kann. Grundsätzlich gilt, daß der Therapeut mit seinem Beziehungsangebot in dem für den Patienten gerade noch erträglichen Grenzbereich tragfähiger Übertragung operieren und mittels gezielter Strukturierung das Absinken in pathologische Regressionsbereiche hintanhalten sollte. Damit wird eine schrittweise Unterbindung der malignen regressiven „Suchtspirale“ intendiert und der Patient (und oftmals auch der Therapeut!) bis an die Grenzen seiner Frustrationstoleranz gebracht. Die Arbeitshypothese des Psychotherapeuten für die Behandlung von Frühstörungen mit dem KB sieht vor, daß das Auffüllen von basalen Defiziten über die drei Grundpfeiler der narzißtischen Entwicklung, nämlich über die Wärme, den Rhythmus und die Konstanz zu erfolgen hat.

Wärme

Das beim Patienten mangelhaft ausgebildete Beziehungspotential muß durch aktiv dosierte Zufuhr von emotionaler Wärme im Beziehungsangebot durch den Therapeuten angereichert („emotionale Treibhausatmosphäre") und mittels Strukturierung gefüllt werden. Dabei ist zu beachten, daß der „Ton" als Wärmeäquivalent „die Musik macht". Zur Veranschaulichung möchte ich anführen, daß z.B. unter einer bäuerlichen Bevölkerung Hochdeutsch im sprachlichen Ausdruck den „Ton" verfehlt und deshalb auch im therapeutischen Prozeß ein ungeeignetes Mittel zur Anreicherung von Wärme darstellt, so daß ein lediglich nach formalen Kriterien ausgerichtetes Handeln und Sprechen in der therapeutischen Situation fehlschlagen muß. Durch die Verschränkung der narzißtischen und triebdynamischen Entwicklung (Grunberger, 1982) führt ein inadäquates Angebot an Wärme auch zu Bewältigungsschwierigkeiten in der oralen Phase. Überangebote ertränkender Bezugspersonen sind im KB als konturlose Farbüberflutung im Blumentest erkennbar, da – wie bereits erwähnt – die Farbe als Ausdrucksäquivalent von Wärme fungiert. Hingegen bilden sich emotional karge Beziehungsangebote der primären Bezugsperson als ganz blasse Farben bzw. im reinen Schwarzweißkonstrast, also im „Alles oder Nichts" des pathologischen Narzißmus ab. Wenn auch von psychisch einigermaßen Gesunden wohltuende Harmonie mit allen Sinnesorganen empfunden werden kann, so wird sie bei Patienten mit frühkindlichen Defiziten als unwichtig, unbegreiflich und fremd erlebt werden. Das übende Ausformen von Farbnuancen und das Erkennen des Gefühlsgehaltes einer Farbe im therapeutischen Setting des KB fördert auch die Benennung von vorsprachlichen szenischen Beziehungserfahrungen und hilft, diese sukzessive adäquat mit dem passenden sprachlichen Ausdruck zu verankern. Es kann nicht oft genug betont werden, daß das gezielte, aber nie übertriebene Üben in der therapeutischen Strukturarbeit vom KB-Therapeuten große Erfahrung erfordert. Allzu leicht wird nämlich der Patient überfordert und flüchtet abwehrend, insbesondere dann, wenn der Therapeut in unreflektiertem Ehrgeiz möglichst rasch und spektakulär „sein" Ziel erreichen möchte. Statt Aufbauarbeit entsteht Verstärkung der Abwehr. Statt „Regression im Dienste des Ichs" (Kris, 1977) entwickelt sich „Regression im Dienste der Abwehr" (Hartmann, 1960). Nur ein ganz schmaler Pfad, den es therapeutisch gezielt zu nutzen gilt, steht hier dem Therapeuten zur Verfügung.

Rhythmus

Als Ausdruck von Ordnung, sowohl in der Musik wie auch im Leben, wirkt er begrenzend, formt und verleiht begreifbaren Halt. So wird auch verständlich, daß wir im Üben dieser rhythmischen Erlebnisse die eigenen Körper- und Ich-Grenzen erarbeiten können. Wieder erfordert dies die Kopplung von Worten mit erlebbarer sinnlicher Wahrnehmung, denn parallel dazu verläuft die Bildung des Körperschemas (Schilder, 1923). Formen (Kugel, Kegel, Dreieck, Würfel etc.) sind immer an der Oberfläche begreifbar. Primär entsteht also zunächst die Wahrnehmung der Hülle und damit auch die Grenze zu anderen Objekten. Erst in einem späteren Akt kann diese Hülle auch gefüllt, emotional begriffen und benannt werden. Dies macht auch verständlich, warum im KB eine zu frühe Vorgabe des Motivs „Einstieg in das Körperinnere“ meines Erachtens ohne Effizienz bleibt bzw. in mechanistischen, zwar oft spektakulären Expeditionen, jedoch ohne jeglichen therapeutischen Effekt entartet. Denn auch hier wird der Körperinnenraum nur mit Geduld, übender Differenzierung der sinnlichen Wahrnehmung schrittweise erfahren, so daß das Körperbild emotional und kognitiv begreifbar und damit auch erlebbar wird. Dies bietet sich auch als Test zur Feststellung über den Fortschritt der Therapie an. Als Regel sollte dabei gelten, daß das direkte übende Wahrnehmen die Entwicklung fördert, während das Dazwischenschalten von Instrumenten und Werkzeugen die Entwicklung verzögert. In Analogie zu dem, was bereits für die Verknüpfung von oraler und narzißtischer Entwicklung deutlich gemacht wurde, gilt, daß eine inadäquat erfahrene Rhythmik (Dysrhythmie) auf einer höheren Libidostufe eine Bewältigungsstörung der analen Phase nach sich zieht. Auf der Symbolebene bildet sich dies in übertriebenen Abgrenzungen als Zaun, Gitter oder Mauer ab; bei einem zu frühen, auf Kosten emotionaler Zufuhr erfahrenen Rhythmusüberangebot können sich unter dem Druck inadäquater und bedrohender Dysrhythmie Fragmentierung und der Zerfall von Objekten zeigen. Bei einer defizitären Rhythmuserfahrung hingegen kommt es zu chaotischen Bildern mit mangelhaften Grenzen und Abgrenzungsmöglichkeiten zu Objekten. Da „Produkte“ in der analen Phase eminente Wichtigkeit haben, sollte dies auch in der KB-Therapie gezielt intendiert und der spielerische Umgang mit differenzierter Wahrnehmung übend erarbeitet werden. Dazu lassen sich entsprechend den jeweiligen Defiziten gezielt Motive als Kristallisationskerne zur weiteren Bearbeitung wählen. Manchmal ergeben sich über die versteckte Regression spontan im Bild Szenen, die es erlauben, direkt am Symbol zu arbeiten (Barolin, 1961; Barolin, Bartl und Krapf, 1983). (Man denke nur an das Kotschmieren der Kinder als Äquivalent des Geldzählens der Erwachsenen.)

Konstanz

Sie ist in der Entwicklung für die spätere Gestaltungsfähigkeit sowie für die adäquate und spielerische Bewältigung der ödipalen Phase als Ausdruck gelungener Objektkonstanz von entscheidender Bedeutung. Als therapeutisches Angebot eignet sich hierfür insbesondere das Motiv des Ich-Ideals, das aus dem Vorstellen und der personenhaften Ausgestaltung eines gleichgeschlechtlichen Vornamens besteht. Dabei wird der Patient wiederum angeregt, dieses entstandene Objekt mit allen seinen Sinnesmodalitäten spielerisch zu begreifen, also zu beriechen, zu behorchen, zu beschmecken und anzuschauen. Durch diese intensive Auseinandersetzung kann zumeist die Annäherung an das Objekt derart intensiviert werden, daß das Bedürfnis zum Einswerden, also zum Verschmelzen entsteht (z.B. durch Einschwimmen über die Pupille). Damit kommt es also zu einer kurzfristigen Vereinigung von wesentlichen Persönlichkeitsanteilen, wobei dies mehr oder weniger lustbetont und mitunter auch versteckt regressiv erfolgt. Dieses Einswerden ist demnach eine passagere identifikatorische Vereinigung des Übenden mit seinem „Ich-Ideal“. Gleichzeitig mit der Anregung zum Wechsel der Subjekt- und Objektrolle erfolgt auch ein Training von „Einswerden“ zum „Loslassen“ und damit von Symbiose und Individuation (Mahler et al., 1978).

Zum Verlauf des therapeutischen Prozesses mit dem KB

Im Unterschied zur Behandlung von Konfliktneurosen mit dem KB, ist bei Frühstörungen ohne das Auffüllen der basalen narzißtischen Defizite eine sinnvolle strukturbildende Therapie unmöglich. Unterbleibt dieser wesentliche erste Schritt, so äußert sich dies in der therapeutischen Beziehung oft dahingehend, daß die Patienten in ihrer Unfähigkeit, eine tragende Beziehung zum Therapeuten herzustellen, rasch in vehemente Abwehrreaktionen geraten. Dabei kann es zur Entwertung oder zur primitiven Idealisierung der therapeutischen Bemühungen kommen, und auch Unzufriedenheit und aggressive Auseinandersetzung können abrupt auftreten. Dennoch bleibt die Notwendigkeit bestehen, je nach Ausbildungsgrad des Therapeuten oder nach seinem „Takt“, die Übertragung mit ihrer ganzen Gebrechlichkeit zum Motor der Therapie zu machen. Dazu ist es vonnöten, daß die Gegenübertragung des Therapeuten gezielt und kontrolliert in den therapeutischen Prozeß integriert wird („aktive Therapie“; Ferenczi, 1972). Dabei ist es sinnvoll, nicht den Analytiker selbst zum Objekt „primärer Liebe“ werden zu lassen, sondern die therapeutische Situation. Denn es gilt genau zu unterscheiden zwischen dem Geben von „primärer Liebe“ und dem Sich-besetzen-Lassen mit „primärer Liebe“ (Balint, 1970).

Diese arbeitshypothetischen Überlegungen des erfahrenen KB-Therapeuten müssen im Moment des Handelns selbstverständlich verfügbar und umsetzbar sein, da jegliche nachträgliche Korrektur fehlschlägt. Erfolgversprechend ist dieser therapeutische Prozeß nur dann, wenn sich der grundgestörte Patient durch den Therapeuten angeregt fühlt, sich angstinduzierenden Situationen vertrauensvoll und duldsam auszusetzen. Dabei wird intendiert, daß im Schutze der Übertragung bislang scheinbar unmögliche Handlungen vollführt oder bedrohliche und angsterregende Objekte differenziert wahrnehmbar werden. Spontane, lediglich der Abwehr dienende Patentlösungen sollten hintangestellt werden. So können Begegnungen mittels Differenzierung und Strukturierung in die Länge gezogen und damit oftmals ungefährlich gemacht bzw. neue kreative Lösungsmöglichkeiten erreicht werden. Dies gilt auch für destruktive Handlungen, vor allem bei Trennung von archaischen gefährlichen Objekten. Grundsätzlich soll die konfrontative Technik erst dann angewandt werden, wenn alle anderen Möglichkeiten zur nicht-konfrontativen Auseinandersetzung hinreichend geübt worden sind.

Entsprechend der Konzeption von Winnicott (1969), nach der das „Übergangsobjekt“ den ersten nicht zum Selbst gehörenden Besitz darstellt, wird auch im KB am Symbol geübt. Das Symbol ist das erste nicht dem Selbst gehörende kreative Produkt, das begreifbar und verwörtert werden muß: „Betrachten wir das Zustandekommen des Symbols auf der Linie der Evolution, so sehen wir das Entstehen, wenn der Mensch geistig nach etwas greift, was seiner Fassungskraft noch ferne ist. Umgekehrt kann das Symbol auch entstehen, wenn seine ehemalige Fassungskraft abgenommen hat“ (Silberer, 1988). Dies bedingt die „doppelte Perspektive“ der Symbole (Silberer, 1914). Erst wenn durch das „Übergangsobjekt“ (Symbol) die omnipotente Phantasie, Macht über die Mutterbrust auszuüben, auf dieses erste von ihr getrennte Objekt fließen kann, setzt eine realitätsbezogene Entwicklung ein. In Analogie dazu hat sich in meiner therapeutischen Arbeit mit dem KB die Differenzierung der Gefühlswahrnehmung am Symbol bei fehlender oder defizitärer Selbstobjektdifferenzierung als grundlegender Entwicklungsschritt bewährt (Bartl, 1984). Denn durch die Fähigkeit zum Symbolisieren erlangen Objekte erst ihre Bedeutung.

Erst beim Eintritt des Kindes in die symbolische Ordnung der Sprache, also mit dem Spracherwerb, erlangt das Kind durch Kopplung von vorsprachlichen szenischen Interaktionserfahrungen, die neu verwörtert und codiert werden müssen, die Befähigung, sich von Vorstellungsinhalten zu trennen und damit auch die Fähigkeit zur adäquaten Objektwahrnehmung (Lorenzer, 1972, 1990). Ist das „Übergangsobjekt" also Schrittmacher für eine erfolgreiche Konfliktlösung, so muß dies auch durch die Sensibilisierung zur Differenzierung der Gefühlswahrnehmung am Symbol möglich sein. Bei frühgestörten Patienten gelingt es damit, die archaische Destruktion und Bedrohung von „allmächtigen Objekten" zu bearbeiten. In gleicher Weise, wie die Differenzierung schrittweise zur emotionalen Verdichtung der Bildinhalte beiträgt und die deskriptive Ebene in ganzheitliche Wahrnehmung integriert wird, zeigt sich auch im Einklang mit der „Beseelung des Körpers" (Schultz, 1973) eine umfassende Integration des Selbst- und des Körperbildes.

Schlußbemerkungen

Ich hoffe, mit dem Beitrag gezeigt zu haben, daß ein dyadischer Prozeß in der Therapie von frühgestörten Patienten schrittweise aufgebaut werden kann. Damit lassen sich basale Ich-strukturelle Defizite ganz oder zumindest teilweise auffüllen. Es soll jedoch nicht verschwiegen werden, daß oftmals zur Unterstützung des therapeutischen Prozesses eine medikamentöse Begleittherapie unumgänglich notwendig ist.

Behandlung von Borderline-Patienten

Sigrun Roßmanith

Einleitung

Dem Borderline-Syndrom haftet ein beinahe schon postmodern anmutender diagnostischer Beigeschmack an. Häufig fungiert diese diagnostische Etikette als Sammelkiste für unklar einzuordnende psychopathologische Syndrome. Tatsächlich wurde auch in diesem Zusammenhang der Begriff der „Pan-Neurose" geprägt (Hoch und Polatin, 1949; zit. nach Rohde-Dachser, 1983, S. 42) und damit die ständige Fluktuation aller nur erdenklichen neurotischen Symptome beim Borderline-Syndrom charakterisiert. Die typischen Konflikte dieser Patienten zentrieren sich um die Identitätsdiffusion, also um eine Ich-strukturelle Pathologie. Kernberg sprach von der „Doppelschicht" (1981), die entlang eines Kontinuums als „Charakterstörungen höherer Ordnung" das Ich-strukturelle Defizit und damit das Persistieren von primitiven Abwehrformationen überdeckt (Kernberg, 1981), so daß es zur Verschränkung von präödipalen und ödipalen Konflikten kommt (Kernberg, 1967) und von daher die „Buntheit" der Borderline-Symptomatik zu verstehen ist. In neoanalytischen Begriffen wird von einer „intentionalen Störung" (Schultz-Hencke, 1947) gesprochen, die sich als psychopathologisches Syndrom im „Grenzbereich von Neurose und Psychose" (Rudolf, 1977) begrifflich fassen läßt und stets als Strukturdiagnose zu verstehen ist.
Nach der Diskussion der gängigen Behandlungsstrategien bei Borderline-Persönlichkeitsstörungen soll Einblick in eine psychiatrisch-psychotherapeutische Praxis gegeben werden. Der Fokus wird sich dabei auf die Langzeittherapie wie auch auf die akute Krisenintervention von manifesten Borderline-Patienten richten, bei denen primitive paranoide Abwehrformationen oder wahnhafte Symptome existent sind oder passager in Depersonalisationskrisen auftreten. Dabei soll auch auf die häufig vernachlässigte, jedoch notwendige Verknüpfung von Psychotherapie und Pharmakotherapie und die Stellung des Medikaments in der Interaktion zwischen Therapeut und Patient verwiesen werden. Im besonderen wird auch die Rolle des Katathymen Bilderlebens (KB) als einer tiefenpsychologisch fundierten imaginativen Methode in der Behandlung von Borderline-Störungen beleuchtet. Im besonderen ist damit auch die Intention verbunden, das aus der KB-Literatur bekannte Argument, daß das KB bei Borderline-Patienten die Spaltung in eine „heile Tagtraumwelt" und eine „böse realitätsnahe Außenwelt" und das „süchtige Aufsuchen von Tagträumen" (Sachsse, 1989a und b; Sachsse und Wilke, 1987; Pahl, 1983) fördere, mittels eigener praktischer Erfahrungen und Kasuistiken in Frage zu stellen.

Überlegungen zur Behandlungstechnik von Borderline-Patienten

Kernberg (1981b) weist ausdrücklich darauf hin, daß die strukturellen Merkmale der Patienten mit Borderline-Störungen sich nicht ausreichend im Kontext des „Drei-Instanzen-Strukturmodells", als der theoretischen Grundlage für die Technik im psychoanalytischen Standardverfahren, erklären lassen. Vor allem die Ich-Fixierung auf ein Funktionsniveau, das um den frühen Abwehrmechanismus der Spaltung zentriert ist, bewirkt, daß in der therapeutischen Situation „Objektbeziehungs-Teileinheiten" (Masterson, 1980) aktiviert werden, die aus Partial-Selbst- und Partial-Objekt-Repräsentanzen mit dazugehörigen Affektdispositionen bestehen.

Das Spektrum der in der psychoanalytischen Literatur diskutierten Behandlungsvorschläge für präödipal gestörte Patienten mit Borderline-Struktur ist mannigfaltig und reicht vom unmodifizierten psychoanalytischen Standardverfahren (Rosenfeld, 1981) bis zur stützenden Psychotherapie (Zetzel, 1971). Vielfach als Methode der Wahl gilt ein modifiziertes psychoanalytisches Verfahren, wie es von Kernberg (1981a und b) als psychoanalytische Psychotherapie beschrieben worden ist. Begründet wird die Notwendigkeit von Modifikationen des psychoanalytischen Standardverfahrens damit, daß Borderline-Strukturen durch Abweichung von einem „Normal-Ich" (Freud, 1937) gekennzeichnet sind, die das Ausmaß der Ich-Veränderungen, wie es üblicherweise bei neurotisch Kranken gegeben ist, überschreiten. Patienten mit strukturellen Ich-Störungen sind nicht in der Lage, die analytische Aufgabe zu leisten, die Fähigkeiten eines einigermaßen reichen Ichs voraussetzt. Bereits Ferenczi (1972) wie auch Balint (1934, 1966) haben bei grundgestörten Patienten auf die Notwendigkeit eines modifizierten, von der klassischen Technik abweichenden „aktiven" Verfahrens hingewiesen, das schwerpunktmäßig im Angebot einer benignen Objektbeziehung und eines empathisch resonanten Verhaltens des Analytikers bestehe. Bartl (1989, 1990) hat dieses Vorgehen ausführlich im Umgang mit dem Katathymen Bilderleben beschrieben. Heigl-Evers et al. (1980a und b, 1985) haben ebenfalls eine modifizierte Einzel- und Gruppenpsychotherapie als psychoanalytisch-interaktionelle Methode in der Behandlung bei präödipal gestörten Patienten entwickelt.

Strategisches Ziel in der Behandlung von Borderline-Patienten sollte nach Kernberg (1988a) die Auflösung von primitiven Übergangsformen, also die Bearbeitung der „primitiven Dissoziation des Selbst und der verinnerlichten Objektbeziehungen" und damit die Überführung der „primitiven Übertragungsformen in ein höheres Organisations- oder Integrationsniveau" sein (Kernberg, 1981a, S. 502). Oft und vor allem langfristig bestehe die Aufgabe des Analytikers darin, „an den Gefühlen von Sinnlosigkeit, allgemeiner Verschwommenheit der Gefühle und der lähmenden Leere oder Verzerrung in der Stunde zu arbeiten, um ein späteres Auftreten der genannten frühen Übertragungsmanifestationen bzw. deren volle Entwicklung zu ermöglichen" (ebd., S. 512).

Prinzipiell, so die beinahe einstimmige Meinung der Autoren der „Borderline-Literatur", sollte alles vermieden werden, was die Durchlässigkeit der Ich-Grenzen erhöhe und die „Aufmerksamkeit vermehrt auf primärprozeßhaftes Material lenke und damit der pathologischen Regressionsbereitschaft Vorschub leiste" (Rohde-Dachser, 1983, S. 194). Das Ziel der Psychotherapie bei Borderline-Patienten liege „in der Beseitigung der Ich-Störung, in der Verbesserung der Funktionsfähigkeit des Ichs des Patienten, und nicht in der Förderung regressiven unbewußten Materials" (Rohde-Dachser, 1983, S. 195).

Demgegenüber wählten Benedetti et al. (1983) einen anderen psychotherapeutischen Zugang und intendierten das aktive Aufsuchen der Regression; damit nehmen sie im besonderen die bei Borderline- wie auch bei anderen Ich-strukturellen Störungen, schizophrenen und affektiven Psychosen präexistente Spaltung zwischen Affektivität und Sprache zum Ausgangspunkt ihrer Bemühungen; diese setzen nicht auf einem kognitiven Niveau an, sondern bearbeiten strukturbildend die fehlende Ich-Identität (Erikson, 1957) des Borderline-Patienten mit Hilfe des „dualen Rapportes“ (Benedetti et al., 1983, S. 59) auf einer regressiven, bildhaften Ebene. Im besonderen widersprechen Benedetti et al. damit der von Kohut (1979a, 1977) und Kernberg (1967, 1988a, 1981a und b) vertretenen Ansicht, daß die „tiefe Psychotherapie“ beim Borderline-Patienten wie auch bei Erkrankungen des schizophrenen Formenkreises kontraindiziert sei, da Regression vermeintlich die psychische Fragmentation beschleunige. Fragmentation – so Benedettis Gegenargumentation – spiele sich jedoch jenseits der Regression heilvoll ab und fördere „das Wiederzusammenfinden der Fragmente“ (Benedetti et al., 1983, S. 59). Auch Balint (1970) beschrieb schon, daß der Patient in der Regression das Ziel habe, „erkannt“ zu werden, also als Ganzes wahr- und angenommen werden möchte, und daß die „suchtartige Spirale“ der „malignen Regression“ erst entstünde, wenn die eigentlichen Bedürfnisse und Defizite des Patienten vom Therapeuten nicht adäquat verstanden und bearbeitet würden. Rohde-Dachser (1983) stellt zudem die wichtige Frage, ob nicht so manche maligne Regression erst dadurch ausgelöst würde, daß der Therapeut nicht auf das Angebot des Patienten eingeht, der „um seine Regression kämpft und diese mit allen Mitteln gegenüber einem streng realitätszugewandten Therapeuten durchzusetzen versucht“ (S. 215). Dies verdient insofern Beachtung, als über der Psychotherapie von Borderline-Patienten häufig das Damoklesschwert der „malignen Regression“ (Balint, 1966) wie auch dasjenige der (vermeintlich oder tatsächlich) iatrogen induzierten „Übergangspsychose“ thront (Little, 1958; Kernberg, 1988a; Rohde-Dachser, 1983; Rosenfeld, 1981), die jedoch beide nicht unbedingt vermeidbar, sondern in den therapeutischen Prozeß zu integrieren sind, da sie Reaktivierungen von frühen traumatischen Erfahrungen mit dem primären Objekt darstellen und bei fachgerechter Handhabung auch die Möglichkeit einer „corrective emotional experience“ (Alexander und French, 1946) in der Therapie in sich bergen.

Überlegungen zur Indikation des Katathymen Bilderlebens in der Behandlung von Borderline-Persönlichkeitsstörungen

Die Notwendigkeit zur Strukturbildung im therapeutischen Prozeß ist in der Behandlung von Ich-strukturell gestörten Patienten heute unumstritten. Zu diesem Thema gibt es in der KB-Literatur bereits wichtige Grundsatzarbeiten (Bartl, 1989; Jollet et al., 1989; Klessmann, 1989; Leuner, 1989; Pahl, 1989; Rust, 1989; Sachsse, 1989a und b; Wächter, 1989; Wilke, 1989 u.a.), die die Rolle des KB im Rahmen des Strukturbildungsprozesses beleuchten. Nach Fürstenau (1985) eignet sich das Katathyme Bilderleben bei Ich-strukturell gestörten Patienten als therapeutische Methode, weil der Therapeut, stellvertretend für Ich-Funktionen des Patienten, mit steuernder Aktivität zur Nachreifung der gestörten Ich-Bildung beitragen kann. Bei narzißtisch gestörten Persönlichkeitsstrukturen, die also ein Persistieren von Spaltungsmechanismen aufweisen, lassen sich ebenso im Rahmen einer Langzeittherapie mit dem KB sinnvoll Strukturbildung und Nachreifung defizienter Ich-Strukturen leisten (Bartl, 1983, 1984; Bittner, 1984; Eibach, 1982; Lang, 1982; Leuner, Horn und Klessmann, 1990a; Pahl, 1990; Seithe, 1982; Sachsse und Wilke, 1987 u.a.). Des weiteren läßt sich das KB bei Borderline-Patienten auch zum konkreten Vorausphantasieren von sozialen Belastungssituationen und damit zur Differenzierung der Ich-Funktion der Realitätswahrnehmung einsetzen. Denn Denken

„als Probehandeln mit Verschiebung kleinerer Besetzungsquantitäten" (Freud, 1948, S. 233) – wie es in der Psychoanalyse heißt – bildet sich schrittweise aus dem Übergangsbereich des Vorstellens heraus und basiert auf der gelungenen Differenzierung der sinnlichen Wahrnehmung. Freud wies bereits 1925 darauf hin: „Besinnen wir uns: Wo hatte das Ich ein solches Tasten vorher geübt, an welcher Stelle die Technik gelernt, die es jetzt bei den Denkvorgängen anwendet? Es geschah am sensorischen Ende des seelischen Apparates, bei den Sinneswahrnehmungen" (Freud, 1948). Sandler und Nagera (1966) betrachten das Phantasieren unter struktureller Perspektive auch als eine Ich-Funktion, nämlich als realitätsorientierte Kompromißbildung zwischen triebhaften Es-Impulsen und zügelnden Über-Ich-Forderungen (S. 211). Vorstellungen der inneren Welt und der Außenwelt werden also in Form von bildhaften Organisationen geschaffen und stellen einen aktiven Wahrnehmungsprozeß dar: „Das Ich schickt periodisch kleine Besetzungsmengen in das Wahrnehmungssystem, mittels derer es die äußeren Reize verkostet, um sich nach jedem solchen tastenden Vorstoß wieder zurückzuziehen" (Freud, 1948).

Der Aufbau von Vorstellungen ist also eine Grundbedingung für die Ich-Entwicklung und steht im Dienste der Anpassung. Auch Lorenzer (1972, 1985, 1990) bezeichnet im Zuge seines symbolischen Interaktionismus Phantasien „als imaginierte Objektbeziehungen, szenische Arrangements, in denen bestimmte Interaktionsmuster ausgelegt werden" (1985, S. 142). Psychoanalytisches Verstehen bedeutet demnach „szenisches Verstehen der Interaktionszusammenhänge", denn „Vorstellungen sind Sinnzusammenhänge, die als Interaktion verstanden werden", als szenisch dargestellte Beziehungssituationen (S. 143). Dies macht das psychotherapeutische Potential des KB transparent. Denn mit dem Katathymen Bilderleben lassen sich auch abgespaltene „sprachlose" Selbst- und Objektteilrepräsentanzen auf der Symbolebene darstellen und sind damit einer direkten Bearbeitung zugänglich. Denn meines Erachtens ist es kaum möglich, mit Borderline-Patienten auf einer vorwiegend kognitiven Ebene psychotherapeutisch zu arbeiten und primitive Abwehrformationen und verzerrte Übertragungsbeziehungen zuzulassen. Benedetti (1983, 1988, 1989) nennt es die projektive Identifikation des Therapeuten mit dem Patienten, die diesem zu einer neuen Identität verhilft, der „duale Rapport", der jedoch nicht im Sinne des bloßen anteilnehmenden Beobachtens auf seiten des Therapeuten zu verstehen ist, sondern im stellvertretenden Teilhaben (Benedetti 1983, S. 67). Bekannt, und darauf wird auch von Leuner (1989, S. 21) hingewiesen, ist der unmittelbare Einfluß symbolischer direktiver Angebote auf seiten des Therapeuten aus der „realisation symbolique" in der Behandlung einer Schizophrenen (Sechehaye, 1955). In Analogie dazu stellte Leuner (1989) die „symbolische Integration im Katathymen Bilderleben" vor, die bei Borderline-Patienten zur Überwindung von Spaltungsphänomenen führen kann. Im therapeutischen Prozeß kommt es dabei zwischen Patient und Therapeut zur Bildung eines „Übergangssubjektes" (Benedetti, 1988), das aus Phantasien, Lenkung der Aufmerksamkeit, Verbalisation von introspektiven Inhalten, schützenden Funktionen, Strukturierung ... etc. bestehen kann. Der KB-Therapeut ist angehalten, „aktiv" im Bild mitzusteuern und dem Patienten stellvertretend ein „katathymes Spiegelbild" (Benedetti, 1989) und auch sein „strukturierendes Ich-Potential" passager zur Verfügung zu stellen.

Als eine besondere und immer wieder erwähnte Gefahr in der Behandlung von Borderline-Patienten (Sachsse, 1989a und b; Sachsse und Wilke, 1987; Pahl 1990) wird die durch das KB angeblich geförderte

Spaltung in eine „heile Tagtraumwelt" und eine „böse realitätsnahe Außenwelt" und das „süchtige Aufsuchen von Tagträumen" berichtet. Es ist bekannt, daß Borderline-Patienten in positiver Übertragung zum Therapeuten diesem häufig eine „therapeutische Persönlichkeit" präsentieren, die dissoziiert bleibt und in der Außenwelt rasch wechselt (Fast, 1974, S. 291), so daß „außen" destruktive Impulse abreagiert werden, jedoch das „symbiotische Universum" (Mahler, 1975) der therapeutischen Übertragungssituation unangetastet bleibt. Dies ist meines Erachtens jedoch insbesondere dann der Fall, wenn der Borderline-Patient zu wenig Strukturierung (in der therapeutischen Situation wie auf der Bildebene) erfährt. Denn diese suchtartig aufgesuchte „heile Welt" fungiert als Übergangs-Selbst-Objekt (Kohut, 1979a) und damit als Schutz und braucht hinreichend Differenzierung, um losgelassen werden zu können. Erfolgt aktive Strukturierung von seiten des Therapeuten, kann dies schrittweise reduziert und die „Regression im Dienste des Ichs" (Kris, 1977) geübt werden.
Dieses Einüben in primäres „Urvertrauen" (Erikson, 1977; Bartl, 1983, 1984) mit dem Borderline-Patienten ist selbstverständlich über weite Strecken des therapeutischen Prozesses ständig bedroht von Vernichtungsangst vor der „primary confusion" mit einem allmächtig bösen Objekt. Daher läßt sich die „maligne Regression" zwar strukturierend minimieren, jedoch streckenweise nicht völlig hintanhalten. Denn sie fungiert als Substitut für die dem Borderline-Patienten versagte „Regression im Dienste des Ichs" (Kris, 1977), die als „Regression zu (...) wiederbelebten verinnerlichten, schützenden Objektbeziehungen" (Kernberg, 1988a, S. 356) die Beziehungsfähigkeit belebt und festigt. Im Rahmen des therapeutischen Strukturbildungsprozesses, der sich oftmals als „Gratwanderung" erweist, muß mit dem Borderline-Patienten gerade dies ständig geübt werden.

Das destruktive Potential des Borderline-Patienten: Ein fehlschlagender Lösungsversuch zur Rekreation

Das Unvermögen von Borderline-Patienten, sich der „benignen Regression" als homöostatischer Rekreation hinzugeben, zeigt sich sowohl in der therapeutischen Beziehung wie auch auf der Bildebene. Gerade dann, wenn es vertrauensvoll zu werden „droht", kommt es häufig zu plötzlichem Bildwechsel, zum Auftreten von bedrohlichen, unangenehmen oder gar destruktiv gefärbten Bildinhalten oder auch zur Depersonalisation mit emotional entkoppelten, bizarr abstrakten sprachlichen Formulierungen. Dem Borderline-Patienten macht bekanntlich zu große Nähe, aber auch zu große Distanz Angst. Dieses destruktive Potential, das dissozial und (auto)aggressiv agiert oder auf ein „allmächtig böses Objekt" feindselig projiziert wird, stellt für den therapeutischen Prozeß fraglos eine Klippe dar.
Diese destruktive Welt bildet sich auch in den KBs ab, oftmals in Form von totaler Zerstörung, Atomkrieg, zerbombten Städten, niedergeschossenen Menschenleibern, massivsten, aber nicht spürbaren Selbstverwundungen etc. Einige Beispiele von KBs von Borderline-Patienten mögen dies veranschaulichen.

Beispiel 1: Berstende destruktive Triebspannung

a) 53. KB-Sitzung, Ausflug in eine Landschaft: Der Patient fährt mit einem dunkelschwarzen glänzenden Motorrad auf einer kurvenreichen Straße und rutscht auf einem gelblich schillernden Ölfleck aus. Das Motorrad explodiert, die brennenden Stücke fallen auseinander, es bleibt nichts mehr übrig, auch den Tank hat es zerrissen. Er selbst hat sich eine Wunde zugezogen, „verbranntes Fleisch", aus der Blut rinnt, das leicht süßlich schmeckt, zudem einen Oberarmbruch, so daß der Knochen aus dem Fleisch steht und die fleischige Wunde voller Sand und Steine ist.

b) 26. KB-Sitzung (40. Stunde) Rosenbusch: 7 rote Rosen in einer ganz schmalen Kristallvase. Die Rosen sprengen die Vase, fliegen durch die Luft der Sonne entgegen, umrunden die Erde und spinnen die ganze Welt ein. Plötzlich gibt es einen Riesenknall, nur die Rosenköpfe bleiben über, die im Nichts herumschwimmen ...

Beispiel 2: Fragmentierung und drohender Ich-Zerfall

43. KB-Sitzung (47. Stunde), Wiese: Es regnet, blitzt und donnert in einer Landschaft mit weichem Morast, der Himmel ist ganz schwarz bewölkt, plötzlich treten Schlammzuläufe auf, Schilfrohre brechen, Bäume fallen zusammen, der Himmel öffnet sich, und eine große schwarze Eisenkugel fällt wie ein Komet vom Himmel, zerstört alles. Die Kugel hebt sich wieder empor, sie ist ganz zerkratzt.
Zwei Tage später verübt dieser Patient einen Suizidversuch mit einer Überdosis der ihm verordneten Neuroleptikamedikation (Fluphenazin). Die Psychotherapie wurde nach kurzer Unterbrechung weitergeführt, ebenso das KB und die Psychopharmakotherapie. Es ist bisher das einzige KB, das mir bekannt ist, in dem sich beinahe prognostisch bildhaft der Verlust der Ich-Grenzen ankündigt. Üblicherweise, so läßt sich aus meiner Praxis mit dem KB mitteilen, zeichnen sich Depersonalisationskrisen, Übertragungspsychosen, Suizidversuche nicht auf der Bildebene ab.

Beispiel 3: Fragmentierung und Autodestruktion während einer Depersonalisationskrise bei einem manifesten Borderline-Syndrom

187. KB-Sitzung (250. Stunde), Wiese: Es stellt sich eine schmutzige Terrasse des elterlichen Hauses ein, mit Blick auf einen verdüstert grünen Rasen, „eng, naß und abgestorben ist alles hier"; die Zeit steht still. Alles ist irgenwie tot, auch der eigene Körper fühlt sich ganz kalt, dünn und ohne Haut an, der Patient kann gleich direkt in den Bauchraum greifen, spürt alles „tot, naß und kalt", anstelle der Wirbelsäule gibt es eine „Säge-Seele", die bis zur Hautoberfläche reicht, wie eine Blattsäge, leicht, biegsam und messerscharf.

Für den Umgang im KB gilt, daß diese destruktiven Lösungsversuche wiederum durch „aktive" strukturierende Intervention des Therapeuten und mittels minutiöser Differenzierung der sinnlichen Wahrnehmung szenischer Interaktionsformen (Lorenzer, 1972, 1985) bearbeitet werden sollen. Damit kommt es oftmals zu einem Bildwandel und zu einem „Neubeginn" (Balint, 1934) kreativer Lösungsmöglichkeiten. Nur in Ausnahmefällen erachte ich destruktive Patentlösungen (z. B. den Kopf von gefährlich begegnenden symbolischen Gestalten abzuschlagen, vgl. Lang, 1982) als Signum für einen therapeutischen Fortschritt, zumeist stehen sie im Dienst der Abwehr und des Wiederholungszwangs.

Beispiel 4: Sadomasochistische Verklammerung in der Phantasie

Ein Borderline-Patient äußerte immer wieder die Phantasie, seiner Mutter mit dem Fleischhammer das Gesicht zu zerschmettern oder jemanden zu Tode zu foltern und dabei „nichts Unangenehmes" oder sogar Lust zu empfinden; in der Therapiestunde überfiel ihn plötzlich die Angst, er könnte die Therapeutin erwürgen; nachdem er dies mitgeteilt hatte, trat unmittelbar danach Erleichterung und ein „unheimliches Nähebedürfnis" auf.

Wesentlich für den therapeutischen Prozeß ist es, diesen destruktiven Phantasien Raum zu geben. Winnicott (1979) betont, daß die Fähigkeit zur „Objektverwendung" als Teil des Übergangs zum Realitätsprinzip die Zerstörung des Subjekts und damit die Wandlung von der „Objektbeziehung" zur „Objektverwendung" bedinge (1979, S. 104). Dann erst kann die Umwelt als solche neu entdeckt werden, allerdings unter der Voraussetzung, daß sich das Objekt nicht rächt und überlebt: „Wenn sich dieser Prozeß in einer Analyse vollzieht, sind es Analytiker, analytische Technik und analytisches Setting, die die Destruktivität des Patienten überleben" (Winnicott, 1979, S. 109).
Für den Borderline-Patienten bedeutet die Möglichkeit, dieses destruktive Potential mit jemandem zu teilen, d. h. mitteilbar zu machen, eine Neuerfahrung und eine grundsätzliche Entlastung und eröffnet darüber hinaus auch neue Beziehungsmöglichkeiten. Wesentlich dabei ist es, daß die Destruktivität in angstfreier therapeutischer Präsenz nicht bewertet, aber auch nicht ver-

niedlicht oder verharmlost wird. Destruktive Impulsdurchbrüche, insbesondere dissoziale Akte in der Realität, sollen vom Therapeuten thematisiert und schrittweise der agierte Notschrei zur Sprache gebracht werden.

Auch der Suizid stellt oftmals einen narzißtischen Lösungsversuch bei massiver, das Selbst bedrohender Spannung dar (Henseler, 1973, 1976). Mit dem KB läßt sich in manchen Fällen, wenn die Übertragung positiv und genügend stabil ist und wenn der Therapeut „aktiv" und angstfrei den Patienten begleiten kann, eine Lösung über mannigfache Metamorphosen, vor allem über die versteckte Regression (Barolin, 1961; Barolin, Bartl und Krapf, 1983) herbeiführen (Leuner, 1987; Sachsse 1989b, S. 177). Da im Primärprozeß Zeit- und Grenzenlosigkeit herrschen und somit „Ende", „Tod" nicht existent sind, finden sich konstruktive Möglichkeiten zur Spannungsreduktion, die, oftmals „maskiert", dem Patienten nicht bewußt sind und sich lediglich im Symbol darstellen.

Beispiel 5: Narzißtische Lösung von destruktiver suizidaler Spannung im KB

Kasuistik: Ein 26jähriger Borderline-Patient mit schizoid zwanghafter Persönlichkeitsstruktur gleitet nach einer massiven narzißtischen Kränkung in eine Depersonalisationskrise mit autodestruktiven und Selbstvernichtungsimpulsen. Im Verhalten imponiert vordergründig eine affektive dynamische Entleerung, die jedoch nur die berstende Destruktivität überdeckt. Im Gespräch kann der Patient seinen Zustand kaum mitteilen, auffallend sind Wortfindungsstörungen und die emotionale Entkopplung. Als einzige Möglichkeit, aus dem „toten" Zustand herauszukommen, möchte er sich vom 7. Stock eines Wohnhauses aus dem Fenster stürzen, da er ansonsten seine Eltern, denen er alle Schuld an seinem mißlichen Befinden zuschreibt, niemals los würde und somit „ewig unfrei" bliebe. In die Therapie brachte der Patient ein Bild mit, das er nach einem Nachttraum gemalt hatte: es stellte einen toten, übergroßen leeren Körper am Boden liegend dar, an dessen Außenseite dreiecksartige schwarzgelbe Zakken (suizidales Syndrom nach Lüscher) aufgerichtet waren. „Leerer Menschensarg" stand als Titel unter dem Bild. Zur Lösung der suizidalen Spannung wird dem Patienten das Bild „Menschensarg" im KB eingestellt.

184. KB-Sitzung (242. Stunde), Menschensarg: Es stellt sich der „Menschenkörper" im Bild ein. „Der Körper ist aufgebläht, Flüssigkeit platzt auf, Eiter und Wasser rinnen heraus. Am Oberkörper spürt er mehrere Wunden, verklebt, staubig mit wulstartig aufgeworfenen Wundrändern; es sind starke Schmerzen wie zum „aus der Haut fahren", aber sonst ist alles tot. Das Gefühl, daß er den Körper gleich verläßt, stellt sich ein, er schaut zum Himmel, möchte ein Wölkchen sein, das dahinzieht, er löst sich dann im Himmel auf, fühlt sich kühl und luftig blau, möchte als Himmel einfach ruhen, sonst weiter nichts. Dann zieht es ihn noch weiter hinauf zu einem leuchtenden Stern, der wie eine kühle, gelbe Sonne ist, rund und glatt, hier ist es ganz angenehm, kühlend, wie im Herzen ... Im Nachgespräch wirkt der Patient gelöster, fühlt sich „nicht unangenehm", müde, möchte das Bild vom Himmel, das beruhigend auf ihn wirkt, mitnehmen.

Nach dem KB fühlt sich der Patient wie „im autogenen Training", ist deutlich ruhiger und weniger gespannt, stimmungsmäßig ist ein Anflug von Traurigkeit zu vermerken. In der Depersonalisationssymptomatik trat erst nach mehreren Wochen eine Stabilisierung ein, jedoch konnte die akute Krisenintervention zur Lösung der suizidalen Spannung mit dem KB bei aktiv strukturierender und steuernder Teilnahme der Therapeutin erfolgreich durchgeführt werden.

Die Verzerrung der sinnlichen Wahrnehmung als Signal für existentielle Bedrohung

Neben Frustrationen und narzißtischer Kränkung führen Panikattacken zur „Überflutung durch das Gefühl" (Volkan, 1978, S. 133). Dadurch werden andere Ich-Funktionen vehement beeinträchtigt, insbesondere diejenige der Wahrnehmungsfunktion (Luhn, 1984; Henneberg-Mönch, 1986). In Zuständen panischer Angst, die als innere Reaktion auf die Aktivierung höchst bedrohlicher, ungesteuerter aggressiver Partial-Selbst- und Partial-Objekt-Repräsentanzen zu verstehen ist, kommt es bei Borderline-Patienten häufig zur Verfremdung, Ausblendung oder Verzerrung einer oder mehrerer Sinnesmodalitäten: Gegenstände oder Konturen von solchen werden verzerrt wahrgenommen bzw. Klangfarben und Töne ausgeblendet oder entfremdet bzw. Hypo- oder auch Dysästhesien passager geäußert, oder es treten längerfristig diffuse hypochondrische Klagen auf (ähnliche Erfahrungen teilte mir auch G. Bartl persönlich mit). Schilder (1914, 1923), psychoanalytischer Pionier in der Körperschemaforschung, machte auf die wichtige Bedeutung der Hypochondrie im Zustand der Depersonalisation aufmerksam und auf die daraus folgende Wahrnehmungsbeeinträchtigung: „Die Selbstbeobachtung schädigt aber (...) das Erleben, der auf die Wahrnehmung gerichtete Akt wird zwiespältig, verfremdet, und das Handeln verliert an Zielsicherheit. In jedem ausgeprägten Fall von Hypochondrie finden sich Züge der Depersonalisation, und in jedem Fall von Depersonalisation finden sich Züge von Hypochondrie (1923, S. 77).

Beispiel 6: Verzerrung der Objektwahrnehmung in der Realität, im Spiegelbild und im KB

Ein seit mehreren Jahren in Psychotherapie befindlicher Borderline-Patient klagte langfristig über Wahrnehmungsverzerrungen und konsultierte ständig ohne Erfolg Augenärzte: In diffusen Angstzuständen kamen die Menschen kleiner oder größer auf ihn zu, Häuserwände wurden schräg wahrgenommen und drohten einzustürzen, der Boden war wellig verzerrt, er selbst nahm sich im Spiegel einseitig und schief verzogen wahr. Zur Differenzierung der Objektwahrnehmung wird dem Patienten folgendes KB-Motiv gegeben:

196. KB-Sitzung (208. Stunde): „Stell Dir einen Spiegel vor und versuche mit allen Sinnen das, was sich Dir zeigt, wahrzunehmen."
Der Patient sieht sich im Badezimmer seiner Wohnung, muß sich bücken, um sich im Spiegel überhaupt ganz wahrnehmen zu können. Im Spiegel sieht er einen alten Mann mit merklichen „Zeichen von Zersetzung durch die Krankheit", tiefliegenden Augen, hervortretenden Falten, trüben, harten und aggressiven Augen. Alles ist eng im Raum und bedrohlich. Mittels an der Grenze der Belastungsfähigkeit arbeitender therapeutischer Strukturierung wird die Differenzierung der Objektwahrnehmung intendiert. Er versucht sich selbst zu begreifen, anzutasten, wie er (sein Spiegelbild) sich anspürt. Er verspürt Wut auf sein Spiegelbild, ist verzweifelt und resigniert über den Anblick, spürt Tränen, die warm über die Wangen rinnen, und fühlt sich wie in einer Gruft, in einem Grab. Es ist ganz dunkel im Badezimmer. Trotz therapeutischer Intervention, die positiven Selbstaspekte zu integrieren, gelingt dies nicht; es bleibt ein negatives Selbstbild. Plötzlich jedoch öffnet er im Bild Fenster und Jalousien und hat nun den Blick frei zur gegenüberliegenden elterlichen Wohnung. Es ist nun ganz hell im Raum, er fühlt sich frei und wie erlöst.

Von der paranoiden Abwehr zum Einüben in primäres Vertrauen

Abschließend soll anhand einer Abfolge von katathymen Bildern, die mit einem passager paranoid entgleisten Borderline-Patienten durchgeführt wurden, ein Einblick in die „therapeutische Gratwanderung" beim schrittweisen Einüben in „Urvertrauen" veranschaulicht werden.

Beispiel 7

Kasuistik: 35jähriger homosexueller Manager, der erst seit kurzem beruflich in Österreich lebt, suchte wegen eines vordergründig phobischen Verhaltens und Panikattacken, die ihn am Verlassen der Wohnung und an der beruflichen Ausübung hinderten, die psychiatrisch-psychotherapeutische Praxis auf. Hinzu kam das Gefühl diffuser Bedrohung und die Angst überzuschnappen, verbunden mit passageren Depersonalisations- und Derealisationsgefühlen. Der akute Zustand beruhigte sich relativ rasch (zunächst ohne medikamentöse Behandlung), allein schon durch das Anbieten eines konstanten therapeutischen Settings und einer stabilisierenden, steuernden therapeutischen Beziehung. Mit dem Patienten wurden anfangs vorwiegend stützende, allmählich auch klärende und vorsichtig deutende Gespräche geführt und zudem das KB angewandt, um sowohl narzißtische Defizite als auch strukturbildend die diffusen Angstzustände bei der evidenten Ich-strukturellen Störung zu bearbeiten.
Im Blumentest stellt sich eine wachsartige (kunstproduktartige) Narzisse ein; eine differenzierte sinnliche Wahrnehmung ist nicht möglich, die Blume ist entwurzelt, abgeschnitten, wird in einer Glasvitrine zum Verkauf angeboten. Die nach KB angefertigte Zeichnung wirkt auf einem größtenteils leeren weißen Blatt mit wenigen dünnen Farbstrichen wie „gekritzelt". Die mangelnde Farb- und Formgebung in der zeichnerischen Ausgestaltung veranschaulicht das narzißtische Defizit (Bartl, 1989, 1990).

Im Motiv des Berges stellt sich ein riesiger symmetrischer Kegel ein, wie ein Zuckerhut, umgeben von einem Tannenwald, nur erklimmbar mit Steigeisen. Dennoch sieht der Patient sich plötzlich in Gipfelnähe, hat das Bedürfnis, den Berg zu umarmen, nimmt unter sich Savanne und Steppe wahr und verspürt ein harmonisches Wohlbefinden. Plötzlich wird das umgebende Gebirge bedrohlich höher, im Gegensatz dazu der Berg immer kleiner, im Bild treten Angst und Bedrohung auf. Durch therapeutische Aufforderung zur Differenzierung der Wahrnehmung und stützend strukturierende Intervention sowie Vermittlung empathischer Präsenz werden die bedrohlichen Gebirgszüge zu Wiesen, und es prasselt ein Gewitter los. Am Fuß des Berges nimmt der Patient nun ein Geröllfeld und ein Dorf mit sehr unfreundlichen Leuten wahr, die Türen und Fenster zuschlagen und sich angstvoll vor ihm verkriechen. Im Dorf gibt es nur eine einzige Frau, die mit ihm redet. Kurz danach stellt sich in einem Nachttraum ein den Patienten sehr beunruhigender Inhalt dar: Der Patient träumt, er habe einen Riesenpenis, der von Käfern zerfressen werde, so daß nurmehr ein knorpeliges Skelett übrigbleibe.

Als der Patient eine neue, gehobene Stellung antritt, die seine brüchige Selbstidentität auf eine harte Bewährungsprobe stellt, kommt es zum akuten Auftreten einer paranoiden Wahnstimmung, die jedoch ohne Wahngewißheit mittels Rationalisierung korrigierbar bleibt: Er äußert das Gefühl, daß der Donauturm Giftgas ausstrahle, es wäre unheimlich im Büro, auch die Sonne hätte giftige Strahlen, denen man ausgeliefert sei und vor denen man sich nicht schützen könnte. Fremden im Büro wäre nicht zu trauen, es könnten doch Spione sein, auch das Essen wäre möglicherweise vergiftet. Diese Wahnideen würden tagsüber über ihn hereinbrechen und ließen sich, zumeist durch die Vorstellung, er selbst sei der riesige Wirtschaftskonzern, in dem er arbeite, bannen. Auch der Therapeutin übertrug der Patient paranoide Ideen, meinte, sie wolle ihn nur testen, es sei alles gestellt, damit er fertiggemacht würde.

In dieser Situation erwies sich eine neuroleptische Medikation als unumgänglich, die der Patient jedoch aus Angst vor möglicher unkontrollierter „vernichtender" Wirkung strikt ablehnte und erst allmählich, zunächst in Anwesenheit der Therapeutin, einnahm. In dieser Krisensituation wurde das therapeutische Setting in konstanter Weise beibehalten, die Psychotherapiestunden wurden kurzfristig verdoppelt (2mal pro Woche). Die Wahninhalte wurden in der Therapiestunde thematisiert, und dem Patienten wurde eine angstfreie und „arglose Atmosphäre" (Balint, 1970) geboten. Mit dem KB wurde pausiert. Nach dem Abklingen des paranoiden Zustandes wurde zur Differenzierung der Wahrnehmung und zum Einüben in Urvertrauen das Bildern unter gleichzeitiger Beibehaltung der neuroleptischen Medikation fortgesetzt.

12. KB-Sitzung (40. Stunde), Ausflug in eine Landschaft: Es stellt sich ein Waldrand ein. Der Patient hat von hier Ausblick auf einen Hügel, sieht ein schwarzes Haus und plötzlich eine häßliche Fratze, wie einen bedrohlichen Totenkopf. Die Landschaft wirkt ganz zerbombt, bedrohlich, die Hügel sind verkohlt, vergiftet, und alles ist brüchig. Man bricht beim Gehen ständig ein, und darunter ist bodenlose Tiefe. Er setzt sich am Waldesrand auf eine Bank und fühlt sich hier gerade noch sicher, hat aber das Gefühl, daß am Ende diese Bank und der Wald auch noch in den luftleeren Raum abstürzen könnten. Hinter ihm tun sich Schluchten auf, und alles stürzt zusammen. Im Nachgespräch fühlt sich der Patient entgegen den bedrohlichen Bildinhalten nicht ängstlich, erlebt diese wie einen Spiegel seiner vorangegangenen wahnhaften Krise. In der nachträglich angefertigten Zeichnung „kritzelt" er eine bunte Landschaft, die von mehreren schwarzen „Erdbebenlinien" durchzogen ist.

Im folgenden KB wird entsprechend der Arbeitshypothese des basalen Auffüllens narzißtischer Defizite auf folgendes Motiv, das sich an der „aktiven Technik" (Ferenczi, 1972), die Bartl (1989, 1990) im Umgang mit Ich-strukturell gestörten Patienten für das KB beschrieben hat, orientiert:

15. KB-Sitzung (48. Stunde): „Stellen Sie sich bitte eine Farbe vor, und geben Sie dieser wenn möglich Form und Gestalt."

Rot und Grün stellen sich ein, der Patient nimmt eine Lehmpuppe wahr, spürt den klebrigen braunen Lehm, den er formen kann, der aber keine feste Konsistenz hat, sondern aus vielen kleinen Körnchen besteht; es läßt sich keine einheitliche Form daraus machen. Der Lehm liegt in der Hand, es ist so ein Geborgenheitsgefühl, wie im Mutterleib, so beschützt. Wie spürt denn der Lehm die Hand? „Gar nicht, er hat nur Angst, daß die Hand sich öffnet und Licht hereinkommt". Zwischen Hand und Lehm bildet sich Wasser, das der Patient mit einem lauwarmen Bad assoziiert und das ihm „irgendwie" Geborgenheit gibt. „Der Lehm mag die Hand eigentlich nicht, obwohl sie ihn hält, er will sie nicht riechen. Die Hand bleibt immer gleich, konstant, der Lehm wundert sich, was es alles gibt, er sieht die Hand innen, ganz genau ihre Rillen und die Furchen ...".

Hier zeigt sich auf der Bildebene ein erster Ansatz von „Urvertrauen" (Erikson, 1957). Es ist diesmal nicht zum abrupten Bildwechsel und Auftreten bedrohlicher Inhalte, sondern zu einer „benignen Regression" im Dienste der Identitätsbildung gekommen.

Die Interaktion von Psychotherapie und Psychopharmakotherapie

In der Behandlung von Borderline-Patienten stellt die Medikation oftmals eine unabdingbare Notwendigkeit dar. Dabei muß jedoch die Interaktion von Psychotherapie und Psychopharmakotherapie berücksichtigt werden, da die spezifisch psychotrope Wirkung immer verschränkt ist mit der unspezifischen Beziehungswirkung der Arznei. Nimmt man wie Schur (1973) an, daß mit jeder Objektbeziehung ein „Es-Aspekt" (Triebwunsch) einhergeht, so läßt sich beleuchten, daß Medikamente in ganz enge Beziehung zur Wirkung von lebendigen Objektbeziehungen rücken und damit selbst eine „befriedigende" oder eine „versagende" Wirkung entfalten können (Danckwardt, 1978). Das Medikament – und dies gilt nicht nur für Psychopharmaka, sondern speziell für jede Medikation – fungiert häufig als Übergangsobjekt (Winnicott, 1969) in der Arzt-Patient-Beziehung. Der Patient schluckt mit jedem Stück Arznei auch ein Stück „Droge Arzt" (Balint, 1984). Dies gilt es auch in der Therapie von Borderline-Patienten zu berücksichtigen, wobei hier das Medikament noch eher die Eigenschaften eines „Übergangs-Selbst-Objektes" (Kohut, 1979a) aufweist. Oft genug wird die Medikation aus Angst vor unkontrollierbarer, invasiver Zerstörung abgelehnt oder entfaltet als „gutes Stück Therapeut", das inkorporiert wird, zusätzlich stabilisierende Wirkung. Von daher gesehen bevorzuge ich es, in der Behandlung von Borderline-Patienten, die Medikation nicht in Form von Rezepten, die der Patient selbstverständlich einlöst, zu verordnen, sondern dem Patienten direkt die Medikation auszuhändigen und zu einem späteren Zeitpunkt erst via Rezeptur.

Zusammenfassung

In dem Beitrag wurde versucht, einige Erfahrungen in der Behandlung von Borderline-Patienten, die in einer psychiatrisch-psychotherapeutischen Praxis mit dem Instrumentarium des Katathymen Bilderlebens gesammelt wurden, vor dem Hintergrund grundsätzlicher theoretischer Überlegungen zur Behandlungstechnik dieser Patienten vorzustellen. In keiner Weise sollte der Eindruck einer leichtfertigen oder gar verantwortungslosen Behandlungsstrategie erweckt werden. Demzufolge gilt auch für psychiatrisch und psychotherapeutisch unerfahrene Therapeuten, nicht gerade mit dieser Patientenklientel vorschnell mit dem KB zu arbeiten. Intention dieses Beitrages war es jedoch, unter strengen Prämissen und exakter Arbeitshypothese vorzustellen, daß es sehr wohl sinnvoll sein kann, mit dem Katathymen Bilderleben (bei oftmals gleichzeitig erforderlicher Psychopharmakotherapie) gezielt den Strukturbildungsprozeß bei schwerst psychopathologisch gestörten Patienten zu erarbeiten.

Behandlung Ich-struktureller Störungen in der ärztlichen Praxis

Klaus Krippner

Einleitung

Überzeugende Konzepte für die Behandlungen Ich-struktureller Störungen wurden von Kernberg (1988a und b), Masterson (1980) und Rohde-Dachser (1983) vorgelegt, wobei mehr und mehr der Schwerpunkt der Behandlung von dem stützenden Vorgehen, wie es z. B. Zetzel (1971) vorschlug, zu den modifizierten analytischen Verfahren der o. g. Autoren führte. Über die Therapie Ich-struktureller Störungen mit dem KB gibt es inzwischen zahlreiche Arbeiten, u. a. von Jollet, Krägeloh und Krippner (1989), die die Wirksamkeit dieser Methode belegen. Das KB mit seinen Möglichkeiten, sowohl stützend als auch aufdeckend (Leuner, 1987) und strukturbildend (Bartl, 1989) zu arbeiten, eignet sich gerade für die Behandlung frühgestörter Patienten.

In der vorliegenden Arbeit, die sich auf einige Aspekte der Therapie beschränken muß, soll vor allem die Wirksamkeit des KB in der Überwindung der Abwehrmechanismen, wie sie bei den Charakterstörungen von niederem Niveau (Kernberg, 1988a) vorherrschen, anhand kurzer Beispiele aus verschiedenen Therapien dargestellt werden. Kernberg unterscheidet die unspezifischen Anzeichen von Ich-Schwäche, nämlich:

- mangelhafte Angsttoleranz,
- mangelhafte Impulskontrolle,
- mangelhafte Sublimierung,

und die spezifischen Abwehrmechanismen, nämlich:

- Spaltung,
- Frühformen der Projektion,
- Verleugnung,
- primitive Idealisierung,
- Allmacht und Entwertung.

Unspezifische Anzeichen von Ich-Schwäche

Das KB ist nicht nur wirksam in der Überwindung der Abwehrmechanismen und somit in einer Verbesserung der Kompetenz des Ichs, sondern fördert auch entscheidend die Ich-Funktionen, wie sie von Bellak und anderen beschrieben wurden (Bellak et al., 1973). Eine subtile Arbeit zur Diagnostik dieser Ich-Funktionen mit dem KB legte Rust 1989 vor. In der vorliegenden Arbeit geht es aber nicht um Diagnostik, sondern um den therapeutischen Umgang.

Die **mangelhafte Angsttoleranz** zeigt sich nicht in der Menge von Angst, die jemand aushalten kann, sondern darin, inwieweit ein Mehr an Angst zu Regression oder Symptombildung führt.

Fallbeispiele

Beispiel 1

Ein Patient, der an einem angsterregenden Sumpfloch in ausreichender Entfernung zwar Angst verspürte, diese jedoch aushalten konnte, reagierte anfänglich sofort mit Bildabbruch, im weiteren Verlauf mit panikartigen Ängsten, sobald er sich nur einen Schritt in Richtung auf das Sumpfloch zu bewegte. Durch die Intervention des Therapeuten oder die vom Patienten als Zwang empfundene Annäherung an den Therapeuten konnte die Angst gemildert und die Auseinandersetzung mit der unmittelbaren Umgebung gefördert werden. Nach einigen Sitzungen, die sich immer wieder mit dem augenblicklichen „Standpunkt“ des Patienten beschäftigten, war ein Weitergehen möglich, und der Patient erkannte, daß nicht das Sumpfloch selbst, sondern der Weg dorthin die Panik auslöste. Der Weg repräsentierte ein Überschreitungsverbot, d.h. die Distanz zur Mutter, die unbedingt eingehalten werden mußte.

In diesem Beispiel wurden nicht nur die Ich-Störungen in Form von mangelhafter Angsttoleranz aufgelöst, sondern auch die Ich-Funktionen Realitätsprüfung und Urteilsbildung, die zu den von Bellak et al. (1973) genannten Ich-Funktionen zählen, aktiviert.

Die **mangelhafte Impulskontrolle** ist gekennzeichnet durch die Ich-Syntonizität im Augenblick des Auftretens. Auffällig sind dabei die Verleugnung und der fehlende emotionale Kontakt zwischen dem impulsiven Persönlichkeitsanteil und dem übrigen Selbsterleben des Patienten. Hierzu einige kurze Beispiele:

Beispiel 2
Der Patient berichtet: „Die Frau kommt auf mich zu, lächelt mich an, ich haue ihr ein paar in die Fresse und nagele sie, danach gehen wir weiter.“

Beispiel 3
„Ich sehe ein Hochhaus, gehe hinein, schütte überall Benzin aus und zünde es an.“

Der therapeutische Umgang soll neben der Verbesserung der Impulskontrolle die Verleugnung aufheben und die Wahrnehmung für den anderen, der mit Aggressionen überschüttet wird, verbessern. Dies könnte z.B. in Anlehnung an Heigl-Evers und Heigl (1983) dadurch geschehen, daß der Therapeut seine eigenen emotionalen Reaktionen auf den betreffenden Ich-Funktions-Mangel in therapeutisch wirksamer Weise vermittelt. Hier könnte das zu folgender Intervention des Therapeuten führen: „Ich kann verstehen, daß Sie solche Aggressionen haben, aber das Ausmaß erschreckt mich sehr, und es scheint mir, daß Sie sich über die Gefühle des anderen keine Gedanken machen.“

Beispiel 4
Ein Patient bildert in einer wechselnden Szenerie eine Orgie von Vernichtung. Im Bild, in dem es von aggressiven Tieren und Symbolen wimmelt, ist zum Schluß nicht mehr auszumachen, wer wen attackiert. In mehreren Einstellungen desselben Bildes konnten nach und nach verschiedene aggressive Strukturanteile differenziert, diese verschiedenen Objekten zugeordnet und später in adäquater Form Aggressionen erlebt und agiert werden.

Auch hier wurden die Ich-Funktionen Realitätsprüfung, Denken, Urteilsbildung und Objektbeziehungen gestärkt.

Kreative Leistungsfähigkeit und kreative Genußfähigkeit sind die deutlichsten Zeichen der **mangelhaften Sublimierung**. Ihr Mangel zeigt sich meist nicht in einem Bild, sondern eher im Verlauf von Bildern, wenn es dem Patienten nie möglich ist, Lösungen zu finden, die über das hinausgehen, was er bisher schon konnte, wenn er sich also in Wiederholungen ergeht und neue Aufgaben nach bekanntem Muster erledigt. Eine mangelhafte Sublimierungsfähigkeit zeigt sich auch in den o.g. Beispielen der aggressiven Impulsdurchbrüche. Eine Möglichkeit, die Sublimierungsfähigkeit zu verbessern, wäre z.B., den Patienten anzuregen, nach nicht objektbezogenen Aggressionen Ausschau zu halten, indem er beispielsweise das Hochhaus nicht anzündet, sondern mit eigenen Kräften ein neues Haus baut, ein Stück Wald rodet oder sich in spielerischem Wettkampf mit anderen auseinandersetzt. Solche Lösungen findet der Patient oft, wenn man ihn z.B. mit folgender Aufforderung dazu anregt: „Sehen Sie auch einmal weniger destruktive Möglichkeiten, Ihre Aggressivität auszuleben.“

Spezifische Abwehrmechanismen

Bei den spezifischen Abwehrmechanismen der Borderline-Persönlichkeitsstruktur ist vor allem die **Spaltung** zu nennen, die als zentraler Abwehrmechanismus gesehen wird. Er ist normal während der paranoid-schizoiden Position im 1. bis. 3. Lebensmonat, wird bei einer entwicklungsbedingten mangelhaften Integrationsfähigkeit später aktiv als Abwehrmechanismus benutzt, um die Generalisierung von Angst zu vermeiden und um gegensätzliche Ich-Zustände, die zu nicht verarbeitbaren intrapsychischen Konflikten führen würden, voneinander getrennt zu halten. Die Folgen der Spaltung sind mangelhaft integrierte Konzepte vom Selbst und vom anderen und ein Nebeneinander unvereinbarer Selbstbilder, die voneinander dissoziiert sind und die keinen emotionalen Kontakt zueinander haben. Der Borderline-Patient handelt deshalb aus verschiedenen Ich-Zuständen heraus. Die Spaltung ist ein existentieller Vorgang, um die befürchtete Zerstörung des guten Objekts durch Enttäuschungsaggressionen zu verhindern.

Eng verbunden mit dem Mechanismus der Spaltung ist der der **Verleugnung**, die nur dadurch möglich ist, daß der Borderline-Patient Ich-Funktionen, vor allem kognitive und sensorische Funktionen, teilweise aussetzt, was dann zum Verleugnen der Realität führt. Wurmser (1987) schreibt dazu: „Verleugnung ist das unbewußte Nein gegenüber gewissen Wahrnehmungen, entweder, wie Freud es ursprünglich gemeint hat, gegenüber der Wahrnehmung bestimmter äußerer Tatsachen oder, wie es heute viel üblicher gemeint ist, gegenüber der Wahrnehmung der Bedeutung solcher Tatsachen und ihrer gefühlsbetonten Wichtigkeit.“ Das Verleugnen ist ein Sich-Weigern, die Bedeutung und die Folgen dessen, was wahrgenommen wird, zu würdigen, wodurch die emotionale Bedeutsamkeit von Wahrnehmungen unbewußt gemacht wird.

Spaltungsmechanismen sind in den KB-Bildern von Borderline-Patienten ständig auszumachen. Ein Patient sieht entweder sehr schöne, wunderbar blühende Wiesen, die nicht betreten werden dürfen, um die Halme vor Zerstörung zu bewahren, Wiesen, die einfach nur schön sind; auch die Landschaft, in der sie eingebettet sind, zeigen entsprechend unberührte Natur pur. Oder er hat andere Bilder, die scheinbar regellos sich mit diesen abwechseln, dunkle Wälder zeigen, einen drohend bedeckten Himmel, Sturm, finstere Höhlen, denen der Patient schutzlos ausgeliefert ist. In den Nachgesprächen werden diese Bilder als jeweils stimmig und der augenblicklichen Verfassung entsprechend geschildert. Um eine Integration der friedlichen und feindlichen Bilder zu ermöglichen, gab der Therapeut, während eine schöne Wiese gebildert wurde, die Anweisung: „Versuchen Sie sich einmal an das Bild der letzten Stunde mit dem Gewitter zu erinnern.“ Sofort bezog sich der Himmel, ein Gewitter zog im Hintergrund auf, die Wiese wurde von Wind und Regen zerzaust. Nachdem sich das Gewitter verzogen hatte, konnte der Patient jedoch erstmals auf die Wiese gehen und in dem feuchten Gras die erfrischende Wirkung des Gewitters spüren.

Eine andere Patientin stellte in den folgenden Sitzungen immer wieder ein Haus dar, das zuvor bereits Gegenstand ihrer Bilder gewesen war, und schließlich fand sie in dem Haus statt einer Haustür, die eigentlich rauh und aufgesprungen sein müßte, eine frisch lackierte Tür. Im weiteren Vorgehen konnten andere Veränderungen wahrgenommen werden. So wurde zum ersten Mal eine Verbindung zwischen schlechten und guten Anteilen möglich. Die Patientin wehrte sich zwar anfänglich hinzusehen (hier wird der Mechanismus der Verleugnung deutlich), durch beharrliches Fordern der Therapeutin konnte sie jedoch die Verleugnung aufgeben und sich mit allen Anteilen des Bildes auseinandersetzen.

Auch für die **Idealisierung** gibt es viele Möglichkeiten der Darstellung im Bild und des Umgangs damit. Ein besonders eindrucksvolles Beispiel einer Idealisierung haben Klessmann und Klessmann (1990b) für die Idealisierung einer magersüchtigen Patientin gegeben.

Beispiel aus der eigenen Therapie
Bei einem Patienten, der schon lange erfolgreich mit dem KB behandelt wurde, war das Bild einer Wiese vorgegeben. Der Patient sieht sich in einem Freiluftballon allein über eine schöne Landschaft gleiten, die geprägt ist durch Felder, Wälder, Dörfer mit einem Kirchturm in der Mitte, ganz so wie in einem Bilderbuch. Nichts in dieser Landschaft weist auf einen Konflikt hin, alles ist idealtypisch dargestellt. Nach ungefähr 10 Minuten spürt der Patient plötzlich Unruhe und den unbedingten Wunsch, aufzuspringen. Es folgen Assoziationen zu Situationen, in denen das Alleinsein unerträglich und die Wut über das nicht vorhandene Objekt grenzenlos waren.

In diesem Bildbeispiel konnte die Idealisierung nicht lange aufrechterhalten werden, da die Verleugnung nicht länger möglich war. Wenn solche Bilder früher auftreten, so ist vom Therapeuten immer wieder beharrliches Dabeibleiben zu fordern und zu versuchen, den Patienten auf eventuelle Unstimmigkeiten hinzuweisen, ein ähnliches Vorgehen also, wie es für den Mechanismus der Spaltung beschrieben wurde.

Zusammenfassung

Dieser kurze Überblick über den Umgang mit den im Bild auftauchenden Abwehrmechanismen, wie sie bei Ich-strukturell gestörten Patienten gefunden werden, ist sicher unvollständig, vielleicht auch geeignet, Widerspruch hervorzurufen, soll aber auch den erfahrenen Therapeuten ermutigen, das KB als ein sehr differenziertes Instrument einzusetzen, das geeignet ist, Abwehrmechanismen zu überwinden und die Ich-Funktion zu verbessern.

Lebens- und Todesphantasien bei Suizidpatienten

Gerhard Braune und Hermann Pohlmeier

Einleitung

Das Thema der Lebens- und Todesphantasien bei Suizidpatienten ordnet sich im Gesamtrahmen der Psychotherapie mit dem Katathymen Bilderleben an der Stelle ein, an der es um Imagination und Symbolisierung geht. Zwar ist das Katathyme Bilderleben kein Psychotherapieverfahren, welches bei Suizidpatienten im besonderen indiziert wäre, und es wird auch bisher im Regelfall nicht als begleitende Psychotherapie im Bereich der Selbstmordverhütung benutzt. Gleichwohl lohnt es sich, Imagination und Symbolisierung bei Suizidpatienten nachzugehen, genauer gesagt, ihren Lebens- und Todesphantasien (Imagination) und andeutungsweise auch dem nicht selten Suizidhandlungen anhaftenden Ritual (Symbolisierung).

Im folgenden wird zuerst die Phantasiewelt von Suizidpatienten auf ihre Besonderheit gegenüber Normalpersonen untersucht, es folgt die Beschäftigung mit Suizidphantasien bei Kindern und Jugendlichen und schließlich bei Erwachsenen und alten Menschen. Jedes Mal wird dabei versucht, von der jeweiligen Phantasiewelt aus Rückschlüsse auf die Gefährlichkeit der suizidalen Krise sowie auf deren psychodynamischen Hintergrund zu ziehen.

Die Phantasiewelt von Suizidpatienten

Die Phantasiewelt von Suizidpatienten ist von Ringel (1953) als dritter Baustein des sog. präsuizidalen Syndroms in klassischer Weise beschrieben worden: er beinhaltet Rückzug von der Realität und Flucht in die Phantasie. Gemeint ist damit eine nahezu ausschließliche Beschäftigung mit dem Übergang vom Leben zum Tod und dem, was danach kommt. Der psychodynamische Hintergrund ist ein Stück Verleugnung der Realität nach depressivem Modus. Die Realität ist unerträglich geworden, und ihr wird zum Tausch die Phantasie angeboten. Dieser sind, vergleichbar dem manischen Rausch, keine Grenzen gesetzt. Der manische Rausch wiederum bedeutet nach Abraham (1971) eine Abwehr von Depression. Dieser Rückzug in die Phantasie bewirkt einen sehr gefährlichen Zustand und stellt ein hohes Suizidrisiko dar, welches nur durch Aufgeben der Phantasien gemildert werden kann. Eine vergleichbare Funktion der Phantasiewelt im Tausch gegen die Realität ist in dieser Form bei Normalpersonen nicht zu beobachten.

Suizidphantasien bei Kindern und Jugendlichen

Der Tod eines Kindes ist statistisch gesehen in der Gesamtbevölkerung ein äußerst seltenes, fast unwahrscheinliches Ereignis. Seltene Ereignisse beinhalten oftmals eine besondere Dynamik. Daher wird der Tod eines Kindes weit tragischer erlebt als der eines Erwachsenen. Wie läßt sich nun eine Entwicklung des kindlichen Todesbegriffes fassen? Generell gilt: Je jünger ein Kind ist, um so schwieriger ist es, verwertbare Mitteilungen über die Todesvorstellungen zu gewinnen. Beim Säugling, der auf Trennung deutlich mit Angst reagiert, treten Mißbehagen, Schreien und Weinen auf. Verläßliche Vorstellungen über die Bedeutung von Tod und Sterben gibt es naturgemäß in dieser Altersstufe nicht.

Alle Trennungserlebnisse, von kurzen Abwesenheiten über dauerhafte Verluste und Tod, scheinen ununterscheidbar die gleichen Reaktionen hervorzurufen. Bei **Kindern** bis zu etwa fünf Jahren ist der Tod in der Vorstellung noch reversibel. An Totsein kann gedacht werden, es scheint jedoch nur ein Weiterleben in anderer Form zu sein. Kinder in diesem Alter verfügen bereits über eine Vorstellung von Trennung. Auf den Tod reagieren sie aversiv und ängstlich, aber zum Teil auch neugierig. Innen und Außen sind noch nicht vollständig getrennt. Die Kinder haben noch keinen konkreten Zeitbegriff. „Endgültig", „Ende" oder „für immer" kann noch keine präzise Bedeutung haben. Den eigenen Tod kann das Kind dieser Altersstufe noch nicht reflektieren, aber auch nicht die existentielle Bedeutung des Todes an sich. Das Kind betrachtet den Tod als eine Art Schlaf. Es hat die Vorstellung, daß die beerdigten Personen noch im Sarg irgendwie weiterleben. Dennoch beginnt das Kind zu merken, daß das Weiterleben der Toten doch ein begrenztes, nicht so vollständiges Leben ist wie unseres. Das Vorschulkind hat eine ausgeprägtere Vorstellung vom Tod. Häufig handelt es sich um eine personifizierte Vorstellung, wobei der Tod als Gerippe oder als Sensenmann imaginiert wird. Das Schulkind verfügt bereits über Ansätze von moralischer Urteilsfähigkeit. Ein Teil der Kinder dieser Altersgruppe sieht den Tod als Strafe für das Schlechte, ein anderer Teil vermag sich aber den Tod auch als natürliches Lebensende vorzustellen.

Der **Jugendliche** schließlich kann die Endgültigkeit des Todes schnell voll erkennen. Er weiß um die existentielle und emotionale Bedeutung des Todes. Der Jugendliche kann vollständig zwischen dem Ich und der Realität unterscheiden; ihm sind alle wesentlichen Todeskonzepte, die im Weltbild Erwachsener existieren, verstehensmäßig zugänglich. Man kann trocken-nüchterne Auffassungen vom Tod als natürliches Lebensende und kraß ausgedrückte Abwehrhaltungen finden. Es zeigen sich sehnsuchtsvolles Ausmalen des eigenen Suizids, z.B. als Bestrafungsphantasie für die Eltern, aber auch das Aufopfern im Dienste eines Ideals.

„Etwas Besseres als den Tod findest Du überall." Dieser Satz aus dem Märchen „Die Bremer Stadtmusikanten" scheint nicht alle Menschen zu überzeugen. Jährlich töten sich in der Bundesrepublik und in Berlin etwa 1300–1400 *Kinder, Jugendliche* und *junge Erwachsene* im Alter bis zu 25 Jahren (Hömmen, 1989). Eine befriedigende Erklärung über die ursächlichen Faktoren für die Zunahme von suizidalen Handlungen bei Kindern und Jugendlichen liegt bisher leider nicht vor. Die tatsächliche Suizidzahl wird noch höher eingeschätzt. Die Zahl der Suizidversuche ist statistisch nicht erfaßt, wobei die Übergänge zwischen Suizid und Suizidversuch fließend sind. Die absolut höchste Zahl von Suizidversuchen findet sich bei Jugendlichen, wobei die Versuchsrate bei weiblichen Jugendlichen zwischen 14 und 17 Jahren dreimal so hoch ist wie bei gleichaltrigen männlichen Jugendlichen. Von drei jugendlichen Suizidenten sind dagegen zwei männlichen Geschlechts. Am häufigsten werden von den Jugendlichen Konfliktbereiche in folgender Reihenfolge genannt: Familie, Schule, Beruf, Trennungen, Gewalt, sexueller Mißbrauch und Suchtprobleme. Auslöser für lebensbedrohliche Krisen von Jugendlichen sind häufig Liebeskummer, Krankheit und schlechte Schulnoten. Selbstverständlich gibt es tiefer reichende Gründe, die über den Anlaß hinaus zu lebensbedrohlichen Krisen führen. Im Mittelpunkt krisenhafter Fragestellungen stehen meist Überlegungen in der Art: „Wer bin ich?", „Wie möchte ich sein?" und „Für wen hält man mich?". Häufig wollen die Jugendlichen leben, wissen aber nicht, wie das Leben zu meistern ist. Immer wünschen sie sich, daß ihre Sprache verstanden wird und ihre Wünsche gehört werden. In einem Alter, in dem andere Lesen lernen, mit Puppen oder Modellautos spielen und erste Liebesbeziehungen zu Freundinnen oder Freunden eingehen, haben manche Kinder und Jugendliche so wenig Selbstwertgefühl, daß sie ihr Leben nicht mehr achten und bereit sind, es aufzugeben. Verlassen und gekränkt, mit Gefühlen von Hilflosigkeit wollen sie nichts als ihre Ruhe haben und ewig schlafen. Ihr einziger Wunsch ist nur noch, daß endlich alles vorbei ist. Alles Leben scheint wie ausgelöscht zu sein, Lebenswille und Optimismus sind dahin. Häufig ist die Ahnung, daß der Tod letztlich keine Probleme löst, sondern nur beendet, durchaus vorhanden.

Suizidversuche sind immer Ausdruck einer tiefen persönlichen, familiären und sozialen Krise. Jeder Suizidversuch hat eine Vorgeschichte, an der meist mehrere Personen beteiligt sind. Aggression und Wut richten sich nicht mehr nach außen auf andere Personen, sondern erfahren eine Wendung nach innen gegen das Selbst. Spezifisch für das Erleben von Jugendlichen ist im Falle von Trennungserlebnissen mit Freunden oder Freundinnen das Regredieren in alte Abhängigkeiten zur Familie, aus der sie der Partner befreit hatte (Suizid oder Suizidversuch als Folge des Verlustes eines vermeintlichen oder echten Liebesobjekts). Oftmals fühlen sich Jugendliche wieder an das Elternhaus ausgeliefert. Suizidversuche werden vorher angekündigt, d.h.: von 100 Menschen kündigen bis zu 99 ihre Suizidabsicht an. Dies kann bei Jugendlichen auf ganz unterschiedliche Art und Weise erfolgen: durch auffälliges Verhalten (Weglaufen, Schule schwänzen), durch körperliche Auffälligkeiten (z.B. Veränderungen im Eßverhalten), durch verbale Äußerungen: „Ich gehe zur (verstorbenen) Oma. Ich möchte mit allem Schluß machen. Am liebsten wäre mir, ich wäre schon tot. Ich möchte meine Ruhe vor allem haben und ewig schlafen. Ich möchte schon alles hinter mir haben und tot sein" (Hömmen, 1989). Weitere Äußerungen von Todesneigung können symbolischer Art sein: Zeichen, die wir mit Tod und Sterben in Verbindung bringen; schwarze Kreuze mit dicken Balken, schwarze Pfeile, Grabhügel, schwarze Blumen, durchbohrte Herzen und blutige Messer werden in von Jugendlichen gemalten Abschiedsbriefen gefunden. Die Wahl der Farben richtet sich oft auf schwarz und rot. In philosophisch-politischen Diskussionen setzen sich Jugendliche häufig für ein Recht auf Freitod ein und versuchen andere zu überzeugen, daß sie nicht bereit sind, den Tod als Naturgesetz zu akzeptieren. Weitere, nunmehr sehr deutliche Signale in bezug auf Suizidabsichten sind realpraktische Schritte wie beispielsweise das Sammeln von Tabletten aus der Hausapotheke.

Hömmen (1989) beschreibt drei Stufen, in denen sich suizidgefährdete Jugendliche Selbsttötungshandlungen annähern.

Erste Stufe: Der Suizid wird als Lösung für Probleme lediglich in Erwägung gezogen. Spitzt sich eine Situation kritisch zu, wird der Suizid als Ausweg aus einer scheinbar ausweglosen Situation erwogen.

Zweite Stufe: Jetzt beschäftigt sich der Jugendliche aktiv mit dem Tod durch eigene Hand. Für und Wider werden abgewogen.

Dritte Stufe: Der Entschluß zum Suizid wird gefaßt. Der konkrete Plan wird überlegt. Der zum Suizid Entschlossene nimmt Abschied vom Leben und den Lebenden.

Grundsätzlich gilt: Wenn sich Einstellungen und Lebensverhältnisse nicht ändern, kann der Schritt zur jeweils nächsten Stufe erfolgen. Die Wahrnehmung Suizidgefährdeter ist in vielen Lebensbereichen äußerst eingeengt. Sie haben die Hoffnung auf Änderung der Lebensumstände aufgegeben. Die Situation wird als unüberschaubar, unkontrollierbar, bedrohlich und angsteinflößend erlebt. Auf die eigene Person bezogen herrscht das Gefühl von Ohnmacht und Hilflosigkeit. Diese Zustände werden bisweilen in eindrucksvollen Bildern beschrieben. Jugendliche sehen und fühlen sich in einem schwarzen Tunnel oder in engen Röhren eingeschlossen. Eine Spirale dreht sich nach unten oder schleudert die Person ins Nichts hinaus. Die Gedanken kreisen in steter Wiederholung um das Gleiche, um die eigene Person, um Enttäuschungen, Kränkungen und verletztes Selbstwertgefühl („narzißtische Krisen" nach Henseler, 1984). Die Weichen hierzu sind in der Kindheit gestellt worden. Häufig sind die Erwartungen an sich und andere so hoch, daß sie gar nicht eingelöst werden können. Zu betonen ist insbesondere der Aspekt der Unerwünschtheit, der von vielen Autoren für die selbstzerstörerischen Handlungen von Kindern und Jugendlichen im Sinne einer letztlichen Erfüllung elterlicher Forderungen angesehen wird. Zu erwähnen bleibt noch ein interessanter Ansatz von Stierlin (1980), der den sog. Vater-Selbstmord vom sog. Mutter-Selbstmord unterscheidet. Letzterer hat die symbolische Bedeutung der Wiedervereinigung mit der Mutter bzw. der Mutter Erde und wird als beglückend erfahren. Der Vater-Selbstmord dagegen äußert sich in starker Wut und enormer Destruktivität; aus psychoanalytischer Sicht beinhaltet er symbolisch eine Kastration. Verallgemeinernd läßt sich als psychodynamischer Hintergrund der Lebens- und Todesphantasien von Jugendlichen erkennen, daß Pubertät und Adoleszenz zu den schwierigsten Entwicklungsabschnitten im menschlichen Leben gehören. Es ist ein Alter des Aufbruchs, der Unsicherheit, des Zwiespalts, der Trennungen, des Abschiednehmens, der Neuentwicklung und der Neuorientierung. Dabei gerät manches ins Wanken, und in einem Durcheinander der Gefühle geraten etliche Jugendliche in eine existentielle Krise, in der es schwer ist, Standfestigkeit zu bewahren und die Orientierung zu behalten. Solche existentiellen Lebenskrisen sind mit einem entsprechend hohen Suizidrisiko verbunden.

Lebens- und Todesphantasien von Erwachsenen und alten Menschen

Die Lebens- und Todesphantasien von **Erwachsenen** sind nicht so unterschiedlich von denen der Jugendlichen, wie vielleicht erwartet werden könnte. Vorherrschend sind Bestrafungsphantasien im Sinne von Selbstbestrafung und Fremdbestrafung sowie Verschmelzungsphantasien mit verlorenen Liebesobjekten. Seltener finden sich, im Gegensatz zu Jugendlichen, Phantasien von der Gleichheit des Lebens und des Sterbens. Fast animistisch wird hier geäußert, es sei letztlich genauso gut zu leben wie zu sterben. Es scheint, als seien dies nur verschiedene, aber gleichwertige Existenzformen, die fließend ineinander übergehen. Dies bedeutet natürlich ein hohes Suizidrisiko. Möglicherweise trifft an dieser Stelle eine neuere Interpretation zu, daß es sich um einen Rückzug auf ein „grandioses Selbst" handelt und daß dieser Rückzug als Teil einer Angstabwehr verstanden werden muß. Dies mag dann eintreten, wenn die Ich-Entwicklung ungenügend ist und der Jugendliche an ein idealisiertes Elternobjekt fixiert bleibt (Dröhmann, 1983).
Eine andere Altersgruppe, nämlich die **der Alten** – man definiert junge Alte von 60–80 und Greise ab 80 Jahre –, gibt aktuellen Anlaß zur Betrachtung von deren Lebens- und Todesphantasien. Wir haben an unserem Institut bei Untersuchungen über die Suizidhäufigkeit der 55- bis 90jährigen Männer und Frauen in der Zeit von 1953 bis 1986 festgestellt, daß in der Altersgrup-

pe der über 70jährigen, und hier insbesondere der Männer, ein dramatischer Anstieg der Suizide stattgefunden hat. Bei den 70- bis 75jährigen Männern haben wir Werte von 55 pro 100000 und bei den 75- bis 80jährigen bei 70 pro 100000, die damit fünfmal so hoch liegen wie in der Normalbevölkerung. Jeder tausendste alte Mann über 80 Jahre nimmt sich, bei Steigerungsraten von 45%, das Leben. Demgegenüber ist ein Rückgang bei den 50- bis 70jährigen zu beobachten, teilweise bis zu 30%. Am stärksten ist dieser Rückgang bei den 60- bis 65jährigen Männern, bei denen die Rate von 54 im Jahr 1966 auf 36 pro 100000 im Jahr 1982 zurückgegangen ist. Der Rückgang der Suizidraten in der mittleren Generation – der ebenso wie die Steigerung im Alter auch bei Frauen zu beobachten ist – erklärt dann das jahrzehntelange Gleichbleiben der Suizidraten für die Bundesrepublik von etwa 20 pro 100000 insgesamt. Bei der Untersuchung einzelner Altersklassen ergeben sich erhebliche Differenzen. Bemerkenswert ist weiterhin, daß im internationalen Vergleich – wir haben die Entwicklungen für denselben Zeitraum in den skandinavischen Ländern und in den Ländern der Europäischen Gemeinschaft untersucht – diese „scherenförmige Entwicklung", also Anstieg im Alter mit Rückgang im mittleren Lebensalter, nicht zu beobachten ist. Dieser Vorgang stellt eine Herausforderung für die Interpretationsfähigkeiten des Untersuchers dar.

Für diese Entwicklung mögen auch Lebens- und Todesphantasien maßgeblich sein, die sich vielleicht im Alter und im Greisenalter von denen anderer Altersgruppen unterscheiden. Carl Amery (persönliche Mitteilung) hat mit etwas über 60 Jahren deutlich gemacht, daß man die Alten ruhig nach ihrem eigenen Willen sterben lassen, die Jugendlichen aber unter allen Umständen davon abbringen sollte. Er meinte, das Gefühl „Es ist vollbracht" sei im Alter legitim, für Jugendliche aber verwerflich. Die Erwartung an die Zukunft des Lebens und das Gefühl der Vollendung divergieren hier wohl in den Phantasien. Für den vorliegenden Zusammenhang sei eine Interpretation vorgeschlagen, die an den sehr merkwürdigen Befund anknüpft, daß die „scherenförmige Entwicklung" in der Bundesrepublik, in den anderen europäischen und in den skandinavischen Ländern nicht zu beobachten ist. In der Bundesrepublik sind die heute 80jährigen während der 68er Studentenrevolution etwa 60, bei Ende des Zweiten Weltkrieges etwa 40 Jahre alt gewesen. Sie haben in der Mitte ihres Lebens eine Auflösung aller geltenden Normen und einen Umsturz der Werte erlebt, den sie entweder mitvollzogen haben oder dem sie sich jahrzehntelang verweigerten. Diese Verweigerungshaltung und das dadurch bei einem großen Teil sich entwickelnde Denken in alten, überholten Werten mag in einem Alter, in dem der Mensch Rückschau hält und Bilanz zieht, erneut zu einem Zusammenbruch geführt haben. Es kann für viele die Möglichkeiten der Phantasie überschreiten, daß die Zeiten sich wirklich geändert haben und ein Fortschritt in der Geschichte stattgefunden hat, an dem sie nicht teilhatten. Alleingelassen und in der Rückbesinnung fehlt der Anschluß an die Gegenwart, was zu Einengung und Vereinsamung, kardinalen Risikofaktoren, führt. Zur Stützung dieser Interpretation bleibt abzuwarten, wie die heute 40- und 60jährigen sich dann verhalten, wenn sie 80 Jahre alt sind. Weiter bleibt abzuwarten, welche Beobachtungen in den nächsten Jahren über das Verhalten der Bürger der ehemaligen DDR nach der Revolution im Herbst 1989 vorliegen werden. Auch hier ist ein Zustand der Anomie eingetreten in dem Sinne, daß alte Werte und Normen außer Kraft gerieten und die Spielregeln, nach denen eine Gesellschaft gelebt hat, nicht mehr gelten.

Diese Interpretation scheint gegenwärtig die interessanteste. Sie verdrängt natürlich nicht die häufig zu beobachtende Phantasie

von alten Menschen, sie müßten sich den Jungen aus dem Wege räumen, wie das in manchen außereuropäischen Gesellschaften und Stämmen der Brauch ist.
Wenn wir uns vorangehend mit den Lebens- und Todesphantasien von suizidgefährdeten Menschen beschäftigt haben und insbesondere mit denen bestimmter Altersklassen, so geschah das unter dem einigenden Stichwort „Imagination". Dem anderen Stichwort „Symbolisierung" würde sich in einer weiteren Arbeit nachzugehen lohnen. Es gibt Suizidhandlungen, die zelebriert werden oder einem selbstgeschaffenen Ritual folgen, dafür zwei Beispiele:
Carl Amery wählte für seinen Freitod ein bestimmtes Hotel in Salzburg und darin wieder ein bestimmtes Zimmer, eine spezifische Speisenfolge und ein spezielles Weinsortiment. Seine letzten Stunden verbrachte er mit dem Abfassen von Abschiedsbriefen an sein Frau in Brüssel, an seine Geliebte in New York, an seinen Verleger, an den Hotelportier und an die Polizei. Das Ritual dauerte mehrere Stunden.
Selbstverbrennungen könnten dem Ritual des Opfertodes folgen, die Symbolik des läuternden und reinigenden Feuers könnte darin miteinbezogen sein. Die Verbrennung eines wenige Monate alten Säuglings durch seinen Vater in der Umgebung von Göttingen im Frühsommer 1990 mutete wie ein Ritualmord an, mit dem eine wie auch immer ausphantasierte Macht versöhnt werden sollte.

Schlußbemerkung

Ganz allgemein sind Lebens- und Todesphantasien, Imagination und Symbolisierung von Selbstmordhandlungen eine sehr ergiebige Quelle für deren psychodynamische Hintergründe und aktuelle Gefährlichkeit – allerdings eine sehr schwer zugängliche Quelle, in deren Tiefen auch Irrungen und Wirrungen lauern.

Emotionaler Zugang zu schizoid-zwanghaften Patienten

Almut Schmitz-Hambrecht

Einleitung

Die Arbeit mit Bildmotiven bildet die Grundlage des Katathymen Bilderlebens. In der auf der Bildebene geschaffenen Umgebung macht der Patient tiefgreifende Erfahrungen bei Ausflügen in seine innere Welt; er empfindet das Angebot eines Bildmotivs als hilfreiches Medium, um mit sich selbst in Kontakt zu kommen. Obwohl die „katathymen Bilder" in ihrer „Farbigkeit, Plastizität und Gefühlsgetragenheit" (Leuner, 1987) eine hohe Prägnanz für viele Patienten haben, kann es vor allem Patienten mit einer ausgeprägten Affektblockierung dennoch sehr schwerfallen, „ins Bild zu kommen". Welche Möglichkeiten ein Therapeut haben kann, um auch zu diesen oft früh gestörten Patienten einen emotionalen Zugang zu bekommen, soll am folgenden Fallbeispiel gezeigt werden:

Fall- und Behandlungsbeispiel

Ein 27jähriger Techniker kam mit dem Wunsch nach Psychotherapie wegen eskalierender Angst- und Panikreaktionen, die inzwischen sein privates und berufliches Leben massiv beeinträchtigten. Er hatte Angst vor dem Verlust seiner Anstellung. Die Beziehung zu seiner Ehefrau litt darunter, daß er sich ihr nicht anvertrauen konnte. Zusätzlich machte ihm sehr zu schaffen, daß der Kinderwunsch seiner Frau nicht in Erfüllung ging, weil bei ihm eine Oligospermie diagnostiziert worden war. Der Patient erlebte sich als Versager. Die Angstsymptomatik trat zum ersten Mal vor Prüfungen im Studium der Elektrotechnik auf und führte schließlich zum Abbruch des Studiums. Zu Panikreaktionen kam es einige Zeit später während der Flitterwochen. Der Patient wuchs in einer von der Eheproblematik der Eltern überschatteten Familiensituation auf. Beide Eltern stellten sich als kindlich-abhängige, im Streit massiv verclinchte Partner dar, die ihren Kindern keine verläßliche und förderliche Umwelt boten, von ihnen statt dessen Hilfe forderten. Die Kinder waren somit für den Bestand der Familie verantwortlich. Die Mutter drohte oft damit, die Familie zu verlassen, ohne dies aber in die Tat umzusetzen. Sie besaß nicht in ausreichendem Maße die Fähigkeit, als „Hilfs-Reiz-Schranke" (Blanck, 1980) zu fungieren, die Spannung zu mildern und die Bedürfnisse ihrer Kinder wahrzunehmen. Daraus resultierte eine allgemeine Strukturschwäche des Patienten, der ein grundlegendes narzißtisches Gleichgewicht nicht aufrechterhalten konnte. Es kam zu einer Störung der Mutter-Kind-Beziehung in der Wiederannäherungsphase (Mahler, 1986). Der alkoholabhängige Vater wurde vom Patienten als Versager entwertet und als Modell für die männliche Rolle abgelehnt. Die massiv überfordernde Kindheitssituation war für den Patienten mit ausgeprägten Verlassenheitsängsten verbunden, die er durch eine Affektblockierung nur unzureichend abwehren konnte. In Lebenssituationen, die für ihn entweder eine enge emotionale Nähe oder „männliche" Durchsetzung (Bereiche der mütterlichen und väterlichen Welt) bedeuteten, brachen die frühen Ängste durch (Klein, 1987).

Beim Erstkontakt wirkt der Patient kühl, sachlich, distanziert und mißtrauisch. Er berichtet in den ersten Stunden über seine Familiensituation, als spräche er von einem fremden Geschehen, das ihn selbst nichts anginge. Zur Therapie sei er aus pragmatischen Gründen motiviert, weil ihn die Ängste störten. Diese emotionale Distanziertheit, die Unfähigkeit, etwas zu spüren und zu genießen, setzt sich in den ersten katathymen Bildern (Blume, Wiese, Bach, Berg, 3 Bäume) fort. Der Patient kann das Geschehen in den Bildern rational nachvollziehen, aber nicht erleben. Auch die Anregungen der Therapeutin, durch Berühren, Riechen, Schmecken etc. (Bartl, 1989) Empfindungen zu mobilisieren, bringen nicht den gewünschten emotionalen Zugang. Der Patient empfindet Leidensdruck wegen seiner mangelnden Möglichkeit, etwas zu spüren, erlebt sich auch hier als „Versager".

In dieser Phase des therapeutischen Prozesses erfolgte die Überlegung, dem Patienten als alternative therapeutische Möglichkeit Realerinnerungen als Motiv anzubieten.

Der Patient hatte wiederholt darüber geklagt, daß die ihm zuvor angebotenen Bildmotive zu fremd seien. Er könne nichts damit beginnen. Auch hatte er Phantasien dahingehend geäußert, die Therapeutin könne über die Bildmotive Erkenntnisse gewinnen, die ihm verborgen blieben. Aus diesem Mißtrauen heraus entstand ein Motivationsdefizit des Patienten und die Zunahme einer resignativen Haltung.

Hypothetisch versprach der Einsatz von Realerinnerungen als Motiv die folgenden Vorteile:

- Schaffung eines wirklichkeitsnäheren Bildmotivs zur Erleichterung eines Zugangs zur emotionalen Welt,
- Reduzierung des Mißtrauens und der Fremdheitsgefühle beim Patienten,
- Verbesserung zumindest seiner rationalen Motivation,
- emotionales Hineingezogenwerden des Patienten in die Erinnerung,
- Nutzung der damit verbundenen Möglichkeit der Altersregression.

Der Patient wurde also im Rahmen des von Leuner (1987) beschriebenen assoziativen Vorgehens der Mittelstufentechnik zur Imagination einer „typischen Kindheitssituation" in seiner Familie angeregt.

Der Patient bildert spontan eine Familienszene, in der er 8 Jahre alt ist, sich aber viel jünger erlebt. Die Szene spielt sich im Rahmen eines exzessiven Ehekonflikts zwischen den Eltern im Wohnzimmer der Familie ab. Der Patient sieht seinen alkoholisierten Vater, der hilflos und „willenlos" in einer Ecke sitzt. Die Mutter befindet sich mit einigen Bekannten, die sie wegen des zuvor heftig agierenden Vaters zu Hilfe geholt hat, in einem Nebenzimmer und beschließt mit ihnen, ihren Ehemann stationär in die örtliche Psychiatrie einweisen zu lassen. Der Patient erlebt große Angst, seinen Vater zu verlieren, und bemüht sich unter Aufwand aller seiner Kräfte und gegen den Widerstand seiner Mutter, den Vater dazu zu bewegen, zu Hause zu bleiben und nicht mitzugehen, was ihm letztendlich auch gelingt.

Im Bild berichtet der Patient unter großer emotionaler Betroffenheit die Szene, die er nur auf der Grundlage der schützenden therapeutischen Beziehung „durchleben und durchleiden" (Leuner, 1987) konnte. Die Konfrontation mit der angstmachenden Kindheitsrealität hat ihn einen Zugang zu seiner Gefühlswelt finden lassen. In den nachfolgenden Stunden hält die emotionale Betroffenheit an. Der Patient kann nun viele ähnliche Kindheitserinnerungen schildern, seine Ängste wiedererleben und durcharbeiten. Er ist besonders betroffen darüber, daß er sich nun eingestehen kann, daß er für den zuvor heftig abgelehnten Vater zärtliche Gefühle empfinden kann, die er vorher abwehren mußte. Gleichzeitig ist die Angstsymptomatik verschwunden, was den Patienten sehr erleichtert.

In einer weiteren Kindheitsszene – vorgegeben war das Motiv einer typischen Eßsituation – bildert der Patient das Eßzimmer der Familie, in dem sich seine Mutter, sein Bruder und er selbst befinden. Während die Mutter und der Bruder mit anderen Dingen beschäftigt sind, wartet er selbst sehnsüchtig auf den Vater, der dann auch von der Arbeit nach Hause kommt. Die Familie ißt zusammen. Der Patient erlebt seinen Vater zum ersten Mal als kräftig und selbstbewußt, als dominanten Familienvorstand, und spürt Stolz auf den Vater. Die Mutter wird als angespannt und nervös erlebt und kritisch betrachtet. Der Patient wendet sich seinem Vater zu, er ist zufrieden und ruhig, genießt die harmonische Atmosphäre, was sich auch im Rahmen eines Wandlungsphänomens dadurch ausdrückt, daß durch das Fenster die Sonne zu scheinen beginnt.

Auch von diesem Bild ist der Patient tief beeindruckt. Es kommt zu einer Symbiose mit dem Introjekt des guten und starken Vaters in Verbindung mit der auch in diesem Bild erfolgten Altersregression. Das Erleben einer harmonischen Familiensituation bedeutet für den Patienten eine ausgeprägte narzißtische Zufuhr, die er ausgiebig genießt.

Der Patient zeigt nun eine tiefgreifende Veränderung in seiner emotionalen Wahrnehmung und in der Wahrnehmung seiner sozialen Umwelt, der er sich nun aktiver und vertrauensvoller zuwendet. Seine Versagensängste sind verschwunden. Er wirkt selbstbewußter und durchsetzungsfähiger und kann sich nun auch mit der eigenen Vaterrolle auseinandersetzen. Kurze Zeit später berichtet er voller Freude, daß seine Frau ein Kind erwarte, was für ihn auch deshalb eine besondere Bedeutung habe, da er „nun doch nicht unfruchtbar" sei. Die Angstsymptomatik tritt nicht mehr auf.

In dem beschriebenen Fallbeispiel konnte die Imagination von Kindheitsszenen die Affektblockierung des Patienten, mit der er sich von der überfordernden familiären Situation abgeschottet hatte, aufheben und damit einen positiven emotionalen Zugang ermöglichen.

Schlußbemerkungen

Kindheitserinnerungen haben in der Psychoanalyse im Sinne von Deckerinnerungen eine besondere Bedeutung als Verdichtung von Erfahrungen. Auch in der Individualpsychologie Adlers (Ansbacher u. Ansbacher, 1972) spielen sie eine wichtige Rolle, da sich der Mensch aus der Vielzahl der auf ihn einströmenden Eindrücke diejenigen auswählt, die einen Bezug zu seiner eigenen Lebenssituation haben, gleichgültig, ob diese Erinnerungen der Realität entsprechen oder nicht. Das Bildern von Kindheitserinnerungen schafft auf der primärprozeßhaften Ebene und in der Altersregression eine besonders wirksame Möglichkeit zur Konfrontation mit Konflikten und zum Probehandeln, aber auch zur narzißtischen Zufuhr.

Behandlung einer Zwangsneurose

Heinz R. Jollet

Symptomatologie

Die 40jährige Patientin kommt zur Psychotherapie, weil sie unter einem starken Kontrollzwang leide. Diese Symptomatik trägt die schlanke und ernstblickende Frau fast verschämt vor, nachdem sie über psychosomatische Beschwerden des Darms berichtet hat. Leise und stockend, mit zaghaftem Lächeln zwischendurch, fährt sie fort, daß vielleicht auslösend für ihre Erkrankung ein Erlebnis als Leiterin eines Kinder- und Jugendheims gewesen sein kann, wo während des Dienstes nachts ein Brand ausbrach, der, wie sich später herausstellte, von einem Heiminsassen verursacht wurde und dessen Quelle sie bei allem Brandgeruch nicht gleich finden konnte. Nach diesem Erlebnis entwickelte sie den Drang, potentiell feuerverursachende und daher für sie gefährliche Quellen kontrollieren zu müssen. Bei ihrem Elektroherd müßte sie immer wieder nachsehen, ob alle Schalter auf Null gestellt und ob alle Platten auch wirklich kalt seien, bevor sie ihre Wohnung verläßt. Später mußten alle übrigen Elektrogeräte überprüft werden, kein Stecker durfte in der Steckdose bleiben, auch bei Radio und Fernseher mußten die Stecker herausgezogen werden, damit nicht bei einem eventuellen Gewitter durch Blitzschlag Schaden entstehen könnte. Dieses Verhalten weitete sich darauf aus, daß Elektrogeräte, für die sie verantwortlich war, auch in der Dienststelle kontrolliert werden mußten. Angst bereitete es ihr, wenn jemand in ihrer Nähe rauchte und die ausgedrückten Zigaretten im Aschenbecher im Raum blieben. Die Gefahrenangst dehnte sich aus auf Wasserhähne, die in ihrer Abwesenheit zu laufen beginnen und Schaden anrichten könnten, und selbst leicht brennbares Material wie Papier mußte weggeräumt werden, da an sonnigen Tagen die durchs Fenster dringenden Sonnenstrahlen als Entzündungsursache gefürchtet wurden. Letztlich wurden alle transportablen Elektrogeräte in die Schränke verbannt, damit sie kein Unheil anrichteten, und auf warmes Essen verzichtete sie, um den Herd nicht anstellen zu müssen. Dessen Kontrolle behielt sie aber trotzdem bei, und öfter geschah es, daß sie vor Angst transpirierend und mit Herzklopfen die Wohnung verließ, um nicht zu spät zum Dienst zu kommen, da die Zeit zum Kontrollieren nicht ausgereicht hatte. Quälende Gedanken und teilweise unangenehme vegetative Reaktionen begleiteten sie dann bis zur Rückkehr.

Relevante biographische Angaben

Zur Biographie ist bekannt, daß, abgesehen von psychosomatischen Beschwerden des Darms und der Haut, keine nennenswerten körperlichen Erkrankungen auftraten. Die Patientin, die noch einen zwei Jahre älteren Bruder hat, ist Tochter eines Geschäftsinhabers, der im Krieg vermißt blieb und an den sie keine persönlichen Erinnerungen mehr hat. Das Wegbleiben des Vaters nahm sie so persönlich, daß sie als 10- bis 12jähriges Mädchen oft dachte: „Wenn der kommt, gebe ich ihm nicht mehr die Hand", so böse war sie auf ihn. Die emotional kühle Mutter war überwiegend damit beschäftigt, das Geschäft zu erhalten, die Kinder hatten entsprechend zurückzustehen und wurden häufig angeschrien. Mit dem Bruder stritt sie sich oft, ohne sich letztlich gegen ihn durchsetzen zu können. Er „schlachtete" auch ihre geliebte Puppe, ohne daß sie etwas dagegen ausrichten konnte. Er kam wegen vieler Streiche ins Internat, als die Patientin zehn Jahre alt war, was sie ihm insgeheim neidete, denn jetzt mußte sie alleine die Mutter unterstützen. Über die ersten entscheidenden Entwicklungsjahre ist bekannt, daß die Patientin ein unerwünschtes Kind war. Sie erfuhr im Erwachsenenalter, daß die Mutter eine Abtreibung erwogen hatte, und „als ich das erfuhr, war emotional (der Mutter gegenüber) auch der Rest weg". Als Säugling wurde sie häufig im Garten abgestellt, damit ihr Schreien nicht gehört wurde. An der Reinlichkeitserziehung sei die Mutter sehr interessiert gewesen, so daß beide Kinder früh trocken wurden. Über die ödipale Zeit sind keine Angaben zu bekommen. Die Patientin mußte früh im Haushalt und im Geschäft mitarbeiten. Nach dem Willen ihrer Mutter mußte sie nach Abschluß der Schule eine Ausbildung machen, um das Geschäft später übernehmen zu können. Obwohl sie in diesem Beruf bis zum 24. Lebensjahr arbeitete, kam es nicht dazu, da sie in eine klösterliche Gemeinschaft eintrat, wogegen die Mutter nichts sagen konnte. Sie opferte damit nicht nur eine weltliche Berufsrichtung, sondern auch ihren damaligen Freund. Fünf Jahre später zweifelte sie an der Erneuerung der Gelübde und trat, ohne soziale Sicherheiten zu haben, aus, arbeitete vorübergehend in einem Heim, begann dann ein Fachhochschulstudium und ist seither in sozialen Einrichtungen als geschätzte Fachkraft tätig. Die Patientin lebt allein. Zu ihrem Jugendfreund und zu anderen Männern bestanden anschließend kameradschaftliche Beziehungen.

Therapie

1. Phase
Von der Erfahrung ausgehend, daß es besser ist, bei psychosomatischen (Mit-) Erkrankungen in einer KB-Behandlung während der Initialphase aufdeckende Vorgehensweisen zu begrenzen und damit „unkontrollierte Konfliktmobilisierung" (Wilke, 1990c) zu vermeiden, wurde eine entspannende Urlaubssituation vorgegeben. Trotz aller Vorsicht kam es zu einer autoaggressiven Imagination. Nachdem die Patientin sich einen sonnigen, feinkörnigen Sandstrand vorstellte, an dem sie sich geruhsam hinlegte, kippte das Bild, es wurde düsterer, eine dunkle Gestalt näherte sich ihr und bedeckte sie mit einem (Toten-)Tuch. Das Sprechen als Kontaktelement, aber auch als streitbares Mittel der Auseinandersetzung fiel der Patientin außerhalb der Imagination äußerst schwer, und sie rang sich jedes Wort buchstäblich unter größten Schwierigkeiten von den Lippen.

2. Phase
Nach diesem KB, in dem die Mutter als Aggressor erlebt wurde und das gleichzeitig als suizidale Phantasie zu verstehen war, kam es in einer 2. Phase zu latent und manifest agierter Aggressivität, die z.T. auf den Therapeuten gerichtet war, der im Übertragungsgeschehen die Vaterfigur darstellte, die nicht in der Lage war, die Tochter vor den Zugriffen der Mutter zu beschützen. Paranoid gefärbte Bilder strafender und beobachtender Augen und das Gefühl des Ausgeliefertseins tauchten auf. Die Patientin stellte sie in primitiven Strichzeichnungen dar, und das gestörte Körperschema zeigte sich auch in blutroten und schwarzen Darstellungen mit dem Hinweis auf die Darmbeschwerden. Jede Intervention wurde als verletzend erlebt, und die Situation entspannte sich erst, nachdem die Patientin ihre projizierte Wut auf den Therapeuten diesem gegenüber unter großen

Sprachhemmungen äußern konnte. Die Übertragung hatte ausreichende positive Anteile, so daß dies möglich war, ohne eine maligne Entwicklung zu nehmen. Sie berichtete über viele Demütigungen u. a. während des Klosterlebens, und bilderte sich selbst so, daß Assoziationen an das Schweißtuch der Veronika entstehen, auf dem das geschundene Haupt Christi abgebildet ist. Mir scheint hier die ambivalente Vaterübertragung deutlich als Leidende – aber auch als Auserwählte.

3. Phase
In der nächsten Phase folgen Wiesen, die jetzt nicht nur depressiv verdorrt, sondern auch grün sind, was überleitet zu idealisierten Bildern. Durchgemachte Traumata werden über den Weg der Reaktionsbildung, der Verkehrung ins Gegenteil „gut gemacht". Die Patientin holt viele orale Bedürfnisse nach: phantasiert Urlaubsszenen, trinkt in der Imagination viel, holt nach, was die Mutter in der oralen Phase einengte und auch später, als sie nichts trinken durfte, da die Gefahr des Einnässens bestand. Angst vor Trennung und latente Wut müssen stark abgewehrt werden, da sie zutiefst beunruhigen. Sie muß immer wieder das Bedürfnis, gehalten zu werden, bestätigt bekommen, und der Wunsch, den Therapeuten auch außerhalb der Therapie telefonisch zu erreichen, wird immer drängender. Die Mutterthematik spielt zunehmend eine Rolle und damit auch die Beschäftigung mit dem Symptom, den Herd zu kontrollieren: Die strenge Mutter stand häufig am Herd in der Küche, wandte der Tochter den Rükken zu und hatte kein Auge, kein Ohr für sie. In der Auseinandersetzung mit ihr kommt es in der Übertragung erneut zu Spannungen mit dem Therapeuten als Vater, der ihr das Leid nicht ersparen konnte. Die Symptomatik verschärft sich, Suizidphantasien tauchen auf: nicht der Vater verläßt sie, sondern sie ihn. Das Hausmotiv ist hier hilfreich. Sie begegnet in einem Haus ihrem Vater und leistet Trauerarbeit um seinen Verlust.

4. Phase
Danach beginnt eine Phase idealisierter Vaterübertragung auf den Therapeuten, der sie begleitet und nicht verläßt. Mit dem Therapeuten/Vater werden Picknickszenen imaginiert, Wanderungen am Bach, ängstlich-lustvolles Einwerfen von Fensterscheiben eines alten Fabrikgebäudes, Verbrennen von Stroh auf einem Feld und ähnliches. Immer wieder muß sie sich der Liebe des Vaters/Therapeuten vergewissern, um neue expansive Phantasien zuzulassen. In dieser Zeit lernt sie einen Mann kennen. Sie ist voller Hoffnung, beide wollen zusammenziehen, aber kurz vor der Verwirklichung suizidiert er sich. Die Patientin gerät in eine tiefe Krise, Depressionen, Suizidgedanken kommen wieder, und die Beschwerden nehmen zu. In ihrer Verzweiflung möchte sie die Therapie abbrechen. Positive Übertragung und therapeutisches Bündnis halten sie. Alte Themen tauchen in Variationen auf und werden erneut durchgearbeitet. Ihr Regressionsbedürfnis ist groß, ihr gestalterisches Schaffen in Form von gemalten Bildern hört auf. Nach einer langen Trauerphase kommt es zur Besserung, nachdem es in einer Imagination schließlich möglich war, die ganze Primärfamilie zu vereinen: Mutter, Vater, Bruder und die Patientin beim gemeinsamen Essen, was bisher immer verhindert war, da die Patientin ihren Vater für sich allein beanspruchte. Eine zusätzliche Entlastung kam in der Folge der Imaginationen, als der Therapeut im Bild erklärte, daß ab jetzt der Vater für alle Sorgen und Ansprüche der Mutter zuständig sei und die Patientin von der inneren Verpflichtung entband, für die Mutter sorgen zu müssen, denn die Mutter hatte sich seit dem Verlust ihres Ehemannes an sie als Vaterersatz gehalten und auch in frühen Jahren wegen ihres Schicksals mit Suizid gedroht. Die Pa-

tientin hatte sich damals verpflichtet gefühlt, alles gut zu machen, um so etwas zu verhindern. Die Zwänge sind nicht völlig verschwunden, aber die Fülle und die Intensität haben deutlich nachgelassen. Depression und Suizidgedanken sind verschwunden. Ein letztes dunkles Kapitel konnte beendet werden, nachdem sie nach langer Trauer auch Wut ihrem Freund gegenüber empfindet, der sie sehr geplant verlassen hat.

Zusammenfassung

Als Abschlußbetrachtung scheint mir im vorliegenden Fall das Wesentlichste zu sein, was Leuner (1987) unter „Assimilation des Bösen" beschreibt. Bedroht von feindseligen introjizierten Objekten und bedroht von eigenen davon unabhängigen aggressiven Impulsen, „rettete" sich die Patientin in einen partiellen Mutismus, schützte sich dadurch, Böses „Gestalt" werden zu lassen, und projizierte diese Impulse und Phantasien u.a. auf einen Küchenherd, den sie dann wiederum weitmöglichst zu kontrollieren versuchte. Unter einem harten Über-Ich-Diktat stehend, versuchte sie so, die Angst vor Hingabe an alle lebendigen Impulse zu beherrschen, insbesondere die vor destruktivem Haß. Die Angst vor den Folgen von Gedanken und Handlungen machte sie weitgehendst handlungsunfähig, und Aufgabe der Therapie war es u.a., insbesondere die Impulse von Haß, Wut, Ärger, Trotz, Widerspruch, Zorn, Zurückweisung usw. als Korrelate des sog. Bösen in die Persönlichkeit zu assimilieren und integrieren, so daß diese ein nach innen nicht abgespaltenes und nach außen vertretbares Leben führen dürfen. Um diese Assimilation zu fördern, wurde die Patientin bei ihrer katathymen Imagination therapeutisch begleitet.

Korrespondenz von realer Welt mit der „KB-Welt“

Günther Horn

Symptomatologie

Der 10jährige Sebastian stammt aus einer Familie, die aus der Mutter, dem Stiefvater, einem 4jährigen Stiefbruder und ihm selbst besteht. Die Mutter, 35 Jahre alt, ist eine warmherzige, pädagogisch interessierte Frau. Weil sie zu Hause streng katholisch erzogen wurde, hat sie sich gegen bürgerliches Leben aufgelehnt und schon im Alter von 16 Jahren ihr Elternhaus verlassen. Inzwischen hat sie sich besonders mit ökologischen Fragen beschäftigt. Sie hatte zunächst Pharmazie studiert, dann aber ein technisches Studium begonnen.

Die Mutter lebte mit ihren Kindern noch nie in wirtschaftlich gesicherten Verhältnissen. Der Stiefvater ist Iraker. Wegen zu geringen Verdienstes als Lastkraftwagenfahrer hatte er zeitweise seine Arbeit aufgegeben.

S. hatte durch Trennung vom leiblichen Vater, durch Umgebungswechsel und wirtschaftliche Sorgen seiner Mutter viele Entbehrungen erlebt. Eine starke Retardiertheit der psychischen Entwicklung läßt sich bis in die frühe Kindheit zurückverfolgen. Es liegen insbesondere eine starke Angst-Aggressions-Problematik sowie eine anale Fixierung vor. Die Symptome sind extreme Wutausbrüche, Angst vor Krebs und AIDS, starke Minderwertigkeitsgefühle, Konzentrationsstörungen, Isolation und heftige Geschwisterrivalität. Bei dem durchschnittlich begabten Jungen ist ferner eine Teilleistungsschwäche festgestellt worden. Sie wird u.a. in einer gewissen Beeinträchtigung des Malens erkennbar.

Therapie

Die Therapie umfaßte insgesamt 60 Stunden. Davon wurde in 40 Sitzungen KB durchgeführt. Begleitend dazu kamen die Eltern in die Beratung, und zeitweise nahm die Mutter an einer Müttergesprächsgruppe teil.

Eindrucksvoll an dieser Therapie ist, in welch vielschichtiger Weise das innere Erleben des jungen Patienten mit dem korrespondiert, was in familiärer, schulischer und gesellschaftlich-politischer Umwelt vor sich geht. Deshalb soll besonders die Verflochtenheit des Therapiegeschehens mit der Umwelt aufgezeigt werden. Außerdem ist bemerkenswert, in welch intensiver Weise sich Sebastian in seinen Phantasien mit den ökologischen Problemen unserer Zeit auseinandersetzt.

Zum Ablauf der Therapie

Die Therapie beginnt mit einer Auseinandersetzung des Jungen mit seiner oralen und ödipalen Bindung (Horn, 1990). Er imaginiert auf der Wiese als Symbol der Mutter eine Kuh, der er sich nähern will. Ein Stier, offenbar Symbol des negativ erlebten Stiefvaters, kommt und vertreibt ihn aus dem Gatter. Dann kommt der Bauer, melkt die Kuh und führt sie in seinen Stall.

Eine Imagination wie diese tritt in Kindertherapien sehr häufig auf und wäre insofern gar nicht erwähnenswert. Bemerkenswert jedoch ist, daß S. nach dieser und anderen Imaginationen auch mit Worten aussprechen kann, was er in der ödipalen Dreiersituation erlebt: Seine Mutter werde vom Stiefvater ausgenützt, „gemolken“, weil sie neben ihrem Studium noch Geld verdienen muß, um den arbeitslosen Vater miternähren zu können. Weinend erzählt er, daß der Vater von

Abb. 1: Das Bankräuberschwein im Geldsee badend als Ausdruck analer Fixiertheit.

ihm das Taschengeld haben will, das er von der Mutter bekommen hat. S. gibt es ihm, weigert sich aber, ihm dafür auch noch die Zigaretten aus dem Geschäft zu holen. Vom Vater fühlt er sich daraufhin, wie auch bei vielen anderen Gelegenheiten, massiv bedroht.

Den Hauptanteil der Therapie nehmen Auseinandersetzungen mit seiner analen Fixiertheit ein. Sie symbolisiert sich in einem See voll Geld (Zwettler, 1985). Über fünf KB-Sitzungen hinweg schwimmt er im Geld. „Ich tauch ganz runter und wieder hoch, so wie ein Delphin ..., es tut so prasseln, wie wenn ein Goldregen wäre ..., vielleicht 6 Billiarden Mark. Der Geldspeicher ist fast zugewachsen und niemand weiß, daß ich so viel Geld habe." S. muß den Geldsee jedoch gegen ein Bankräuberschwein verteidigen, das den See entdeckt hat und das gemeinsam mit seiner Familie einbrechen und klauen will (Abb. 1). „Jetzt ist das Bankräuberschwein fast weiß vor Wut, weil's net rein kann ..., gleich platzen sie alle, weil sie nicht so viel Geld haben wie ich." Das Bild des Bankräuberschweins ist vieldeutig. Es symbolisiert einerseits die doppelte Moral des katholischen Elternhauses der Mutter sowie andererseits die doppelte Moral der Herkunft des Stiefvaters aus der islamischen Großfamilie. Sie zeigt sich beim Bankräuberschwein darin, daß es mit seiner Familie bigotterweise am Sonntag in die Kirche geht und gleich auf dem Nachhauseweg den Geldsee von S. ausrauben möchte.

Der Kampf um das Geld symbolisiert aber auch die Angst der eigenen Familie aufgrund der zunehmenden Ausländerfeindlichkeit benachteiligter Bevölkerungsgruppen in der Bundesrepublik. Als „Araberfamilie" befürchtet diese, durch Übersiedler aus der ehemaligen DDR in der sozialen Rangfolge und in den Verdienstmöglichkeiten hinter diese zurückzufallen. So äußert S. einen ungewöhnlich starken Haß gegen einen Mitschüler seiner Klasse, der aus der DDR kommt: „Am liebsten würde ich ihn kalt machen oder zusammenschlagen." Auch gegenüber allen anderen Übersiedlern aus den neuen Bundesländern äußert er ähnliche Haßgefühle. Spontan und vehement wehrt er sich auch gegen den Gedanken, für die Wiedervereinigung finanzielle Opfer bringen zu sollen. Daß S. in seinem unbewußten Erleben das Bankräuberschwein tatsächlich mit den politischen Verhältnissen in der Bundesrepublik in Zusammenhang bringt, wird erkennbar, wenn man die Farben der Kleider desselben betrachtet: es sind die der Bundesfahne (Abb. 2).

Es gibt aber nicht nur eine Korrespondenz der Bilder zur familiären Umwelt, sondern auch zur politischen: Als immer mehr Berichte von den Polizeimethoden der Ostblockländer zur Unterdrückung der revolutionären Bewegung durch die Presse gingen, imaginierte er, wie er seinen Geldsee mit Stacheldraht, Minenfeldern, automatischen Waffen, Bunkern und unterirdischen Gängen schützt. Es kommt zu heftigsten Kämpfen seiner Familie mit der des übermächtigen Bankräuberschweins – Kämpfe, wie sie von einem Jungen in diesem Alter zur eigenen narzißtischen Bestätigung häufig gesucht werden.

Positive Therapiefortschritte zeigen sich zunächst auf der Symbolebene. „Nähren und Versöhnen" (Leuner, 1987) führt zu Konfliktlösungen: Das Bankräuberschwein wird gefüttert. „Das Schwein schnappt den

Abb. 2: Das Bankräuberschwein in den Farben der Bundesfahne.

Blumenkohl auf und frißt ihn mit einem Biß ..., jetzt tu ich den ganzen Schubkarren voll hin – zwei Bissen – weg! Jetzt hab ich einen ganzen Lastwagen auffahren lassen – drei Bissen – weg! – Jetzt – jetzt wird es immer fetter und zahmer.“ Die Wirkung der Reintegration dieses abgespaltenen Anteils der eigenen Persönlichkeit zeigt sich auf der Bildebene prompt: Plötzlich können die Tiere reden. S. und die Schweine grüßen sich mit Worten und mit Hände- bzw. „Klauen“-Druck. Die Krustenhaut derselben fällt ab, und sie bekommen eine ganz weiche Haut.

Diese Aussöhnung, die sich über viele Sitzungen hinzieht, hat für S. selber auf der imaginären Ebene weitreichende „kulturelle“ Folgen: Er beschäftigt sich jetzt in seinen Vorstellungen immer weniger mit seinem Besitz, dem Geldsee, sondern er wird produktiv: Er legt sich eine Landwirtschaft zu. Offenbar sensibel für die Belange unserer Zeit, betreibt er biologisch-dynamischen Feldbau, ohne Traktor und Kunstdünger, mit Pferden und Naturmist.

Gleichzeitig wird hier einmal mehr deutlich, wie die Imaginationen eines Jungen in der Latenz in viel stärkerem Maße als die von Erwachsenen von Handlungsvorstellungen mitgeprägt sind. Er stellt sich vor, was er in seiner imaginären Landschaft alles tut.

S. kann dem Schwein nun sogar etwas von seinem Geld abgeben. Dieses kauft sich ein Grundstück und betreibt ebenfalls Ackerbau. Auch die Schweinefamilie wohnt jetzt in Häusern. Jedes Schwein hat jetzt seine eigene Dusche! S. gibt ihnen Kindershampoo, „das gibt keine Tränen“. Häufig kommt die Schweinefamilie zur Familie des S. zu Besuch. Besonders oft imaginiert S., wie er gemeinsam mit den Schweinekindern spielt (Abb. 3). Nachdem es zwischendurch aber immer noch einmal zu Kämpfen mit den Tieren kommt, bietet S. dem Bankräuberschwein an, was laut Pressemeldungen die Politiker Ost und West in jener Zeit besonders beschäftigte: Friedensverhandlungen.

Diese Imagination hat nun auch Auswirkungen auf seine soziale Stellung in der Schule. Bis zu diesem Zeitpunkt der Therapie war er bereits vom isolierten Jungen zum Anführer einer Bande avanciert.

Diese Bande focht heftige Kämpfe mit der Bande einer Parallelklasse aus. Nun kommt er plötzlich zur Therapiestunde und bittet mich, mit ihm einen Friedensvertrag zu entwerfen. Wir setzen uns daraufhin an

Abb. 3: Gemeinsames Tummeln im Badesee. Reintegration abgespaltener Ich-Anteile durch Aussöhnung mit dem Bankräuberschwein im Therapieverlauf.

die Schreibmaschine und formulieren gemeinsam einen „Friedensvertrag zwischen den Klassen 4a und 4b der Waldschule“. Beide Klassen schließen Frieden zu folgenden Bedingungen: Wir können miteinander spielen, wir können uns aus dem Weg gehen, bzw. wir geben uns keinen Anlaß zum Ärger. Insbesondere verzichten wir darauf, uns mit blöden Wörtern anzusprechen und in ein Handgemenge zu kommen. Wenn es trotzdem einmal zu einer Rauferei zwischen zwei Schülern kommen sollte, werden die übrigen sich heraushalten und nach Möglichkeit den Kampf schlichten. Auf jeder Seite haben jeweils für eine der beiden Klassen fünf Kinder den Vertrag unterschrieben. Er wurde in den Klassenzimmern aufgehängt. Die Lehrerin schrieb noch darunter: Ich spendiere eine Runde Eis für alle, wenn es gelingt, den Vertrag einzuhalten. Die Schulsituation hat sich daraufhin bedeutend verbessert.
Sebastians Wunsch nach Frieden mit den Jungen der gegnerischen Bande hat seinerseits wieder Rückwirkungen auf seine Imaginationen. Er stellt sich jetzt einen „Abenteuerspielplatz“ vor, auf dem sich viele Tiere friedlich tummeln. Es sind dies Tiere, die sich früher bekämpft haben: Löwen, Affen, Krokodile, Schweine, Antilopen. Er imaginiert: „Keiner frißt den anderen. Die sind alle Vegetarier.“ (Therapeut: „Ob denen das Gras schmeckt?“ S.: „Die essen kein Gras. Die essen Kartoffeln mit Mohrrüben. Die schmecken ihnen besser als Fleisch. Die Löwen können jetzt sprechen und auf den Hinterbeinen laufen.“)
Dieser Wunsch nach einer heilen Welt mag in seiner individuellen Entwicklung wohl begründet sein. Er erinnert aber gleichzeitig auch an illusionäre Wünsche zur Zeit der Wende in Osteuropa, als viele Menschen Hoffnungen auf eine friedlichere Zukunft hegten.

Ich komme zu dem Eindruck, daß neurotisch geschädigte Kinder in ihren unbewußten Äußerungen nicht nur persönliche Erfahrungen symbolisieren, sondern daß sie oft auch sensibel auf die Gefährdung unserer Zeit reagieren. Schon häufig ließen die Imaginationen des Patienten erkennen, daß ihn die Gefahren der Umweltzerstörung beschäftigen. Dies wurde besonders deutlich, als ihm das Motiv „10 Jahre später“ vorgegeben wurde.

Er imaginiert daraufhin die Gefährdung durch die Luftverschmutzung, die Ost und West, auch unsere Partnerstädte Karlsruhe und Halle, gleichermaßen bedrohen. Im KB erlebt er sich als ein Wissenschaftler, der die letzten 1000 Bäume der Erde bewacht. Sie stehen unter einer Glaskuppel. Außerhalb derselben können die Menschen nur noch mit Gasmasken leben (Abb. 4). Vom Himmel dräut ein riesiges Ozonloch. S. hat „Mitleid mit den Politikern, weil ihre Gedanken so arm waren, daß sie nicht mal so an die Natur gedacht haben“.

Gewiß symbolisieren diese Bilder ganz deutlich die großen Ängste und Bedrohungserlebnisse von S., die er in einer ungeborgenen Kindheit erlebt hat, und das primäre Ziel jeder Therapie ist es, den jungen Patienten zu helfen, daß sie diese überwinden können. Gleichzeitig muß man je-

Abb. 4: S. bewacht als Wissenschaftler die letzten Bäume der Erde, links S. mit Gasmaske.

doch annehmen, daß derart gestörte Kinder ein besonders feines Gespür für die Gefahren unserer Zeit haben, womöglich sogar ein besseres Gespür als solche, die durch das Erlebnis eigener Geborgenheit zu Hause gegen derartige Erlebnisse – zunächst – „immun" sind. Daß es S. dabei nicht nur um „spielerische Phantasien" geht, zeigt sein Interesse im Nachgespräch zum KB. Er will erfahren, wo er sich einer Naturschutzjugendgruppe anschließen kann.
Man könnte versucht sein, Sebastians Bezug zur gestörten Umwelt ausschließlich mit seiner Bindung an die ebenfalls ökologisch stark interessierte Mutter zu erklären. Tatsächlich hat sie wesentlich dazu beigetragen, daß er sich intensiv damit auseinandersetzt. Es zeigt sich aber, daß die Bilder, die er imaginiert, einen unübersehbar starken Bezug zu seinem inneren Erleben haben: Als er die Aufnahmeprüfung für die Realschule besteht, schlägt sich dies auch im KB nieder. Während er vorher bedrohliche Bilder einer geschädigten Umwelt zur Charakterisierung einer inneren Befindlichkeit aufgriff, projiziert er nun sein eigenes inneres Hochgefühl auf Wunschbilder der Umwelt. Er imaginiert, daß die Umweltschäden auf der Erde wieder behoben sind. Die Ozonschicht ist wieder in Ordnung. „Es blüht und grünt, die Glaskuppel wird zu Schrott verarbeitet. Alles ist fruchtbar, das ganze Land, die ganze Welt. Und von Land zu Land" – man glaubt, einen Politiker zu hören – „gibt es jetzt Brücken."

Sein neues Hochgefühl drückt sich auch noch in anderen Symbolen aus: Aus den Bankräuberschweinen sind Bankangestellte geworden (Abb. 5)! „Und jetzt sagt's, das müssen wir feiern. Und das hat jetzt richtige Haare, blonde Haare mit Locken und gekämmt, mit einem gestreiften Anzug mit Krawatte und weißem Hemd ... jetzt verdient's viel Geld." Es besteht schon eine merkwürdige Parallelität zur augenfälligsten ersten Veränderung des Straßenbildes in der DDR, in der ebenfalls zu allererst Filialen westdeutscher Banken auftauchten, obgleich S. selbst nicht dort gewesen ist. Inzwischen entwickelt sich S. immer mehr von einem Kind im Latenzalter hin zu einem Kind in der Vorpubertät. Charakteristischerweise ist es ihm damit aufgrund zunehmender Ich-Stärke möglich, Erlebnisse eigener Kleinheit und Verletzbarkeit ins Bewußtsein zu lassen. Während er sich vorher in den Imaginationen noch in der eigenen Familie eingebettet imaginierte und gegen Feinde außerhalb derselben kämpfte, richtet er nun seine Aggressionen gegen bedrohliche Tiere, die seine Mutter symbolisieren: S. liegt einmal winzig klein in einem Spinnennetz, der Spinne ausge-

Abb. 5: Das Bankräuberschwein hinter einem Bankschalter.

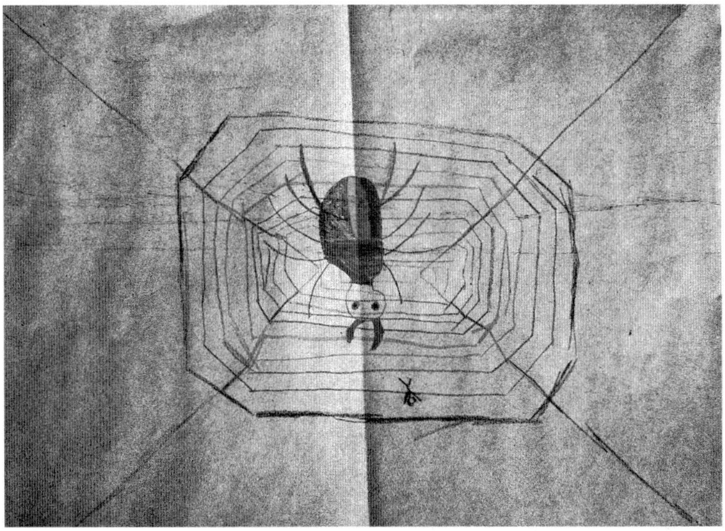

Abb. 6: S. in einem Spinnennetz – Symbol beginnender aggressiver Auseinandersetzung mit den Familienmitgliedern.

liefert (Abb. 6). Einmal reitet er als Winzling auf dem Ungeheuer von Loch Ness (Abb. 7). Wieder ein andermal liegt er ganz klein auf einer Blume, und diese wächst hoch bis zu den Wolken und trägt ihn ins Reich der Götter, mit denen er sich dann bekämpft. Erstmalig kann er – typisch für den Eintritt in die Pubertät – imaginieren, daß er selbst verletzt wird und sich in Todesgefahr befindet. Er imaginiert, wie er abstürzt (Abb. 8).

Auch diese Imaginationen zeigen Auswirkungen im Realverhalten. Sebastian kann sich jetzt auch über seine Mutter zunehmend kritisch äußern, und eine größere Distanz ihr gegenüber wird erkennbar. Er kann seine Ohnmachtsgefühle äußern, die er hat, wenn seine Eltern zu Hause streiten oder sich gegenseitig schlagen. Und er kann mir von eigenen Handlungen erzählen, die sein Gewissen belasten:
Einmal hat er beim Raufen einem anderen Jungen einen Finger gebrochen. Ein ander-

Abb. 7: S. reitet als Winzling auf dem Ungeheuer von Loch Ness.

Abb. 8: S. imaginiert sich in Todesgefahr. In den Tagträumen treten erstmals selbstdestruktive Elemente auf.

mal äußert er verlegen, daß er seine Oma nicht besuche, weil er sie gern habe, sondern nur deshalb, weil er von ihr viele Dinge geschenkt bekomme. In der Korrespondenz zwischen innerem Erleben und äußerer Umwelt wurde der Therapeut nicht ausgeschlossen, eine starke Übertragungsbeziehung zu mir wurde daran deutlich, daß er – als es ihm nicht gut ging – immer meine Telefonnummer und 30 Pfennig bei sich trug, um mich jederzeit anrufen zu können. Er hat zwar nie angerufen; die beiden Dinge, die „Übergangsobjekten“ gleichkamen (Winnicott, 1973), haben ihm aber Sicherheit verliehen. Und er sagte, daß es nur zwei Menschen gebe, denen er alles sagen (und bei denen er auch weinen) könne: seine Mutter und mich.

Theoretische Überlegungen

In fast jeder Sitzung dieser Therapie war die große Verflochtenheit des unbewußten Geschehens mit den Geschehnissen in der Umwelt des Jungen augenfällig. Es taucht die Frage auf, durch welche Faktoren sich die Wechselwirkung in diesem Falle so intensiv gestaltete. Es bieten sich dafür mehrere Ursachen an:

1. S. befindet sich im Alter der Latenz, das durch einen sehr hohen Grad von „Realitätsprüfung" gekennzeichnet ist (Horn, 1990). Kinder diesen Alters greifen in ihren Imaginationen viel stärker als Erwachsene Bilder der äußeren Realität auf.
2. S. hatte eine spezifisch anale Fixierung. Nach Grunberger (1982) ist dieser ein starkes Bezogensein zur Realität wie auch zur gesellschaftlichen Situation immanent. Die anale Fixierung erlebt im allgemeinen eine Reaktivierung in der Latenz.
3. S. wuchs in einer inhomogenen familiären Umwelt auf. Während es in Familien, wo die Eltern aus einem ähnlichen kulturellen und gesellschaftlichen Milieu kommen, zwangsläufig auch weniger darauf bezogene Reibungspunkte gibt, mußte S. gewiß von klein auf viele Diskussionen miterleben, die durch die unterschiedlichen kulturellen Einstellungen seiner Eltern bedingt waren. Durch diese Diskussionen, die in der Familie häufig sehr affektiv ausgetragen wurden, ist seine Aufmerksamkeit von einem frühen Zeitpunkt an auf „Umweltfragen" im weitesten Sinne gelenkt worden.
4. Unabhängig von den Einflüssen von seiten der Eltern scheinen Kinder in zunehmendem Maße und zu einem immer früheren Zeitpunkt Umweltprobleme zu erkennen und bereits auch gewisse Aktivitäten zu entfalten („Der Spiegel" Nr. 43, 1989). Die Vermutung liegt nahe, daß Kinder mit ganz spezifischen Entwicklungsstörungen eine besonders hohe Sensibilität für die Gefährdungen unserer Umwelt entwickeln. Es handelt sich womöglich um Kinder mit Störungen, deren Wünsche nach Zuwendung, Geborgenheit und Sicherheit, wie bei S., durch Gespräche mit den Eltern zwar geweckt und im Bewußtsein gehalten, jedoch durch äußere Umstände, wie z. B. arbeitsmäßige Überlastung der Eltern, Wechsel der Beziehungspersonen, Ehekonflikte der Eltern etc., nur sehr unzureichend befriedigt werden konnten. Es sieht so aus, als würden diese Kinder ihr eigenes Sich-bedroht-Fühlen in den Umweltgefährdungen wiederzuerkennen glauben und darin eine Bestätigung für das lebensverneinende Verhalten der Erwachsenenwelt erkennen. Demgegenüber scheinen diejenigen Kinder weniger Umweltsensibilität zu entwickeln, deren Wünsche nach Zuwendung besonders durch materielle Verwöhnung überdeckt wurden bzw. werden.
5. Die Therapie hatte eine intensive positive Wirkung auf das Erleben von S. Man kann allgemein feststellen, daß eine erfolgreiche Therapie auch und gerade dazu befähigt, innere und äußere Belange miteinander in Verbindung zu bringen. Die Integration bzw. Reintegration einzelner Persönlichkeitsanteile versetzt den Patienten in die Lage, besser und aktiver als bisher zu den Geschehnissen in der Umwelt in Beziehung zu treten.
6. Schließlich dürfte auch die intensive Übertragungsbeziehung von S. zu mir seine Neigung, sich mit den Problemen unserer Zeit auseinanderzusetzen, begünstigt haben. Denn zwei Dinge haben mich in den letzten Jahren persönlich stark beschäftigt: die Umweltproblematik sowie die politischen Veränderungen zwischen Ost und West. In der Therapie von Kindern – so scheint es mir – ist bei intensiver Übertragungsbeziehung offen-

bar die persönliche Einstellung des Therapeuten zu den Problemen der Zeit mehr wirksam als sonst vielleicht in der Erwachsenentherapie, und zwar auch dann, wenn nicht darüber geredet wird.

Zusammenfassung

Anhand der KB-Therapie mit dem 10jährigen Sebastian wurde die starke und vielschichtige Verflochtenheit zwischen KB-Bildern einerseits und Umweltgeschehen andererseits dargestellt. Mögliche Erklärungen für die intensive Wechselwirkung zwischen innerem und äußerem Erleben wurden aufgezeigt. Während es über die Wechselwirkung des Therapiegeschehens mit der persönlichen Umwelt viele Berichte gibt, scheint die Untersuchung der Wechselwirkungen zur anonymen gesellschaftlichen Umwelt bisher vernachlässigt zu werden. Es schiene lohnenswert, diesem Thema in der Forschung mehr Aufmerksamkeit zu schenken. Damit könnte auch dem vielfach gehörten Vorwurf an die Psychotherapie entgegnet werden, daß diese mit ihrem Ziel zur „Selbst“-Verwirklichung zu einseitig nur an das private Glück des Patienten denke, dagegen jedoch die sozialen Aspekte vernachlässige.

Psychosomatische und vegetative Erkrankungen

Katathymes Bilderleben in der psychosomatischen Medizin

Eberhard Wilke

Symptomatologie

Ich möchte sie Christine nennen. Als sie zum ersten Mal in die Stunde kam, brachte sie mir ein Bild mit, das einen Stuhl auf einer leeren Bühne zeigt (Abb. 1); es blieb ohne Kommentar. Später – gegen Ende der zehnwöchigen stationären Behandlung – zeichnete sie eine junge Frau (Abb. 2) und sagte: „Das bin nicht ich, aber ich finde diese Frau schön.“ In der Zeit zwischen diesen Bleistiftzeichnungen entstanden Bilder körperlicher Verformtheit, Gespaltenheit von schwarz und bunt, in heftiger Torsion scheinbar unlösbar ineinander verschränkt (Abb. 3), dann eine Schlange (Abb. 4).

Fallbericht

Christine ist 18 Jahre alt, hochgewachsen und leidet an Magersucht. Als sie zu uns kam, wog sie 38 kg. Sie ist die späte, zweite Tochter der Eltern, die als Pädagogen große Schuldgefühle darüber zeigen, daß ihre älteste Tochter depressiv, die jüngere magersüchtig wurde. Ich konfrontierte Christine früh mit der Widersprüchlichkeit ihrer Rationalisierungen. Sie protestierte – und war zugleich sichtbar entlastet, das in Worte gekleidet zu hören, was sie dumpf als Unvereinbarkeit in sich spürte. In der vierten Stunde glaubte ich, genug Vertrauen gewonnen zu haben, um ein Blumen-KB anregen zu können. Sie konnte sich trotz ihrer ausgeprägten Zwanghaftigkeit ihren inneren Bildern hingeben und sah in einer sehr gleichförmigen und gradgewachsenen Wiese eine Blume, wie ein Kelch, getragen von einem viel zu dünnen Stiel (Abb. 5). „Ein Windhauch könnte zuviel für sie sein, glauben Sie vielleicht, daß diese Blume etwas mit mir zu tun hat?“ – Mit Edda Klessmann möchte ich dieses anorektische und zugleich hypertrophe Gebilde „Anspruchsblume“ nennen.
Aus dem zweiten KB, dem Wiesenbild, möchte ich Tonbandsequenzen interpretieren, da in ihnen in selte-

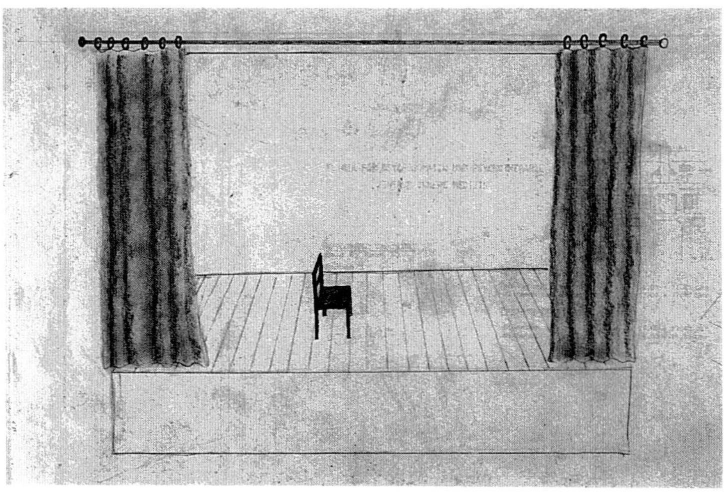

Abb. 1: Die Bühne und der leere Stuhl – Christine zu Beginn der KB-Therapie.

Abb. 2: Die Frau – weibliche Identitätsfindung zum Ende der Therapie.

Abb. 3: Die schwarz-bunte Frau – Ausdruck anorektischer körperlicher Verformtheit.

ner Weise Phänomene verdichtet sind, die wir als bezeichnend ansehen für Tagträume psychosomatisch Kranker. Ich gebe die Stunde aus Zeitgründen im Zeitraffer wieder, wodurch jene inneren Entwicklungen, die sprachlos verlaufen, etwas zu kurz kommen. Den Beginn stelle ich ausführlicher dar, damit etwas von der Atmosphäre der Stunde deutlich wird.

Patientin: „Also die Wiese, die ist ganz bunt. Da sind Blumen drauf. Und ganz viele verschiedene Arten von Gräsern. Die Gräser sind alle etwas gelblich, so wie reifes Getreide. Ich sehe die Wiese, als ob ich ein Hase wäre und ganz klein bin. Die Gräser überragen mich. Es ist sehr warm."

Therapeut: „Wie ist es so, sich klein zu fühlen und das Gras ist groß?"

Patientin: „Ich fühle mich wohl, wie in einer Höhle irgendwie. Der Boden unter mir ist fest und warm."

Kommentar: Zunächst zeigt sich eine Regression, die als angenehm erlebt und von mir gefördert wird. Ich versuche, eine intensive visuelle und taktile Wahrnehmung der Szene anzuregen. Das gleichzeitige Erleben von Kindheit und phantasierter Reifezeit deutet sich schon in der Frühphase dieser Imagination in Form des Wortes „reifes Getreide" an.

Patientin: „Die Spitzen von den Gräsern bewegen sich leicht, als ob da Wind wäre, aber ich spüre den Wind gar nicht. Es duftet nach gemähtem Gras."

Therapeut: „Wie geht's Ihnen da?"

Patientin: „Ich fühle mich sehr wohl da. Es ist ganz still, man hört nur das Zirpen von den Grillen."

Abb. 4: Die Schlange.

Abb. 5: Die „Anspruchsblume".

Therapeut: „Richten Sie Ihre Aufmerksamkeit doch auch einmal auf sich selbst. Wie ist Ihre Gestalt, wie alt sind Sie?"
Patientin: „Ich fühle mich eigentlich – eigentlich fühle ich mich ..."
Therapeut: „Nehmen Sie sich Zeit zum Fühlen."
Es vergeht eine längere Zeit der inneren – zunächst sprachlosen – Wahrnehmung.
Patientin: „Ich fühle mich – wie – ich kann nicht sagen, ob ich, daß ich mich wie ein Kind fühle oder wie ein Erwachsener oder so, aber ich fühle mich, als ob ich von der Wiese umschlossen werde – wie als ob ich in einer Wiege liegen würde. – Aber ich fühle mich trotzdem frei. – Weil ich das Gefühl hab, ich kann aufstehen und weggehen. Ich hab das Gefühl, als ob ich größer werden könnte, wenn ich wollte."

Kommentar: Die Patientin hält sich in mühsamer Verbalisierung die Möglichkeit offen, im regressiven Zustand „Wiege" zu verharren oder doch größer zu werden und sich ihrer Realität als 18jährige zu nähern. Sie genießt das Wiegen der Gräser und ihr eigenes Gewiegtwerden und hat zugleich die Vorstellung, Alter und Größe frei wählen zu können. Der anorektische Zwiespalt ist hier bildhaft verdichtet.

Ich fordere zu weiterer Beobachtung auf. Sie sagt: „Ich fühle die Gräser an meiner Haut – das fühlt sich angenehm an. Sie sind sehr hart, es ist ganz angenehm, und ich fühle mich davon irgendwie gehalten."

Kommentar: Dieses Gefühl des Gehaltenseins scheint durch frühe Erfahrungen wie auch durch die aktuelle therapeutische Situation ermöglicht. Ich fordere zur Betrachtung der Gräser auf, die ja ganz früh schon gelb wie reifes Getreide anmuteten.

Patientin: „Die Gräser haben Ähren, die schwer nach unten hängen, einige sind abgeschnitten, so als ob sie gemäht worden wären."

Kommentar: Es geht um die Fruchtbarkeit, um die Ernte. Die Gräser haben Ähren, die schwer nach unten hängen. Im Nachgespräch meint sie selbst, hierin habe sich die Fruchtbarkeit der sie umgebenden Welt dargestellt, an der sie seit Beginn ihrer Magersucht nicht mehr habe teilhaben mögen.

Ich fordere zur weiteren intensiven Wahrnehmung der Szene auf. Sie sagt: „Jetzt bewegen sie sich auch mehr als vorher. Jetzt streichen die Spitzen der Gräser richtig über meine Haut."

Kommentar: Die Berührung bedeutet Stimulation. Ich dachte dabei an taktile Erfahrungen mit der Mutter. Aber: Beobachtung und Fühlen bleiben eigenartig eingeschränkt.

Patientin: „Aber ich spüre die Luft nicht, nur die Bewegung der Gräser."
Therapeut: „Was ist denn, wenn ich Sie jetzt einmal auffordere, den Kopf zu heben und zu schauen, ob Sie über die Spitzen hinweggucken können?"
Patientin: „Ich habe das Gefühl, daß ich mich nicht aufrichten kann, sondern daß ich aufgerichtet bin."

Kommentar: Dies ist eine ganz zentrale Aussage der Anorexie: „Ich habe das Gefühl, daß ich mich nicht aufrichten kann, sondern daß ich aufgerichtet bin."

Patientin: „Nur – wenn ich wollte, könnte ich größer werden als die Gräser, könnte wachsen, aber nicht mich aufrichten."

Kommentar: Die Patientin macht einen Unterschied zwischen wachsen, größer werden und sich aufrichten als aktivem Vorgang.

Therapeut: „Versuchen Sie einmal zu spüren, was Sie möchten, was Ihr Wunsch ist, in diesem Moment, wo Sie ihn erleben."
Patientin: „Es ist so schön behaglich in der Wiese, aber ich bin neugierig darauf, wie es hinter der Wiese aussieht ... aber ich möchte danach auch wieder klein werden können."

Kommentar: Es folgt eine lange Pause des Fühlens und auch des Nachdenkens, denn die Patientin hat einen zentralen Aspekt ihres Konflikts imaginativ dargestellt und erlebt. Ich versuche, ihr Fühlen dahingehend anzuregen, daß sie spüren möge, ob sie eher bleiben oder wagen möchte.

Patientin: „Mehr das Gefühl, daß es dort sehr eng ist auf der Wiese und daß die Gräser sehr eng beieinander stehen und mir nicht viel Platz lassen. Und der Druck von den Gräsern, der ist stärker geworden."
Es folgt wieder eine längere Sprechpause, in der aber an den mimischen Reaktionen der Patientin zu erkennen ist, daß es heftig in ihr arbeitet. Die Gräser bekommen eine neue Dimension, die der Einengung. Ähnlich wie im realen Erleben mit der Mutter, wird das, was früher notwendige und angenehme Stimulation war, jetzt zu einer Behinderung.
Patientin: „Ich habe das Gefühl, als ob die Wiese mich auch nicht mehr in sich haben möchte."

Kommentar: Dies ist der Moment des phantasierten Ausgestoßenwerdens, der, wie sich später herausstellt, in der Patientin zwei gegenläufige Impulse auslöste, einmal den heftigen Impuls, wieder unter den Rock der Mutter zu flüchten, zum anderen einen trotzigen Impuls früher Verselbständigung und narzißtischer Selbstüberhöhung. Die Anregung des Therapeuten, einen Blick über die Spitzen der Gräser zu wagen, stößt eine progressive Entwicklung an. Zugleich verbindet sich der eigene Wunsch nach Separation projektiv mit der Wahrnehmung, von der Wiese ausgestoßen („geboren") zu werden, wobei die Wiese – wie sich im Nachgespräch zeigt – die Mutter repräsentiert, aber auch jenen Teil des Therapeuten, der zur Progression auffordert. Weggehen bedeutet schuldig werden. Wer geht, wird selbst schuldig. Weggeschickt werden beläßt die Schuld beim anderen. Schlaglichtartig wird hier die anorektische Dynamik deutlich, in der Trennung und Eigenständigkeit gleichgesetzt werden mit Schuld. Die Patientin wählt von sich aus zunächst den Weg einer vorübergehenden narzißtischen Selbstüberhöhung in einer Flugphantasie.

Patientin: „Auf einmal sehe ich die Wiese von ganz weit oben, ich bin, als ob ich über sie rüberfliegen würde."
Therapeut: „Was können Sie sehen?"
Patientin: „Ich sehe die Blüten, und das wirkt fast so, als wenn sie mich angucken würden und mir hinterhergucken würden, weil ich mich über die Wiese wegbewege."
Therapeut: „Die Blüten schauen Sie an?"

Patientin: „Ja“.
Therapeut: „Was denken denn die Blüten, daß Sie da jetzt plötzlich darüberschweben, wo Sie doch vorher noch in der Wiese waren?“
Patientin: „Es ist vorwurfsvoll, wie sie mich anblicken, sie sind voller Vorwurf.“

Kommentar: Die Patientin hat den Auszug geprobt und erlebt in der Imagination den vorwurfsvollen Blick der Mutter und ihren eigenen Zwiespalt diesem Vorwurf gegenüber.

Patientin: „Ich hab Angst vor dem Vorwurf und denke, daß ich sie nicht wiedersehen möchte.“

Kommentar: Trennung bedeutet Vorwurf, doch dieser wird nicht kommuniziert. Es kommt zu einer Flucht, die einerseits eine Scheinlösung in die narzißtische Phantasie darstellt, andererseits aber auch einen Keim zu wirklicher Selbständigkeit enthält. Die Patientin findet sich – für sie selbst überraschend – plötzlich über der Wiesenszene. Sie erlebt keinerlei Abschied aus der sie bis dahin bergenden Wiesenhöhle, sondern sieht sich sogleich mit dem phantasierten Vorwurf konfrontiert, diese verlassen zu haben. Der Vorgang der schmerzhaften Trennung von der Mutter wird nicht symbolisch dargestellt, die mit dem Trennungserlebnis verbundenen depressiven Affekte werden zunächst ausgespart. Zwischen symbiotischer Verschmelzung und Kleinheit und der anschließenden Flugphase ist kein fließender Übergang, sondern ein abrupter und stummer Bruch. Im weiteren Verlauf der Imagination bewegt sich die Patientin weiter weg von den Blumen. Ich frage, ob sie ein Ziel vor sich sehe.

Therapeut: „Haben Sie auch ein Ziel, oder ist es mehr, daß Sie sich wegbewegen möchten?“
Patientin: „Ich fühle mich ganz gewaltig, irgendwie so genau das Gegenteil von dem, was ich vorher in der Wiese war, da war ich klein, und ich fühle mich plötzlich riesig.“

Kommentar: Das Erlebnis von Kleinheit und von narzißtischer Großartigkeit stehen – wie in der Realität der Patientin – noch unvereinbar nebeneinander. Nach einer langen Pause erblickt sie im Hintergrund einen Wald.

Patientin: „Ich sehe jetzt im Hintergrund einen Wald mit Tannen, mit sehr hohen Tannen, und ich habe das Gefühl, mich dahin zu bewegen. Der Wald ist drohend, undurchsichtig und vielversprechend zugleich.“
Ich fordere sie auf, ihre Aufmerksamkeit noch einmal auf sich selbst zu richten, auf ihre Gestalt und ihr Alter. Sie sagt: „Ich habe das Gefühl, älter geworden zu sein, und ich habe ein Kleid an, das ich niemals tragen würde, ein ganz weiter Rock und weite Arme.“
Therapeut: „Es gefällt Ihnen nicht so?“
Patientin: „Doch, es gefällt mir, aber es ist mehr das Kleid einer 40jährigen vielleicht, es ist so ein bißchen altmodisch, wie aus dem letzten Jahrhundert.“

Kommentar: Sie erlebt mit dem Tannenwald den Ansatz einer Triangulierung und eine sich beschleunigende, für sie bedrohliche Progression, die sie sogleich wieder in die Historie versetzt und insofern relativiert. In der Progression macht sie imaginativ einen Alterssprung in eine Lebensphase, die noch weit vor ihr liegt.

Ich frage sie, ob sie lieber auf der Seite des Waldes oder auf der Seite der Wiese bleiben möchte. Sie sagt: „Ich bin am Rand der Wiese, zwischen der Wiese und dem Wald ist ein Fluß, ein kleiner Bach, aber das Wasser fließt sehr schnell, und ich stehe auf der Seite der Wiese, aber ich habe nicht das Gefühl, daß es der Bach ist, der mich aufhält, sondern daß der Wald mich nicht reinläßt. Ich möchte eigentlich weder auf der Wiese sein noch auf der Seite des Waldes. Ich habe vor beiden etwas Angst.“

Kommentar: Wiederum wird die eigene Handlungshemmung projektiv dem Objekt (hier dem Wald) zugeschrieben, wobei es wie beim Verlassen der Wiese um angstgetönte Schuldgefühle geht, wie sich im Nachgespräch bestätigt.

Theoretische Überlegungen

Ich habe im Zeitraffer eine Szene demonstriert, in der sich zentrale Konflikte einer 18jährigen Magersuchtpatientin darstellen. Im katathymen Panorama, das sich ihr – für sie selbst überraschend – entfaltet, sind innere Prozesse abgebildet, die wir als pathognomonisch für die spezifische Entwicklungshemmung dieser Krankheit ansehen, so z. B. die Regression, die Flucht ins brüchige Größenselbst im imaginierten Flug, eine zwanghafte Abwehr angesichts des Waldes und schließlich die Unsicherheit, ob es besser ist, ganz klein oder ganz groß, jung oder alt zu sein.

Wir finden hier das, was Leuner (1987) „die prägnante Darstellung der psychodynamischen Szene und ihre therapeutische Wirkung“ nennt, wobei Wirkung im Sinne von Rückwirkung der Imagination auf das erlebende Selbst in Gegenwart des miterlebenden Therapeuten zu verstehen ist. In dieser bildhaften Projektion treten Konflikte kognitiv nicht oder nur schemenhaft ins Bewußtsein. Die Tagtraumbilder stehen für sich, sie erfahren dabei eine erste Kodierung in der sprachlichen Fassung. Nach der Bedeutung wird noch nicht gefragt. Der Erlebnisraum und der Verständnisraum sind in dieser Phase noch getrennt.

Ich möchte hier nicht in eine Argumentation eintreten, ob und in welcher Weise die Symbolisierungsfähigkeit psychosomatisch Kranker eingeschränkt ist, auch stellen Magersüchtige sicher eine Randgruppe in der Vielfalt psychosomatischer Krankheitsbilder dar. Nur so viel: Das Gefangensein im gestörten Körpererleben bedeutet eine Individuations- und Entwicklungshemmung, die aufzuheben ein wichtiges therapeutisches Ziel ist. Wir haben aus KB-Therapien den Eindruck, daß das Gefangensein im Erleben gestörter oder schmerzhafter Körperfunktionen wie eine schwer zu durchdringende Decke über einer durchaus vorhandenen Emotionalität liegen kann, die gelegentlich im KB ganz stark manifest wird und die in einer überwiegend sprachlichen Kommunikation undurchdringbar bleiben kann, besonders wenn sich der Therapeut auf die ständige Wiederholung von Körperklage und deren Kommentierung einläßt.

Die Übersetzung der Körperklage und das Verwandeln des Monologs in einen emotional getragenen Dialog mit dem Therapeuten ist ein Prozeß, in dem das KB hilfreich sein kann. Körperliche Symptome können mit Hilfe des KB imaginativ dargestellt und mit Konflikten verknüpft werden. Dieser Prozeß wird durch die Technik der „Inspektion des Körperinneren“ in besonderer Weise gefördert. Bei der Entdeckungsreise durch den Körper kann es gelingen, den unbewußten inneren Zusammenhang zwischen Symptom und Konflikt imaginativ darzustellen, zu erhellen und das Erleben des Patienten zu öffnen. Fast immer spiegeln sich in der imaginierten Begegnung mit dem erkrankten Körper die pathogenen Objektbeziehungen wider. Spontane oder vom Therapeuten induzierte Wandlungen deuten auf Entwicklungen im therapeutischen Prozeß.

Die Regression, wie sie auch in meinem Beispiel ganz spontan und eindrucksvoll einsetzte, verstehen wir als einen Versuch der Patientin, vor einem für ihre Entwicklung bedeutsamen infantilen Konflikt zu regredieren bzw. einen Raum zu finden, der relativ frei ist von Konflikten. Voraussetzung für das Gelingen einer gutartigen Regression im Sinne von Balint (1970) ist eine ganz bestimmte therapeutische Haltung, die wir mit ihm als „bedingungslose, aber nicht grenzenlose mütterliche Akzeptanz“ bezeichnen. Häufig sind Badeszenen, Verschmelzungsphantasien, das Gefühl des Einsseins mit der Erde, hier das Geborgensein in einer Wiesenhöhle. Wir haben nachweisen können, daß bei schweren körperlichen Erkrankungen die Phase wohltuender Regression mit dem Beginn einer körperlichen Restitution und Heilung zusammentrifft. Wir verstehen diese Regression nicht nur als Abwehr, sondern als sinnvolle Antwort auf zu große Belastungen und als einen Ort, von dem aus neue Lösungsmöglichkeiten gesucht werden können. Im Gefühl enger symbiotischer Beziehung erfährt das Ich eine Stärkung. Diese Erlebnisvollzüge bedürfen nicht der Deutung durch den Therapeuten, es sei denn, sie bekommen in ständiger Wiederholung den Charakter einer Konfliktabwehr. Die psychische Regression führt zu einer tiefen psychophysischen Entspannung, die in der Behandlung gerade schwerer Körperläsionen wünschenswert ist. Wir haben immer wieder beobachtet, daß solche Phantasien – obgleich scheinbar von großer Autonomie – nur in Gegenwart eines Therapeuten erlebbar sind, der sie nicht unbedingt anregt, aber doch dabei ist. Wir verstehen diese Vorgänge als Handlungs- und Erlebnisvollzüge autonomer Natur in Gegenwart eines mütterlichen Objekts. Möglicherweise lassen sich in diesem erlebnisintensiven Prozeß spezifische Entwicklungsdefizite des psychosomatisch Kranken korrigieren.

Tagträume sind im Sinne der halluzinatorischen Wunscherfüllung Grundlage für eine sekundärprozeßhafte Realitätsbewältigung. Sie ermöglichen einen zeitweiligen Befriedigungsaufschub, fördern die Entwicklung von Frustrationstoleranz wie auch die Akzeptanz einer äußeren, vom Individuum unabhängigen Realität. Sie können die Funktion eines tröstenden Raumes bekommen, in den der Patient sich zurückziehen kann, wenn seine Realität zu belastend wird.

Pathologische oder maligne Regressionen sind selten. Wenn sie auftreten, besteht eine Beziehungsstörung zwischen dem Patienten und dem Therapeuten. Nach Balint (1970), Rohde-Dachser (1983) und Kernberg (1988b) äußern solche Patienten ein unstillbares Verlangen nach ständiger Gegenwart des Therapeuten, sie suchen Befriedigung durch äußere Handlung. Wichtig ist, daß der Therapeut in der Lage ist, die Regression seines Patienten zu tolerieren und, wie Rohde-Dachser meint, sogar „ein Stück weit zu teilen". Die weitere Entwicklung und Progression bedarf der Fähigkeit zur Aggression.

Viele psychosomatisch Kranke sind zu offener Aggression nur eingeschränkt fähig. Ihre spezifische Verlustangst verhindert eine angemessene Entwicklung, wie sie nur in der aggressiven Abgrenzung vom primären Objekt möglich ist. Das Setting des KB bietet für die Entwicklung der Fähigkeit zu aggressiver Auseinandersetzung gute Chancen, denn die Methode ermöglicht einen probeweisen Umgang mit aggressiven Impulsen auf der Bildebene unter dem Schutz des Therapeuten. Aggressive Impulse werden an imaginierten Objekten spürbar. Der Therapeut verbleibt dabei zunächst in der Rolle des Begleiters, und das hohe unterdrückte aggressive Potential wird erfahren, ohne daß die Aggression den bis dahin überwiegend guten Therapeuten unmittelbar trifft. Hier sehen wir einen Vorteil gegenüber der Arbeit ausschließlich auf der Übertragungsebene. Wenn in einer analytischen Therapie in der Übertragungsneurose Haßgefühle dem Therapeuten gegenüber entstehen, bekommt der Erkrankte Angst. Er hat die Phantasie, das ihn schützende, gute Objekt anzugreifen und vielleicht zu vernichten. Die imaginierte aggressive Auseinandersetzung mit einem bösen Objekt unter dem Schutz des Therapeuten ist ein Zwischenschritt im Verlauf der Behandlung aggressionsgehemmter oder real autoaggressiv agierender Patienten.

Ich möchte auf einige symbolische Darstellungen und Selbstdarstellungen hinweisen, die typisch für psychosomatisch Kranke scheinen. Besonders bei Kranken mit schweren körperlichen Manifestationen kann sich die Bedrohtheit des Selbst abbilden. Wenn eine frühe Beziehungsstörung vorherrscht, symbolisiert sie sich in Bildern von Verlassenheit und Einsamkeit wie auch in Phantasien hemmungslosen Anklammerns und einem unersättlichen Bedürfnis nach Bemutterung. Manche psychosomatisch Kranke versuchen lange, eine differenzierte Beziehungsaufnahme auf der Symbolebene zu vermeiden. Sie scheuen die spontane Begegnung und brauchen mehr als neurotisch Kranke immer wieder die Aufforderung, auf imaginierte Objekte zuzugehen. Motive, in denen sich Beziehungen zum Menschen abbilden, tauchen erst spät auf. Die Kranken suchen ständig nach Harmonie, was gelegentlich tragisch mißlingt und in Einsamkeit endet. Häufig beobachten wir einen Abwehrmechanismus, der der Spaltung in gute und böse Objektrepräsentanzen ähnelt, welche möglicherweise das frühe Erleben mit der guten bzw. bösen Mutter spiegelt. Eine solche Abwehr kann sich darin manifestieren, daß in stereotyper Wiederholung schöne, harmonische, gar idyllische Szenerien entstehen, die ausschließlich positiv getönt sind und die der anderen, negativen Seite keine bildhafte Gestalt geben. Ich nenne diesen Vorgang gern: „Abwehr unangenehmer Empfindungen in der imaginierten Idylle." Weiter scheint eine eigenartige Inkongruenz von Affekt, Symbol und Verhalten bezeichnend für die Tagträume psychosomatisch Kranker. Sie können lebhafte innere Bilder wahrnehmen, jedoch zunächst ohne adäquates Gefühl. Andererseits kann starke affektive Spannung entstehen, die verbal schwer zu vermitteln ist, ohne daß ihr angemessene innere Bilder erscheinen.

Wie haben wir nun die Standardtechnik des KB für die Behandlung psychosomatisch Kranker modifiziert? Wichtig ist eine empathisch protektive therapeutische Haltung (auch bei Tagtrauminhalten mit „negativem" Affekt), hierdurch wird die anaklitische Situation gefördert. Es entsteht eine „Übertragung vom Anlehnungstyp" nach Spitz (1985). Die therapeutischen Grundprinzipien von Nähren und Anreichern bzw. von Versöhnen nach Leuner (1987, 1989) schützen vor frühzeitiger Mobilisierung der hintergründigen Ängste wie auch heftiger Triebimpulse. Bedeutsam ist bei diesen Kranken eine besondere zuverlässige Konstanz der therapeutischen Beziehung, die sich in regelmäßigen Therapiesitzungen bzw. regelmäßigen Visiten am Krankenbett realisiert. Der Therapeut sollte bei psychosomatischen Patienten mehr noch als bei neurotisch Kranken auf nichtverbale Äußerungen und auf die Körpersprache seines Patienten achten, auf die Mimik, auf die Stimmfärbung, auf vegetative Schwankungen.

Die Erlebnisse und Entwicklungen während einer KB-Therapie von körperlich Erkrankten sind sprachlich nur teilweise erfaßbar. Das Sprechen über den Tagtraum beschreibt nur die Oberfläche eines vielschichtigen und weit in den präverbalen Bereich hinabreichenden Erlebnisprozesses. Der Therapeut beobachtet gleichsam die Oberfläche eines bewegten Gewässers, dessen eigentliche Verwirbelungen in der Tiefe stattfinden und nur abgeschwächt und verändert sichtbar werden. Sofern der Therapeut darin geschult ist, Wahrnehmungen seiner eigenen Körperempfindungen während der Therapie zuzulassen und zu fördern, wird er besonders in Sprechpausen selbst mitunter jenes Körpergefühl und jene Stimmung wahrnehmen, die beim Patienten latent vorhanden bzw. abgewehrt sind. Bei sehr regressiven narzißtischen Phantasien kann die Sprache für die Übermittlung des imaginativen Erlebnisses unzureichend sein. Die Sprache kann zerfallen, die Syntax sich verändern, die Beobachtung der Stimme kann wichtiger werden als der Inhalt des Gesprochenen. Wir haben lange über die Frage nachgedacht, ob Verbalisierungen im Nachgespräch den Prozeß der Imagination fördern oder ob sie ihn unbillig verkürzen. Man kann meinen, daß Erlebnisprozesse imaginativer Natur durch den Versuch, sie in Worte zu fassen, verfälscht werden. Andererseits gibt es die Ansicht, bloßes Erleben führe zu immer wieder neuen Wiederholungen, ohne daß die angestoßenen Entwicklungen festgehalten würden. Die Ebene der Imagination und der Symbole erfaßt vorsprachliche Bereiche. Darüber hinaus findet eine sprachliche Vermittlung statt, nicht im Sinne eines nachträglichen Berichts über das Erlebnis, sondern als dialogisches Miteinander, das den Ablauf des Erlebnisses anregt, begleitet, eingrenzt und beendet. Erleben und Beschreiben des Erlebten sind in der KB-Therapie sich gegenseitig fördernde Elemente einer Entwicklungsspirale, in die Erinnerungen und Zukunftsvorstellungen einfließen.

Schlußbemerkungen

Abschließend möchte ich Gedanken zum Umgang mit dem körperlichen Symptom mitteilen. Symptome einer psychosomatischen Erkrankung haben ein Doppelgesicht. Einerseits sind sie Ausdruck der Überforderung psychischer Regulationsmöglichkeiten, die körperliche Symptombildung verweist auf deren Versagen. Andererseits sind Krankheitssymptome auch Ich-Leistungen, die ein neues Gleichgewicht auf einem niedrigeren Entwicklungsniveau ermöglichen. Sie dienen einer psychischen Sicherung des Selbst und können Schlimmeres, möglicherweise sogar eine psychotische Dekompensation verhindern. Darüber hinaus drängen sie auf Wandlung. Ziel der Psychotherapie körperlich Kranker ist nicht nur die Beseitigung der Symptome, sondern zunächst ein vertieftes und differenziertes Symptomverständnis. Bei einer genauen Betrachtung der Symptomatik eines Patienten zeigt sich oft, daß die Reaktion seines Körpers eben das ausdrückt, was in der Kommunikation zwischen Patient und Therapeut noch nicht gesagt werden kann. Die Sprache des Körpers setzt ein, wo ein angemessener verbaler Ausdruck noch nicht möglich ist.

Der Weg von der Wahrnehmung einer Körperempfindung hin zum Verständnis und zur Verbalisierung des Konflikts ist keine Einbahnstraße. Im Verlauf einer Therapie kann es sehr fruchtbar sein, die Patienten zur Körperwahrnehmung aufzufordern. Im Zurückkommen zu seinem Symptom, das ihn ursprünglich zum Arzt oder Therapeuten führte, kann er spüren, daß dieses sich verändert und daß an seine Stelle allmählich das Gefühl einer angenehm empfundenen, ungestörten Funktion tritt. Das Zurückführen zur Körperwahrnehmung hilft, das simultane Erlebnis des Kranken in seiner körperlichen, imaginativ symbolischen und geistigen Dimension zu fördern. Hierbei wird der Therapeut Bestandteil der Szene. Die symbolische Darstellung der Symptomatik im KB kann starke Affekte freiwerden lassen, die vermutlich bis dahin in der Somatisierung gebunden waren. Hierbei können sich zentrale Konflikte eindrucksvoll darstellen, der Patient sieht sich unvermittelt mit seiner körperlichen Beschädigung konfrontiert, er erblickt seine narzißtische Wunde.

Behandlung psychosomatisch Kranker

Margit Venner und Evelyn Daniel

Einleitung

In der Abteilung für Internistische Psychotherapie der Klinik für Innere Medizin der Friedrich-Schiller-Universität Jena werden Patienten mit psychosomatischen Erkrankungen psychotherapeutisch behandelt. Dabei haben in unserem Behandlungsrepertoire neben analytisch orientierten Einzel- und Gruppenbehandlungen suggestive, autosuggestive und imaginative Verfahren Bedeutung.

Hervorgegangen ist unsere Abteilung aus der ehemaligen Medizinischen Universitäts-Poliklinik, wo bereits Anfang der 50er Jahre unter Kleinsorge und später unter Klumbies begonnen wurde, Patienten mit internistischen Erkrankungen aus der eigenen Klinik und anderen Einrichtungen psychotherapeutisch zu behandeln (s. Kleinsorge und Klumbies, 1959). Das war zur damaligen Zeit ungewöhnlich und in gewisser Weise beinahe ein Wagnis. Es gab weltanschauliche und ideologische Unsicherheiten und Vorbehalte, besonders gegenüber psychoanalytischen Behandlungsansätzen. Die Vorstellung, daß auch in einer sozialistischen Gesellschaftsordnung psychische Fehlentwicklungen den Menschen betreffen und zu psychischen und körperlichen Erkrankungen führen können, paßte nicht in das optimistische Bild von der sozialistisch allseitig entwickelten Persönlichkeit.

Behandlungskonzept

Die Untersuchungen des russischen Physiologen Pawlow Anfang unseres Jahrhunderts boten eine unverdächtige Möglichkeit, psychophysische Zusammenhänge ins Blickfeld zu rücken und diese therapeutisch zu nutzen (Pawlow, 1954). So wurden zunächst psychotherapeutische Kurzverfahren mit einer Betonung symptomzentrierten Vorgehens eingesetzt. Besonders suggestive und übende Verfahren wie die Hypnose, das autogene Training mit fremdsuggestiver Unterstützung und das Katathyme Bilderleben kamen zur Anwendung. Bei der Behandlung von Patienten mit Colitis ulcerosa zum Beispiel wurden zunächst langdauernde Ruhehypnosen, wie Kleinsorge (1959) sie angab, etwa im Sinne einer hypnotischen Schlaftherapie angewendet. Ziel war die Dämpfung der vegetativen Dysfunktionen des Kolons. Nach Abklingen der Akutphase erwies sich die Weiterführung der Behandlung in einer zweiten Stufe mit dem Katathymen Bilderleben nach Leuner (1954) als sinnvoll und hilfreich. Wir wenden diese Methode seit über 30 Jahren an.

Die begleitende Gesprächstherapie war zunächst vorwiegend psychagogisch und verhaltenstherapeutisch ausgerichtet und damit symptomzentriert. Die Krankheitsrezidive unserer Patienten und die Exploration der Auslösesituation regten uns an, eine persönlichkeitszentrierte Behandlungskonzeption zu entwickeln. Dabei waren uns die psychoanalytischen Modelle zum Wesen psychosomatischer Erkrankungen und die psychoanalytischen Behandlungskonzepte unverzichtbar. Da die Psychoanalyse in der ehemaligen DDR verboten war, mußten wir andere Begriffe, z.B. den Terminus „dynamisch“, verwenden. Aus dieser Arbeit entwickelten wir unser Modell einer hochspezialisierten Psychotherapie für unsere Patienten mit psychosomatischen Erkrankungen mit schweren, zum Teil sehr schweren Organdestruktionen. Dieser Behandlungsansatz beinhaltet:

- eine meist ambulante psychotherapeutische Vorbehandlung,
- eine intendiert dynamische Gruppenpsychotherapie und
- eine langfristige, oft lebenslängliche Weiterbehandlung.

Das autogene Training, die Hypnose und das Katathyme Bilderleben sind Verfahren, die in jeder dieser Behandlungsphasen indiziert sein können.
Wir setzen das Katathyme Bilderleben zum einen vorwiegend in der Vorbereitungsphase auf eine persönlichkeitszentrierte Gruppenpsychotherapie ein, wenn Patienten besonders frühe psychische Störungen haben. Zweitens ziehen wir das KB in der langfristigen Nachbehandlungsphase hinzu, wenn Rückfälle des Patienten sich neben dem körperlichen Rezidiv in psychischer Symptomatik zeigen wie der Einengung der emotionalen Schwingungs- und Phantasiefähigkeit, in operationalem und konkretistischem Denken und dem depressiven Rückzug mit Regression in ein manchmal nahezu vorsprachlich anmutendes Stadium.
Folgende Gesichtspunkte sehen wir als wesentlich für die Diagnose einer psychosomatischen Erkrankung an. Daraus ergeben sich auch die Besonderheiten und Möglichkeiten für die Therapie:

- Unsere Patienten sind chronisch krank, sie haben zum Teil schwere Organläsionen.
- Die psychische Störung ist eine sehr frühe psychische Fehlentwicklung, eine sog. „frühe Störung“, entsprechend der Grundstörung bei Balint (1970). Diese kann sich in Form von emotionalen Defiziten, Fehlhaltungen, Störungen des Selbstbildes und der Identität sowie in Beziehungsstörungen zeigen.
- Auslösend für die psychosomatische Erkrankung ist häufig ein realer, drohender oder phantasierter Objektverlust.
- Die Kompensation der frühen psychischen Fehlentwicklung hat zu einer relativ starren Rollengewöhnung geführt, zur sog. „Pseudonormalität“.
- Die psychosomatische Erkrankung bringt dem Patienten eine scheinbare Erweiterung seiner Lebensmöglichkeiten durch die Rolle als Kranker. Sie dient also zur Bewältigung von Lebensanforderungen, denen sich der Kranke emotional aufgrund seiner Fehlentwicklung nicht gewachsen fühlt.
- Diese Defizite werden vom Kranken weitgehend nicht wahrgenommen, geleugnet oder in Form von Schuldzuweisungen auf andere Personen projiziert. Demzufolge sind aktive Lösungsansätze für die Konflikte auch nicht möglich. Dieses Unvermögen wiederum wird rationalisiert, der Patient zieht sich auf die Krankheit zurück. Der Verlust an exakter Realitätsbetrachtung verhindert damit die angemessene Problemlösung. Aus der fortwährenden Verleugnung resultiert ein Umbau der Persönlichkeit mit Rigidität und Phantasiearmut, der auch als Alexithymie beschrieben wird.
- Der psychosomatisch Kranke versucht, eigene Bedürfnisse in der interpersonellen Beziehungsgestaltung über die Erkrankung zu befriedigen. Er stellt sich nicht der Angst, die bestimmte Anforderungen oder Situationen in ihm auslösen. Erst die Angst, die das Auftreten der Symptomatik hervorruft, nimmt er wahr.

All das ist dem Patienten nicht bewußt. Er fühlt und betrachtet sich nur als körperlich krank und ist es ja auch. Der Patient ist es gewohnt, daß sich seine Behandler um ihn kümmern. Dieser Einstellung kommt das Setting beim Katathymen Bilderleben entgegen, so daß bei einer guten Therapeut-Patient-Beziehung der psychosomatisch Kranke sich in der Regel gut auf so eine Form der Behandlung einlassen kann. Von den von Leuner (1987) beschriebenen drei Dimensionen des Katathymen Bilderlebens kommt hier besonders die zweite, die er „Befriedigung archaischer Triebbedürfnisse" des Patienten nennt, zur Wirkung. In der Geborgenheit des Settings und der Zugewandtheit des Therapeuten wird dann die erste Dimension des Katathymen Bilderlebens, die „Bearbeitung unbewußten Konfliktmaterials" möglich. Damit wird die dritte Dimension, „das Ingangkommen kreativer Prozesse" eröffnet. Wir sehen das Ziel dieser Vorbehandlungsphase für erreicht an, wenn der Patient ein gewisses Problembewußtsein für seine psychischen Störungen und für den Zusammenhang dieser mit der körperlichen Erkrankung erreicht hat. Damit bestehen meist eine ausreichende Motivierung und günstige Voraussetzungen für die stationäre Gruppenpsychotherapie. Mit der Beendigung der stationären Gruppenpsychotherapie steht der Patient vor der Aufgabe, seine in der Gruppe erarbeiteten psychodynamischen Zusammenhänge und Erkenntnisse in neue Verhaltensentwürfe einzubringen und in die normale Lebenssituation zu überführen. Dies ist ein langfristiger und anstrengender Prozeß, bei dem Rückfälle in die Erkrankung unvermeidlich sind. Die körperliche Symptomatik ihrerseits kann die depressive Verstimmung gelegentlich noch verstärken, so daß manchmal der Eindruck entsteht, als stünde man wieder ganz am Anfang der psychotherapeutischen Arbeit. Das Kapital, mit dem man in diesem Fall aber wuchern kann, ist die bereits mehr oder weniger lang erprobte Arzt-Patient-Beziehung. Wir beginnen meist mit langdauernden, hochfrequenten Ruhehypnosen und leiten dann nach Bedarf zur Arbeit mit dem Katathymen Bilderleben über. Dabei stehen zunächst freundliche Imaginationen im Vordergrund, die eine regressive und konfliktfreie Atmosphäre schaffen, die dem Bedürfnis des psychosomatisch Kranken nach Abhängigkeit und Symbiose mit einem guten Objekt gerecht wird. Die damit zu erreichende tiefe psychophysische Entspannung wirkt sich außerordentlich günstig auf den Verlauf der psychosomatischen Erkrankung aus. Mit der Besserung des psychischen und körperlichen Befindens ist es dann möglich, unter Beachtung der Belastungs- und Verarbeitungsgrenzen des Patienten, aggressive und depressive Imaginationen in Gang zu bringen. Dabei ist es notwendig, daß der Therapeut stellvertretend für den Patienten Ich-Funktionen übernimmt und diesem so übend Nachreifungsschritte ermöglicht. Mit zunehmender Kompensation und Korrektur spezifischer Entwicklungsdefizite und fortschreitender Individuation durch die Auseinandersetzung mit aggressiven und depressiven Imaginationen kann sich der Therapeut weitgehend zurücknehmen, wichtig ist einfach seine Anwesenheit und sein aktives und beteiligtes Zuhören. Es ist dabei erstaunlich, welche Phantasiefähigkeit sonst im Gespräch sehr trocken und dürr wirkende Patienten entwickeln können.

Wenn der Patient – wie ein Kind – aus der tiefsten Regression heraus allmählich an der Hand des Therapeuten wieder das Laufen lernt, und wir haben den oben beschriebenen Zustand erreicht, sehen wir den Zeitpunkt für gekommen, zu einer dynamischen Gesprächstherapie überzugehen. Damit ermöglichen wir ihm, ein „selbständig laufender" Partner in der Therapie zu sein.

Schlußbemerkung

Die psychosomatisch kranken Patienten, die mehrfach behindert sind, und zwar zum einen durch die frühe psychische Störung, zum anderen durch die schwere körperliche Erkrankung, benötigen ein mehrdimensionales Behandlungskonzept. So wie die Diagnose „psychosomatische Erkrankung" immer eine individuelle Diagnose ist, ist es auch notwendig, die Indikation für den Einsatz des Katathymen Bilderlebens im Behandlungsverlauf individuell zu stellen.

Patienten in der Krise – die politische „Wende" 1989

Holger Männel

Einleitung

Die ostdeutsche Gesellschaft befindet sich gegenwärtig in einem abrupten Übergang von einer diktatorisch-vormundschaftlichen Muttergesellschaft in eine leistungswertende mündige Vatergesellschaft. Unter der Zuchtrute der autoritären Staatsmutter stand der DDR-Bürger bisher in der Ambivalenz zwischen lebensnotwendiger Minimalanpassung und korrumpiertem Karrieretum, so daß seine Persönlichkeit in ein äußeres Adaptationsverhalten und ein persönliches Ich gespalten wurde. Auf einem von Alexander Schulze an der Berliner Charité einberufenen Forum mit der thematischen Aufforderung „Psychotherapeuten äußern sich zur Situation in unserem Land" wurde dazu resümiert: „Wir finden eine Fassade von Wohlanständigkeit, Disziplin und Ordnung und eine darunter verborgene Schicht gestauter Gefühle ..., existentielle Ängste, mörderische Wut und Haß als massive verdrängte Aggressivität, tiefen Schmerz und Traurigkeit über ein Lebensdefizit und – verborgen in der Tiefe – eine ungestillte Sehnsucht nach Nähe, Liebe und unverstellter Daseinsberechtigung."

In einer überaus arbeitsreichen Zeit seit Herbst 1989 haben mein Psychologenkollege und ich in einer provinziellen südsächsischen Ambulanz bedrohliche psychische und physische Eruptionen dieser durch die politische Wende in Bewegung geratenen verdrängten Psychodynamik erlebt und behandelt. Sie reichen von dramatischen psychosozial ausgelösten Psychosen mit eindrücklicher Erfahrung einer multifaktoriellen Universalgenese im Sinne des Psychosenkonzepts meines verehrten klinischen Lehrers Professor Rennert bis zu nicht weniger foudroyanten somatischen Krankheitsbildern.

Fall- und Behandlungsbeispiele

Ich möchte Ihnen nun zwei Behandlungsverläufe psychosomatisch erkrankter Patienten aus den beiden eigentlichen Betroffenengruppen schildern: Die KB-Therapie eines marxistischen, in der SED engagierten, nach der Wende schmerzlich desillusionierten Patienten und anhand von Zeichnungen den KB-Behandlungsverlauf einer infolge von Repressionen der Staatssicherheit psychosomatisch erkrankten Patientin.

Beispiel 1

Im ersten Fall handelt es sich um einen 37jährigen, an einer großstädtischen Poliklinik als Pädiater und als Parteisekretär der SED tätigen Kollegen. Er muß im politisch bewegten November 1989 wegen einer akut aufgetretenen Tachyarrhythmia absoluta bei Vorhofflimmern mehrere Wochen stationär behandelt werden. In dieser Zeit wendet er sich im Wissen um die Psychogenie seiner Beschwerden mit Bitte um psychotherapeutische Behandlung an mich. Der Kollege ist als Erstgeborener in einer altkommunistischen Lehrersfamilie aufgewachsen. In seinem Entwicklungsgang fallen kontinuierliche enge, z.T. symbiotische Beziehungen zu den Eltern und zu erlebten späteren Elternimagines auf, nicht zuletzt auch zu Parteigenossen und zur omnipotenten Institution der SED.

Eine erste schwere Krise mit psychosomatischen Beschwerden erlebt der Homo-patiens-Kollege (sive Patient) mit 26 Jahren durch Desillusionierung des von der bestimmenden und kittenden Mutter idealisierten Vaters, nachdem er von dessen freizügigem sexuellen Lebenswandel erfährt. Seit etwa 1987 bemerkt der Patient Herzbeklemmungen bei ihn belastenden politischen Versammlungen, die schließlich zu einer massiven Raumangst führen. Zur psychosomatischen Erkrankungsdekompensation mit Herz- und Todesangst kommt es schließlich, als der Kollege den moralischen Zusammenbruch seiner Partei erlebt, mit der er sich jahrzehntelang identifiziert hat.

In den beschwerdeauslösenden Ereignissen erkannten wir Ablösungs- und Trennungskonflikte mit somatisierter, zunächst nicht erlebbarer Verlustangst bei depressiver Objektabhängigkeit, wie sie für herzneurotische Patienten oft typisch sind.

Nach den vertrauensbildenden Vorgesprächen bewegt sich der Patient bei KB-Beginn über mehrere Sitzungen regressiv schwelgerisch in Landschaftserinnerungsbildern, allerdings wiederholt gestört von inhaltsinadäquaten Angstaffekten.
In der 4. Sitzung imaginiert er dann eine ihm unbekannte schneebedeckte, von Wildschweinen zerwühlte Wiese in Dunst und Schmutz. Herumliegende Baumaterialien erzeugen beängstigenden Arbeitsdruck. Auf Empfehlung vorläufiger örtlicher Distanzierung begibt sich der Patient zu einem nahegelegenen Haus in den Kreis seiner Familie. Bei weiterbestehender Unruhe geht er schließlich in sein Arbeitszimmer, legt eine Schallplatte auf und fühlt sich endlich ruhig und geborgen, als er das von einem Chansonnier gesungene, ihm eingängige Lied „Keiner liebt dich so wie ich" hört. Damit scheint die für Psychosomatiker so wichtige anaklitische Übertragungssituation gebahnt zu sein, was sich bereits in der darauffolgenden Beschwerdebesserung und im jetzt möglichen Durcharbeiten der Grundstufenmotive mit u. a. überraschend komplikationslosem Ersteigen eines relativ hohen Berges bestätigt. Dann erscheint am Waldrand – in sicherer Entfernung vom Patienten – ein Rudel räudiger, grunzender Wildschweine. Der Patient verspürt den Wunsch, die wuchtigen Tiere einmal richtig rennen zu sehen, ist aber nicht zu einem aufschreckenden Büchsenknallen zu bewegen und bietet statt dessen vegetative sympathikotone Begleitsymptome.
Nach Wahrnehmung dieser offensichtlichen SED-Bonzen-Wildschweine berichtet der Patient beim nächsten Treffen neuerliche Beschwerden, und er imaginiert eine eisige Winterlandschaft ohne Menschen. Trotz Auftankens in freundlicheren Landschaften bei supportivem Therapeutenverhalten meidet der Patient im weiteren KB-Verlauf eine angebotene Höhle, beobachtet dann aber in einer sumpfigen Wiese erneut ein räudiges Tier, das er diesmal mit Steinwürfen davonjagt.
In der darauffolgenden Sitzung visualisiert er wieder die sumpfige Wiese, jetzt mit einem quaddernden Moorloch. Zu meiner Überraschung begibt er sich in das Moorloch hinein. Stufen deuten dann den innerlich zugelassenen Weg an, der nun auf diese Weise in eine unterirdische Höhle führt. Dort wird der Patient von einer alten Frau empfangen, der er zunächst mißtraut. Später merkt er, daß sie keine Hexe, sondern ein gutes altes Mütterchen ist. Sie reicht ihm in fast ritueller Weise einen Laib Brot und einen Becher kühlen Wassers zur Stärkung und Erfrischung. Beim versuchten Erkunden der Höhle erscheint dann eine hindernde Felswand mit einem riesengroßen, menetekelhaften SED-Emblem. Wohin der Patient auch gehen will, immer breitet sich die Felswand vor ihm aus. Er muß vor ihr in Zorn und Bitterkeit verweilen und durchlebt und durchleidet Szenen aus seiner politischen Vergangenheit, die in bewegten Gesprächen nachgearbeitet werden.
In weiteren Sitzungen führt ihn dann die alte Frau durch ihr unterirdisches Reich und zeigt ihm traditionsreiche Gegenstände, die ich den Patienten in die Hand nehmen lasse: u. a. einen sakralen Leuchter, einen wertvollen Pokal und einen goldenen Ring mit einem funkelnden, Weisheit spendenden Stein. Schließlich braut das alte Mütterchen dem Patienten einen heilsamen, stärkenden Trunk. Der Patient verabschiedet sich. Er überwältigt und beschwört dann auf seinem weiteren Weg auftauchende Ungeheuer. Schließlich gelangt er auch vorbei an einem „Wachsfigurenkabinett" von ehemaligen Parteigrößen und spürt völlige Distanz zu ihnen.
Außerhalb der Höhle imaginiert er seinen Ostereier suchenden Sohn. Die Symbole des Kindes und des Eis zum Auferstehungsfest deute ich prospektiv positiv.

Es ist natürlich evident, daß die Parteiauseinandersetzung letztlich über die Mutterimago nach vollzogener Selbstbesinnung, Trauerarbeit, Stärkung und schließlich Ablösung erfolgte. Der ehemals sozial geachtete Kollege will nun eine eigene Niederlassung gründen. Unter zulässiger Relativierung der psychoanalytischen Abstinenzregel haben wir uns seit Wochen u. a. auch über dieses beiderseitig interessierende Thema effektiv ausgetauscht.

Beispiel 2

Die zweite kasuistische Darstellung schildert die KB-Therapie einer als Opfer der SED-Repressionen psychosomatisch erkrankten Patientin und ihre durch vertiefte Innenschau in symboldeterminierter Bearbeitung, Probehandeln und Amplifikation möglich gewordene Individuation.

Frau K., eine 43jährige Patientin, gelangte wegen Bewußtlosigkeitszuständen mit Sturzverletzungen, Kopfschmerz und passageren Sehstörungen zu mir. Ausgiebige somatische, internistische und neurologische Untersuchungen ergaben keine pathognomonischen Befunde. Psychoanamnestisch war von Interesse, daß die Patientin infolge benachteiligender aggressiv-sadistischer Behandlung durch den Vater ein ausgeprägtes Gefühl für Wahrheit und Gleichberechtigung entwickelt hat. Vor dem Abitur wurde sie wegen unerwünschter politischer Äußerungen aus dem sozialistischen Jugendverband, der FDJ, ausgeschlossen. Ein Studium bleibt ihr versagt. Immer wieder benennt sie in mutiger Meinungsäußerung gesellschaftliche Mißstände, die staatlicherseits nicht entkräftet und vertuscht werden können. Da verübt die Staatssicherheit in raffinierter Weise Rufmord an ihr, indem sie die

Abb. 1: Das Hausmotiv als Spiegel der familiären Problematik der psychosomatisch erkrankten Patientin.

Abb. 2: Die archaische Gestalt eines Riesen. Die Konfrontation mit dem „Stasi-Riesen" führt zu einer erneuten Zunahme der psychosomatischen Beschwerden.

Patientin in der Ortszeitung als Sympathisantin einer terroristischen Brandstiftergruppe darstellen läßt. Infolge resultierender sozialer Ächtung verliert sie ihre gut bezahlte Tätigkeit als Finanzkauffrau, die Mitgliedschaft in der Liberaldemokratischen Partei, ihren Vertrauensposten bei der Gewerkschaft und ihren Telefonanschluß. Zum Vorstellungszeitpunkt lebt die inzwischen geschiedene, als Sachbearbeiterin tätige Patientin mit zwei erwachsenen Söhnen zusammen, und sie äußert, daß ihr Leben ziellos, eintönig und sinnlos verlaufe.

Diagnostisch liegt ein somatisiertes, offenbar realitätsflüchtendes psychovegetatives Syndrom bei depressiv-hysterischer strukturierter Persönlichkeit mit einem gehemmten, aber spürbar vitalem Antriebspotential vor.

Im Blumentest imaginiert Frau K. eine geschlossene Teerose mit Tautropfen als Tränen oder Morgengabe der Natur.

Die ersten KB-Sitzungen vollziehen sich erwartungsgemäß in konfliktfreien sonnigen Sommerlandschaften mit starken sinnlich-sensorischen Wahrnehmungen. Die Quelle eines Baches entspringt häufig bei psychosomatischen Patienten aus Felsgestein, und das Wasser

Abb. 3: Der Archetyp des alten Weisen – die Patientin erfährt tiefe narzißtische Befriedigung und Ich-Stärkung.

versiegt am Fuße der Felsen in Büschen. Erst in der nächsten Sitzung kann der Bachverlauf weiter nach links verfolgt werden. Das Wasser ist trübe, der Grund schlammig. Die sichere Rückführung von einem Hochgebirgsgipfel ohne realisierbare Abstiegsmöglichkeit durch einen angebotenen Hubschrauber wertete ich – ganz abgesehen vom Symbolgehalt der Bergsituation – als positiven Übertragungsausdruck.

Das Hausmotiv spiegelt die familiäre Problematik der Patientin – zunächst in einer Paradoxie psychosomatischer Patienten – wider: Hinter einer Sommerwiese steht in einer nächtlichen Schneelandschaft eine Blockhütte, die drei Geschwister offenbar als Tiere links daneben, als Reh die vom Vater tolerierte ältere Schwester (Abb. 1). Die Patientin betritt die Hütte nur zögernd unter dem Hinweis: „Das ist ja nicht mein Haus.“ Der einzige Raum ist wohnlich und einladend. Schmerzlich erlebt die Patientin jedoch, daß eine Familie ins Haus kommt, sich an den Tisch setzt, sie aber weder wahrgenommen wird noch selbst Kontakt aufnehmen kann.

Bei der Beobachtung des Waldrandes kommt ein Hirsch, der die Patientin freundschaftlich anstupst. Sie möchte auf ihm wegreiten, was ich verhindere. Nach einiger Zeit erscheint ein hämisch grinsender Riese (Abb. 2). Er kann eine Bannzone nicht überschreiten,

Abb. 4: Die Patientin wirft die „Stasi-Teufel" in den Krater.

wirft seine Keule nach der Patientin, trifft sie aber nicht. Die Patientin wird dann von einer Hexe in einen Stein verwandelt, der in die Tiefe der wärmenden Erdglut sinkt. Ätherisch steigt die Seele der Patientin nach oben, und sie findet sich körperlich intakt auf der freien Wiese wieder. Das Erscheinen des Stasi-Riesen führt zu nachfolgender neuerlicher Provokation von Beschwerden.
Die Wiederbelebung in der Erdtiefe ist Vorereignis der nächsten Imagination, wo die psychologisch unbelesene Patientin den Archetyp des alten Weisen aufsucht (Abb. 3). Zögernd nähert sie sich ihm in der Furcht, daß sie – entsprechend ihrer negativen Vaterimago – Erwartungen ihm gegenüber haben könne, die nicht erfüllbar sind. Sie begegnet dann dem gütigen, liebevollen Blick des Alten und findet sich unter seiner segnenden Hand wieder. Die Patientin verweilt bewegt. Nach diesem Besuch wird die Patientin mit vielen Leuten in einem Bus vor einer Barrikade beschossen. Sie birgt und pflegt Verletzte und fühlt sich danach ausgesprochen zufrieden, tapfer und anerkannt.

Vor der nächsten Sitzung berichtet Frau K., daß sie erstmals zur Protestdemonstration mitgegangen sei und sich einer progressiven politischen Gruppierung angeschlossen habe. – Beschwerden bestehen nicht mehr.

Die Patientin vernichtet jetzt Drachen und Schlangen aus einer guten Position heraus. – Sie ist zur Geschäftsführerin einer neugegründeten Partei ihres Heimatortes avanciert, arbeitet als Delegierte dieser Partei am Runden Tisch mit und prangert in einer Rede vor mehreren tausend Menschen mutig die Repressalien der Staatssicherheit und ökologische Mißstände an. Bei einer weiteren freien Imagination wirft die Patientin Stasi-Teufel in einen Krater (Abb. 4). Als der Oberteufel in die Tiefe stürzt, birst der Berg auseinander und gibt den Blick auf eine friedvolle Landschaft frei. Die Patientin begibt sich in ein nahegelegenes Dorf und trinkt aus dessen Brunnen.

Frau K. hat inzwischen über einen Untersuchungsausschuß ihre öffentliche Rehabilitierung erreicht und ist gewählte Stadtverordnete und Kulturdezernentin.

Die in einem zweiten Blumentest nun plötzlich farbige Darstellung einer Mohnblume mit Knospe läßt an das farbenfrohe Blühen dieser Blume nur in Erdverbundenheit und an ihre fruchtbare Kapsel denken. Die letzte Imagination der Patientin symbolisiert die augenblickliche Bearbeitung der Partnerproblematik – der aufgehenden Sonne entgegen, jenseits der hinter der Patientin liegenden durchlebten und durchlittenen grauen Nachtphase mit Natterngezücht und Fledermäusen.

Zusammenfassung

Wir haben in einer therapeutisch vielseitig fordernden provinziellen Ambulanz das uns geläufige KB als eine überaus effektive primärprozeßhaft aufarbeitende Therapiemethode für die sehr zahlreichen psychosomatisch „wendeerkrankten“ Patienten erlebt und genutzt. Die beiden Kasuistiken sollen die für viele gedemütigte und soziogen deformierte DDR-Bürger notwendige therapeutische Trauerarbeit und mündige Verselbständigung zu neuer Wertverwirklichung sozialkritisch demonstrieren.
Dabei könnten unseres Erachtens grundsätzlich KB-integrierte Positionen von Frankl (1987, 1989) und C. G. Jung (1966, 1969) hilfreich sein. Denn wir sind der Überzeugung, daß die gegenwärtige pathogene Sinnentleerung in der ostdeutschen Gesellschaft durch den eklatanten Bruch des alten DDR-Regimes mit den geistigen Werten der europäischen, christlich geprägten Kultur wesentlich mitverursacht ist. An der Schwelle unserer gesellschaftlichen Umgestaltung erhoffen wir Rückbesinnung auf diese traditionellen Werte und – daß sich ein gegenwärtiges „existentielles Vakuum“ (Frankl) nicht in einem neuen „Ersatzleben, das nach Konsum, Besitz und Macht strebt“ (Maaz, 1990), fortsetzt.

Behandlung von Patienten mit essentieller Hypertonie

Jörg M. Herrmann und Marianne Holzamer-Herrmann

Einleitung

Die große Bedeutung des Risikofaktors Hypertonie wird deutlich durch die sog. 50%-Regel: Es kann heute davon ausgegangen werden, daß ca. 10% der Gesamtbevölkerung an einer wesentlichen Hypertonie leiden. Nach Ermittlungen der American Heart Association leiden etwa 20% aller 20- bis 80jährigen Menschen an einem Hochdruck. Davon sind etwa 80% Grenzwerthypertoniker (Herrmann et al., 1990). Die WHO hat 1962 und erneut 1984 nach den bis dahin vorliegenden epidemiologischen Untersuchungen eine Einteilung nach diagnostischen und therapeutischen Gesichtspunkten vorgenommen. Danach werden Blutdruckwerte über 160 und/oder 95 mm Hg als hyperton und über 140 und/oder 90 mm Hg als grenzwertig bezeichnet, oberhalb dieser Werte liegen eindeutige Risiken für Herz-Kreislauf-Erkrankungen vor. Während im Jahr 1905 die Mortalität infolge von Erkrankungen des Herz-Kreislauf-Systems noch bei 10% lag, stieg sie bis 1985 auf 50% an, dabei ist die jährliche Todesrate von der Höhe des diastolischen Blutdrucks abhängig.

Andererseits ist, nach den bisher vorliegenden Studien, bei nur mäßig erhöhten Blutdruckwerten das Risiko für einen Herzinfarkt oder einen zerebrovaskulären Insult kleiner als die Nebenwirkungen der antihypertensiven Therapie. Ähnliches gilt für die Kosten/Nutzen-Analyse der WHO. Nach Weinman et al. (1982) liegt der Kostenaufwand für die Behandlung von Grenzwerthypertonikern in der Bundesrepublik Deutschland bei etwa 2,25 Milliarden DM pro Jahr. Danach erscheint eine medikamentöse Therapie erst dann gerechtfertigt, wenn das koronare oder zerebrovaskuläre Risiko größer ist als die Nebenwirkungen einer medikamentösen Therapie. Dies ist dann erreicht, wenn die diastolischen Blutdruckwerte über 100 mm Hg liegen.

Gegen eine sofortige Behandlung, nicht gegen eine mittel- oder langfristige Überwachung der Patienten mit „milder Hypertonie“ spricht auch der Spontanverlauf der Blutdruckwerte: Nach dem Australian Therapeutic Trial (n = 1048) zeigte sich nach drei Jahren nur bei 12% der Patienten eine stabile Hypertonie, bei 32% waren die Blutdruckwerte unverändert, und 48% der Patienten waren nach drei Jahren normoton.

Nichtmedikamentöse Therapie

Unter diesem Gesichtspunkt der Abwägung von Nutzen und Risiko einer medikamentösen Therapie, die entsprechend der obengenannten Definition bei allen stabilen Hypertonikern unstrittig ist, spielt für die Mehrzahl der Patienten die nichtmedikamentöse antihypertensive Therapie eine große Rolle. Psychosomatische Therapie bei Hochdruckpatienten umfaßt nicht nur psychotherapeutische Methoden im engeren Sinn (Biofeedback oder Entspannungsmethoden), sondern auch allgemeine Maßnahmen wie Kochsalz- und Gewichtsreduktion, Alkoholeinschränkung, Nikotinentwöhnung und körperliches Training.

Psychotherapieverfahren

Bei Entstehung und insbesondere bei der Aufrechterhaltung der erhöhten Blutdruckwerte bei der essentiellen Hypertonie sind psychische und soziale Faktoren beteiligt, wobei nach Folkow (1982) und Richter-Heinrich (1972) Blutdruckanstiege, die durch psychosoziale Stimuli hervorgerufen werden, nicht nur von der Intensität des Stimulus abhängen, sondern auch von der individuellen psychophysiologischen Reaktivität auf diese Stimuli. Folkow belegte, daß wiederholte Exposition auf emotionalen Streß zu einer stabilen Hypertonie führt, und zwar über die Entwicklung einer Hypertrophie der Arterienwände, die wiederum selbst bei jeglichem vasokonstriktorischen Reiz die Blutdruckwerte steigert. Damit haben die Untersuchungen von Th. v. Uexküll (1990) zur „Situations-Hypertonie" eine Bestätigung gefunden.

Bedeutung und Stellenwert psychotherapeutischer Maßnahmen bei Patienten mit essentieller Hypertonie gehören inzwischen zum medizinischen Allgemeingut, müssen aber nach Linden (1983) daran gemessen werden, ob psychotherapeutische Methoden den Blutdruck in klinisch relevanten Größenordnungen senken können, ob es Methoden gibt, die dies in annehmbarer Zeit und zu vertretbaren Kosten ermöglichen, und schließlich, ob die Blutdrucksenkung auch nach Therapieende noch wirksam ist.

Die psychophysiologischen Auswirkungen der verschiedenen psychotherapeutischen Verfahren beziehen sich in erster Linie auf den Hypothalamus, über den es zu einer Abnahme des Sympathikotonus und einer Verstärkung der Parasympathikusaktivität kommt. Nach Vaitl (1982) führen Biofeedback oder Relaxationstechniken auf der physiologischen Ebene zu einer Tonussenkung der Skelettmuskulatur, zu einer Verminderung des totalen peripheren Widerstandes mit der Folge der Gefäßdilatation, zu einer Abnahme der Herzfrequenz und des weiteren zu einer Hypoventilation und damit zu einer Reduktion des O_2-Verbrauchs und der CO_2-Abgabe sowie zu einer Zunahme der Alpha-Wellen im EEG und einer Zunahme des Hautwiderstandes.

Psychologisch ist Entspannung charakterisiert durch:

- verminderte Vigilanz,
- einen veränderten Bewußtseinszustand und
- affektive Ruhe.

Mit den Entspannungs- oder Biofeedback-Verfahren sind systolische Blutdrucksenkungen um 10–15 mm Hg und diastolische Blutdrucksenkungen um 5–10 mm Hg möglich. Die gemeinsamen Elemente der Entspannungsverfahren beinhalten eine ruhige Umgebung, geschlossene Augen, eine entspannte Körperhaltung, die Nichtbeachtung störender Gedanken sowie ein „mentales Vehikel".

Tiefenpsychologisch orientierte Methoden

Die psychoanalytische Therapie von Hochdruckpatienten basiert auf der systematischen Beschreibung der Persönlichkeit von Patienten mit essentieller Hypertonie von Alexander (1977). Das gemeinsame Charakteristikum der Hochdruckpatienten soll in der Verdrängung feindseliger Antriebe liegen.

Die nicht zum Ausdruck gebrachten Feindseligkeitsgefühle werden zu einer Quelle von Dauererregungen für das Gefäßsystem. Psychoanalytische Untersuchungen sind rar und bestehen zumeist nur aus Kasuistiken. Bei 98 Patienten mit essentieller Hypertonie fanden Reiser et al. (1950) zwar in 60–80% der Fälle eine Besserung der Symptome, dagegen wurde der Blutdruck nur in 30–60% beeinflußt, die anatomischen Befunde besserten sich dagegen nur

in 20–45%. Nach Bräutigam und Christian (1975) sind Heilungen bei Patienten mit Borderline-Hypertonie durch eine Psychotherapie durchaus möglich. Die Daten dieser Untersuchungen müssen aber nach den Ergebnissen der australischen Blutdruck-Studie bei einer spontanen Remissionsrate von 50% eher skeptisch beurteilt werden.
Das von Leuner (1954, 1987) entwickelte tiefenpsychologisch orientierte Verfahren des Katathymen Bilderlebens beruht darauf, daß es möglich ist, sich in einem hypnoiden, Ich-regressiven Zustand Bilder (Tagträume) vorzustellen.
Beim Katathymen Bilderleben gibt es 12 Standardmotive (Motivvorstellungen), sie dienen als Kristallisationskern, auf den der eigene innere Zustand projiziert werden kann, d.h., die imaginierten Bilder spiegeln gleichzeitig den individuellen – unbewußten – Konfliktbereich des Patienten wider. Das Standardmotiv zur Prüfung aggressiver Impulse ist das Motiv „Löwe". Nach Leuner (1987) ist „aggressives Verhalten Ausdruck einer Reaktion auf Kränkung und auf vermeintliche Zurücksetzung, besonders bei Menschen mit gestörtem Selbstbewußtsein". Der Löwe stellt „Freiheitlichkeit und Fähigkeit zu expansivem bis hin zu aggressivem Verhalten" dar. Er kann in einem Käfig oder sich frei im Urwald bewegend imaginiert werden (Leuner, 1989).

Fallbeispiele

Beispiel 1
Herr X., ein 55jähriger Musiklehrer mit Grenzwerthypertonie, imaginiert – nach einer minutenlangen Pause – einen männlichen, kraftvoll-majestetischen Löwen mit großer Mähne, der mit weit aufgerissenem Maul – im Freigehege eines Zoos – versucht, den anderen Löwen zu imponieren. Diese nehmen keine Notiz von ihm, sondern liegen faul und dösig in der Sonne. Diese Zoosituation, die Behausung der Löwen, erlebt er als einengend und deprimierend. Plötzlich wechselt das Bild, und er begegnet in freier Wildbahn einem Löwen, der nur wenige Meter von ihm entfernt ist und es aufgegeben hat, Gazellen zu verfolgen. Er wundert sich über sich selbst, insbesondere, daß er dem Löwen so erstaunlich nah sein kann.
Im ersten Teil der Sitzung zeigt sich, daß die aggressive Durchsetzungsfähigkeit vermindert ist, ihn sogar deprimiert. In der Auseinandersetzung mit seinem Vorgesetzten erlebt er immer wieder Kränkungen und muß sich Kritik an seinen „liberalen" Unterrichtsmethoden gefallen lassen.
Entsprechend einer kasuistischen Anregung von Leuner (1987) wurde der Patient im 2. Teil der Imagination angeregt, sich seinen Vorgesetzten ebenfalls in der „freien Wildbahn" vorzustellen. Als der Vorgesetzte in der Nähe des Löwen auftauchte, wurde das vorher majestätische Tier zu einer schnurrenden Hauskatze, allerdings mit Löwenkopf und Löwenschwanz („Löwen-Katze"), die der Patient auf dem Arm hielt und streichelte.

In der sich daran anschließenden Kurztherapie konnte die mangelnde Durchsetzungsfähigkeit – hier am Beispiel der Auseinandersetzungsfähigkeit mit dem Vorgesetzten – fokussiert bearbeitet werden. Die weitere Katamnese wird zeigen, ob die Blutdrucknormalisierung (Ausgangswerte um 155/90 mmHg, 24-Stunden-Blutdruckmessung, 10stündiges Tagesprofil: 138/91 mmHg; durchschnittliche RR-Werte nach 6wöchiger stationärer Behandlung um 125/85 mmHg) nur durch die entspannende Situation während des stationären Aufenthaltes bedingt war oder weiter anhält. Auch bei Herrn X. findet sich der von Alexander (1977) bei Hochdruckpatienten beschriebene „unspezifische Konflikt" zwischen aggressiven Tendenzen und innerer Abhängigkeit von Objekten, denen diese Aggressionen gelten.

Beispiel 2
Ein 60jähriger Arzt mit ängstlich-zwanghafter Struktur und essentieller Hypertonie, die bereits zu Organkomplikationen in Form von Augenhintergrundveränderungen und Linksherzhypertrophie geführt hat, erlebt bereits in der Anfangsphase der Behandlung mit dem Katathymen Bilderleben die Auseinandersetzung mit seinen eigenen aggressiven Anteilen:
Beim Motiv „Bach" wird er plötzlich, als er in einem Ruderboot flußabwärts fährt, von Schwänen angegriffen und möchte diese sofort mit einem Ruder abwehren und erschlagen. Da er damit eigene Ich-Anteile zerstören würde, muß dies bei der therapeutischen Intervention berücksichtigt werden. Der Patient wird aufgefordert, einen Schwan, der drohend hinter ihm auf's Boot fliegt, detailliert zu beschreiben und zu schauen, ob er nicht etwas zu essen bei sich hat. Er

findet Weißbrotstücke, die er dem Schwan zuwirft, so daß sich dieser wieder entfernt. Als therapeutische Technik wurde, da die Auseinandersetzung noch mit dem Standardmotiv „Bach" der Grundstufe erfolgte, die Entfaltung kreativer Imaginationen (Leuner, 1987) benutzt. Als „Regieprinzip", d.h. Operation am Symbol, stand „Versöhnen und Nähren" während dieser Sitzung im Vordergrund. Die – für Hypertoniker charakteristischen – gehemmten aggressiven Impulse konnten anhand des Traumes anschließend mit dem Patienten bearbeitet werden, ohne daß Schuldgefühle auftraten, die entstanden wären, wenn der Patient die Schwäne erschlagen hätte. Im weiteren Therapieverlauf konnten aggressive Inhalte (vor allem ärgerliche Gefühle gegen die überfürsorgliche Ehefrau und die ihn „im Stich lassenden" erwachsenen Söhne) geäußert und bearbeitet werden.

Gleichzeitig sanken bei diesem Patienten nach insgesamt 15 Sitzungen, in denen die Standardmotive der Grund- und Mittelstufe angewandt wurden, die Blutdruckwerte von durchschnittlich 180/100 mm Hg auf durchschnittlich 150/90 mm Hg. Eine medikamentöse antihypertensive Therapie war bei einer Nachbeobachtungszeit von 12 Monaten nicht mehr notwendig.

In enger Verbindung zur Beschreibung der Hochdruckpersönlichkeit durch Alexander stehen die Untersuchungen zum sog. Typ-A-Verhalten, das von der American Heart Association (1981) als Risikofaktor für die koronare Herzkrankheit anerkannt wurde. Dieses Typ-A-Verhalten ist folgendermaßen charakterisiert:

- ein anhaltendes Bemühen, Anerkennung und Belohnung von der Umwelt zu erhalten,
- ein ständiges Wettbewerbsverhalten, um in immer weniger Zeit mehr zu tun und zu erreichen (Zeitdruck),
- Aggressivität, die bis zu meist nicht offen in Erscheinung tretender Feindseligkeit führen kann.

Darüber hinaus bestehen Korrelationen zwischen diesen Verhaltensmustern und bestimmten physiologischen und neurohumoralen Reaktionen: Neben ausgeprägtem Ehrgeiz, Ungeduld, Aggressivität und rivalisierender Haltung finden sich z.B. im physiologischen Bereich eine erhöhte motorische Aktivität (kräftiger Händedruck), ein lautes, schnelles und nachdrückliches Sprechen, typische Gestik und typischer Gesichtsausdruck sowie ein charakteristisches Atemverhalten (Friedman et al., 1974). Für den Hypertoniker scheinen vor allem zwei Aspekte des Typ-A-Verhaltens von Bedeutung zu sein, die möglicherweise auch die Blutdruckreagibilität beeinflussen: Wettbewerbsverhalten und Aggressivität (Dembroski et al., 1978). Das Typ-A-Verhalten scheint nicht in besonderer Weise mit der Hypertonie in Verbindung zu stehen, allerdings scheint es bei einzelnen Subgruppen, z.B. erwachsenen Hypertonikern, eine Rolle zu spielen.

Wettbewerbsverhalten und Aggressivität sind dementsprechend die charakteristischen Verhaltensmuster des Typ-A-Verhaltens, mit denen sich der Hochdruckpatient selbst unter Druck setzt, das heißt unter Streß. Streßbewältigungstherapien verwenden neben dem Entspannungstraining vor allem kognitive Verhaltensstrategien. Allerdings sind bisher nur in geringem Umfang systemische Studien dieser kognitiven Streßbewältigungsstrategien publiziert worden: Jorgensen et al. (1981) haben bei insgesamt 18 Patienten diese Behandlungsform angewandt. Im Vergleich zu einer Kontrollgruppe konnten in der behandelten Gruppe die Blutdruckwerte systolisch um 29 mm Hg und diastolisch um 18 mm Hg reduziert werden. Diese Ergebnisse waren in der Kontrollgruppe nicht nachweisbar und sind durchaus vergleichbar mit einer medikamentösen antihypertensiven Therapie.

Entspannungsverfahren

Inzwischen gibt es eine umfangreiche Literatur zur Wirkung von Biofeedback oder Entspannung bei Patienten mit essentieller Hypertonie. Die Katamnesen dieser Untersuchungen, insbesondere die von Patel und Marmot (1987), reichen inzwischen über vier Jahre und zeigen eine deutliche Senkung der Blutdruckwerte. Allerdings scheinen die Relaxationsmethoden nur dann sinnvoll zu sein, wenn sie regelmäßig geübt und durchgeführt werden. Die Compliance ist ähnlich wie bei der medikamentösen Therapie: 1 Tablette am Tag wird von 86% der Patienten regelmäßig eingenommen, 2 Tabletten werden von 60%, 3 Tabletten pro Tag von 54% und 4 Tabletten nur noch von 26% der Patienten regelmäßig eingenommen. Hoelscher et al. (1986) untersuchten die Patienten-Compliance bei Entspannungstherapie: Die Hochdruckpatienten erhielten Kassettenrecorder mit Entspannungsbändern und wurden instruiert, jeden Tag über einen Zeitraum von 10 Wochen damit die Entspannung zu praktizieren. Die Patienten wußten nicht, daß in den Kassettenrecordern ein elektronischer Monitor eingebaut war, der die tägliche Anwendung überprüfte. Es zeigte sich, daß zwar 91% der Patienten berichteten, daß sie täglich mit der Tonbandkassette Entspannung geübt hätten, aber nur 32% der Patienten hatten sich tatsächlich einmal pro Tag entspannt.

Eigene Untersuchungen

In einer eigenen Untersuchung konnten mit dem respiratorischen Feedback die Blutdruckwerte bei inzwischen 20 untersuchten Patienten mit essentieller Hypertonie (Stadium I–II nach WHO) sowohl akut als auch chronisch gesenkt werden, und zwar von 164/96 mmHg vor Therapie auf 147/87 mmHg nach Therapie. Dabei ist besonders interessant, daß ein Zusammenhang besteht zwischen einigen Skalen des Freiburger Persönlichkeitsinventars und dem Therapieerfolg: je niedriger die Werte der Skalen, die „Neurotizismus" messen (Skala 1 = Nervosität, Skala 3 = Depression, Skala 8 = Gehemmtheit und Skala 12 = Maskulinität), um so besser ist der Therapieerfolg bei den Hochdruckpatienten.

Für den Einsatz von Psychotherapieverfahren, insbesondere Entspannungstechniken, ist aber nicht nur die Patienten-Compliance, sondern auch die Arzt-Compliance von besonderer Bedeutung: Nach Weinman et al. (1982) sind 62% der Ärzte über Biofeedback-Verfahren oder Entspannungsverfahren nicht informiert und können es dementsprechend auch nicht anwenden; lediglich 21% der Ärzte waren in der Lage, Patienten mit Krankheiten, bei denen Entspannungsverfahren therapeutisch indiziert sind (z.B. Migräne, Spannungskopfschmerzen, Asthma, Angstzustände oder Hypertonie), diese Verfahren zu empfehlen.

Bei Patienten mit Grenzwerthypertonie können verhaltenstherapeutische oder entspannende Psychotherapiemethoden allein die Blutdruckwerte in den normotonen Bereichen senken. Bei einer stabilen Hypertonie ist die gleichzeitige medikamentöse antihypertensive Therapie unerläßlich, allerdings kann – nach den bisherigen Untersuchungsergebnissen – die medikamentöse Therapie reduziert werden.

Schlußbemerkungen

Entspannungstherapie ist keine Alternative zur medikamentösen Therapie, aber wegen der antihypertensiven Wirkung eine sinnvolle Ergänzung, für die bisher weder Kontraindikationen (es sei denn Hochdruckpatienten mit Psychosen) noch Nebenwirkungen bekannt geworden sind. Darüber hinaus sind Entspannungsverfahren (wie autogenes Training oder progressive Muskelrelaxation) im Unterschied zu Biofeedback-Techniken leicht zu erlernen und in der Lage, Streß abzubauen bzw. ermöglichen sie es den Patienten, anders auf streßhafte Situationen zu reagieren (Hermann, 1986).

Psychophysiologische Fallstudie einer Antihypertonie-Therapie

Elisabeth Richter-Heinrich, Ralf Plehm und Volker Homuth

Einleitung

Entsprechend dem heutigen Krankheitsverständnis ist auch die arterielle essentielle Hypertonie als biopsychosoziale Störung anzusehen (v. Uexküll und Wesiack, 1990), d. h., im multifaktoriellen Bedingungsgefüge spielen sowohl somatische als auch psychische und psychosoziale Faktoren eine wesentliche Rolle, deren Vernetzung v. Uexküll in seinen Modellen des Situations- und Funktionskreises aufzeigt.
In zahlreichen klinischen und tierexperimentellen Studien konnte der Nachweis erbracht werden, daß Hypertoniker besonders in den Frühstadien der Erkrankung eine erhöhte Reaktivität auf stressende Reize zeigen (Richter-Heinrich et al., 1976; Herrmann et al., 1990). Es wird angenommen, daß sie ein Risikofaktor sowohl für die Auslösung als auch für die Aufrechterhaltung und die Weiterentwicklung der Krankheit ist.
Melamed (1987) versuchte, Mediatoren für diese erhöhte physiologische Reaktivität zu finden, und formulierte das psychologische Konstrukt der emotionalen Reaktivität als mögliche intervenierende Variable. Nach seinen Untersuchungen ist eine Person mit erhöhter emotionaler Reaktivität charakterisiert durch:

- zwanghaft sich ständig wiederholende Vorstellungen und Gedanken nach emotional erregenden Ereignissen, in Verbindung mit einer exzessiv starken Erregung,
- die Unfähigkeit, emotionale Erregung zu kontrollieren trotz bewußter Kontrollversuche,
- emotionale Erregung bei der Antizipation (gedanklich und in der Vorstellung) zukünftiger Ereignisse.

Mit einem von ihm entwickelten Fragebogen zur Erfassung der so charakterisierten emotionalen Reaktivität untersuchte er 837 Personen, geteilt in Hyper- und Normotoniker. Bei Personen mit hohem systolischem Blutdruck fand er signifikant höhere Scores emotionaler Reaktivität als bei den Normotonikern. Ferner zeigten normotone Personen mit einer Hypertoniker-Familienanamnese höhere Scores als ohne. In die gleiche Richtung weisen eigene Ergebnisse. Bei der Erfassung von Streß-Coping-Stilen von Hypertonikern mit dem Streßverarbeitungsfragebogen von Janke et al. (1984) fanden wir mittels einer Clusteranalyse, daß für 21,4% der von uns untersuchten Patienten eine gedankliche Weiterbeschäftigung mit dem Stressor in Form von Grübeleien typisch ist. Im Zusammenhang damit dominierten in diesem Cluster Streßverarbeitungsstile wie Selbstbeschuldigung, Aggression, Resignation und soziale Abkapselung. Es ist denkbar, daß auf diese Weise durch gehäufte mit Angst, Spannung, Ärger bzw. Depression besetzte Vorstellungen zentralnervöse bzw. sympathiko-adrenerge Aktivierungen ausgelöst werden, die pathogenetisch wirksam werden können. Vice versa konnten wir nachweisen, daß relaxierende Vorstellungen während eines Entspannungstrainings hämodynamisch über eine Senkung der Herzfrequenz sowie des Schlagvolumens und damit des Herzminutenvolumens zu einer Senkung der sympathiko-adrenergen Aktivität führen (Richter-Heinrich et al., 1989).

Ein eindrucksvolles Beispiel, wie durch Vorstellungen unbewußte motorische Reaktionen beeinflußt werden können, bietet das ideomotorische Training. Bei Sportlern werden z. B. durch die Vorstellung von aufeinanderfolgenden feinsten Muskelbewegungen in einer Startsituation optimale Bewegungsabläufe trainiert, die zu einer Verkürzung der Startzeit führen. Auch in der amerikanischen psychophysiologischen Imagery-Forschung konnte gezeigt werden, daß die Induktion bestimmter Vorstellungen physiologische Reaktionsmuster auslöst, die in ihrer Stärke und Qualität, durch ihre Valenz und durch die affektive Beteiligung der Probanden modifiziert werden (Lang, 1977).

Die Anwendung des KB in einem Fallbeispiel

Wenn bereits durch künstlich in Experimenten erzeugte emotionale Vorstellungen signifikante physiologische Reaktionen ausgelöst werden können, ist erst recht anzunehmen, daß die in einem KB-Setting auftretenden spontanen – oft unbewußtes oder vorbewußtes eigenes Erleben betreffenden – Vorstellungen zu einer psychophysiologischen Gesamtreaktion führen, durch die möglicherweise auch somatische Krankheitszustände nachhaltig beeinflußt werden können.

Im folgenden soll dies an einer Falldarstellung demonstriert werden. Über den bisherigen Verlauf der Therapie wird global berichtet. Es werden psychophysiologische Aufzeichnungen während einer KB-Sitzung demonstriert, die zeigen, wie sich das emotionale Erleben in den physiologischen Abläufen widerspiegelt. Zunächst einige Vorbemerkungen: In vorangegangenen Forschungsserien konnten wir nachweisen, daß Entspannungsverfahren bzw. eine Kombination von Entspannungsverfahren mit einem verhaltenstherapeutischen Streßbewältigungstraining bei bestimmten Patienten mit milder Hypertonie die Pharmakotherapie ersetzen bzw. in höheren Stadien zu einer Medikamentenreduktion führen kann (Richter-Heinrich et al., 1988). Bei Patienten mit frühen Störungen erwies sich jedoch diese Behandlung als nicht ausreichend. Eine kognitive Umstrukturierung auf rationaler Ebene war ihnen nicht möglich. Wir entschlossen uns daher, bei diesen Patienten zusätzlich das Katathyme Bilderleben einzusetzen. Dabei folgten wir den Empfehlungen Leuners (1989), Wächters (1984) und Wilkes (1990), bei psychosomatisch erkrankten Patienten aufgrund ihrer Ich-Schwäche und starker Abwehrreaktionen zunächst Grundstufenmotive zu verwenden.

Fallbeispiel

Die 32jährige Patientin hat einen arteriellen essentiellen Hypertonus Stadium I–II (WHO), der seit 1971 bekannt ist. Sie hat zwei Kinder im Alter von fünf und sieben Jahren. Zu Beginn der KB-Behandlung lebte sie in Scheidung. Sie hatte zunächst 1986 ein Atementspannungstraining durchgeführt. Die Teilnahme an einem Streßbewältigungstraining wurde abgebrochen, weil es zu einer Kollision mit den Gruppenmitgliedern gekommen war, die bei ihr zu einer Blutdruckkrise führte. Es erfolgten anschließend einige Einzeltherapiesitzungen, in denen überwiegend aktuelle Probleme besprochen wurden. Die KB-Behandlung, bisher 20 Sitzungen, erstreckte sich über ein Jahr.

Vor der Behandlung hatte sie durchschnittliche Blutdruckwerte von 160/100 mm Hg. Im Berliner Verfahren zur Neurosendiagnostik (BVND; Hänsgen, 1985) zeigte sie erhöhte Standardwerte in den Skalen Selbstablehnung (8), Ängste (8), Zwänge (7), Selbstunsicherheit (7), Anpassungsprobleme (7), Überkontrolle (7).

Die Begründung ihres Behandlungswunsches war „das zunehmende Gefühl, mir selbst die Beine zu stellen, über die ich stolpere, und mich und andere – besonders meine Kinder – damit zu schädigen". Ihre Behandlungserwartung war „die Möglichkeit, mit mir selbst im Einvernehmen zu leben, meine ‚Knoten' zu durchschauen, zu lösen, mit Wut und Freude zu leben; von daher Möglichkeit für Glück (innere Ruhe) und eine gute Mutter sein zu können". In ihren katathymen Bildern kamen deutlich ihre narzißtische Gestörtheit und ihre inadäquaten Objektbeziehungen zum Ausdruck. Bei Vorgabe von Grundstufenmotiven phantasierte sie Mittel- und Oberstufenmotive. Sie sah bedrohliche Gestalten, oft selbst empfindungslos, einzelne Körperteile waren disproportioniert usw. Da in zwei Sitzungen aggressive Bilder, bezogen auf ein Kind, auftauchten, wurde in der 15. Sitzung das Thema „Kind“ vorgegeben, das sich dann zu einem Schlüsselerlebnis gestaltete.

Die Patientin sieht ein ungeborenes Kind. Es sieht aus, als ob es weint. Bei dem Versuch, das Kind durch Streicheln zu trösten, verursacht sie ein Loch in der Fontanelle und reißt ihm den Arm ab. Sie ist sehr unglücklich und weint. Sie setzt sich dann auf einer regennassen Wiese in ein grubenähnliches Loch. Der Himmel ist schwer und grau, der Schlamm feucht und kalt. Sie fühlt sich erschöpft und gleichgültig. Wasser rinnt vom Rand der Wand über ihr Handgelenk und schneidet die Hand ab. Sie nimmt ihren Arm ab. Es tut nicht weh – wie bei einer Gliederpuppe –, ihre Ohren klebt sie an den Grubenrand. Ihre Haare sind ganz kurz geschoren. Sie setzt sich dann an den Grubenrand, betrachtet das Wesen, das einmal sie war – große Gleichgültigkeit. Schließlich repariert sie es, hat das Gefühl, es gut gemacht zu haben, beide sind zufrieden.

Die physiologischen Reaktionen während dieser Sitzung sind in 10 Phasen eingeteilt:

- Phase 1 = Fremdentspannung,
- Phase 2 = Schweigen,
- Phase 3 = Annäherung an das Kind, Beschreibung des Aussehens,
- Phase 4 = Kind sieht aus, als ob es weinen würde – Unruhe und Aufregung,
- Phase 5 = Überlegung, wie trösten,
- Phase 6 = Verletzen des Kindes – Weinen, sich „unglücklich fühlen“,
- Phase 7 = sich verkriechen im Wiesenloch – Erschöpfung, Gleichgültigkeit,
- Phase 8 = Umgebungsbeschreibung – Trauer, Einsamkeit,
- Phase 9 = Selbstbeschädigung – Autoaggression mit codiertem Todeswunsch („könnte Wesen in Grube zuschütten – alles egal“),
- Phase 10 = Kitten des Wesens – Beruhigung, Zufriedenheit, Ausruhen, Augen öffnen.

Bei einem Versuch, die Beziehungen zwischen den physiologischen und psychologischen Abläufen deskriptiv zu erfassen, wird deutlich, daß in der Phase 6, die für die Patientin stark affektiv besetzt ist, eine hohe Konkordanz zwischen physiologischen und psychologischen Parametern sowie innerhalb der physiologischen Parameter vorliegt. Die starken negativen Affekte der Patientin sind von hohen Anstiegen des Blutdrucks, des Hautleitwertes (HLW), der Herzfrequenz (hier registriert als Änderung der HPD) sowie einer Erhöhung der HPD-Variabilität begleitet.

In den übrigen Situationen scheinen sowohl Diskordanzen wie Konkordanzen vorzukommen. Am deutlichsten widerspiegelt sich der Zusammenhang zwischen der physiologischen und psychologischen Verhaltensebene im Verlauf des Hautleitwertes, der in der Psychophysiologie als Indikator affektiver Erregung angesehen wird. Der HLW sinkt ab unter Entspannung (Phase 1) und steigt mit zunehmender emotionaler Aktivierung von Phase 3 nach 6 an, in den Phasen der Vermeidung mit Erschöpfung und Gleichgültigkeit (7 und 8) sinkt der HLW stark ab. In der Situation 9 fällt auf, daß trotz stark aggressiver aktionaler Vorstellungen nur eine relativ geringe Aktivierung vorliegt. Die Patientin kommentiert ihre Affektlage in einem Nachprotokoll so:

„... die Fühllosigkeit und Distanz zu Ungeheuerlichkeiten (Arm auseinandernehmen) ist gut gelernte Verdrängung, negative Emotionen nicht zu erleben, weil nicht aushalten können und nicht zeigen dürfen.“

Der Anstieg am Schluß der Sitzung repräsentiert einen Anstieg der Aktivierung nach dem Bildern. Dieses Bild hatte eine starke kathartische Wirkung. Die nachfolgenden Bilder waren konfliktfreier, realistischer und enthielten häufiger Momente, in denen sie sich wohlfühlte und zur Ruhe kam. Die Entspannung kam auch in dem niedrigeren Niveau und geringeren Varianzen der physiologischen Reaktionen zum Ausdruck. Als Zwischenbilanz nach 20 Bildern gab die Patientin an:

„Mein Grundgefühl ist heiterer und gelassener. Es gibt nicht mehr jene grenzenlosen vernichtenden Selbstzweifel ... Ich kann Fehler und Versager meinerseits ertragen (z. B. im Umgang mit meinen Kindern). Der Leistungsdruck ist weg. Ich muß nichts mehr beweisen (...) Distanz zur Mutter erreicht, keine innere Verteidigung mehr nötig.“

Noch nicht gebessert sind ihre Ängste vor dem Alleinsein im Dunkeln. Analog zu ihrer Selbsteinschätzung normalisierten sich alle Skalenwerte im BVND mit Ausnahme des Angstscores. Ihr Blutdruckdurchschnittswert sank auf 130/98 mmHg. Die Behandlung wird fortgesetzt zur Stabilisierung und Vertiefung der bisher erzielten Therapieerfolge sowie zur Bearbeitung der noch vorhandenen, in früher Kindheit verwurzelten Ängste.

Zusammenfassung

Es konnte gezeigt werden, daß eine Behandlung mit dem KB für eine frühgestörte Hypertoniepatientin hilfreich sein kann. Die emotionale Auseinandersetzung mit konflikthaltigem Material auf Symbolebene ermöglichte veränderte Einstellungen und veränderliches Verhalten (Hennig, 1990) in Verbindung mit einer Blutdrucksenkung. Die Erfassung des Verlaufs physiologischer Variablen während einer KB-Sitzung zeigt, daß Imaginationen eine psychophysische Gesamtreaktion auslösen. Die physiologischen Messungen können zur Objektivierung des Verlaufs beitragen (Richter-Heinrich, 1972). Klinger (1990) weist darauf hin, daß nach Befunden der Imagery-Forschung „Vorstellungen auf zentralen organismischen Prozessen beruhen, die auch anderen Verhaltensweisen zugrunde liegen". Dadurch ist erklärbar, daß durch das KB nicht nur psychische, sondern auch physiologische Regulationsänderungen erreicht werden können.

Integration imaginativer Techniken bei Malignompatienten

Michael Harrer und Christina Centurioni

Einleitung

Als Basis für unsere Arbeit mit Krebspatienten begaben wir uns auf die Suche nach entsprechenden Theorien und Methoden. Am bekanntesten, vor allem auch im populärwissenschaftlichen Bereich, wurden Vertreter der humanistischen Psychologie wie Le Shan (1982) und Simonton et al. (1982). 1985 begegneten wir bei der ersten Tagung der Österreichischen Gesellschaft für Psychoonkologie in Salzburg Frau Sokal (1986) und besuchten ihr Seminar zur Maltherapie bei der Behandlung von Krebskranken. Gemeinsam setzten wir uns auch in Seminaren, geleitet von Simonton (Simonton et al., 1985) und Büntig (1988), mit ihrer Arbeit und entsprechender Literatur auseinander. Bei analytisch orientierter Basisausbildung fühlen wir uns dem entwicklungs- und ressourcenorientierten Menschenbild der humanistischen Psychologie verbunden.

Im ersten Teil werden Problembereiche und Ziele bei der Betreuung von Malignomkranken aufgezeigt und dabei ein Überblick über die Literatur zum Beitrag imaginativer Techniken gegeben. Im zweiten Teil erfolgt anhand eines Fallbeispiels die visualisierte Gegenübertragung zum Thema.

Problembereiche und Ziele, Literaturübersicht

Aus unserer Sicht möchten wir 12 zentrale, einander überlappende Bereiche herausgreifen und dazu einige Gedanken äußern:

1. Auseinandersetzug mit Sterben und Tod: Gerade in der Konfrontation mit Grenzbereichen neigen Menschen häufig dazu, sich spontan in Symbolen auszudrücken. Genannt seien hierzu die Arbeiten von Blach, weiterentwickelt von Furth (1983) und bekannt gemacht durch Kübler-Ross (1983). Kinderzeichnungen ermöglichten Kommunikation über Krankheit, Sterben und Tod, welche verbal nie hätte zustande kommen können. Auch in der Arbeit mit Angehörigen von Sterbenden in der Sterbephase oder auch nach dem Tod des Patienten können Zeichnungen eine ganz wesentliche Möglichkeit sein, die allgemeine Sprachlosigkeit zu überwinden und Verständigungsschwierigkeiten beim Thema Tod überbrükken zu helfen.

In Anlehnung an die Theorie Winnicotts (1979) betrachtet Dreifuß-Kattan (1986) den kreativen Prozeß als Schaffung eines Übergangsprojekts. Das Kind kann mit Hilfe eines Übergangsprojekts Trennungsängste spielerisch zum Ausdruck bringen und sie damit gleichzeitig überwinden. Eine in der Kunsttherapie angefertigte Zeichnung überlebt den Patienten. Der Therapeut wird durch sie an die Verbundenheit mit dem Patienten auch nach dessen Tod immer wieder neu erinnert; sie wird dadurch zum Repräsentanten der Unsterblichkeitsphantasien des Patienten. Simonton (1982) und Büntig (1988) verwenden sog. Sterbemeditationen, in denen die Situation des Sterbens imaginiert wird. Eibach (1987) zeigt Möglichkeiten auf, wie mit Hilfe des KB ein „Reifwerden zum Tode“ und damit die Aussöhnung gegenüber dem Leben gefördert werden kann, und geht in einer Arbeit auch auf die bei vielen Sterbenden anzutreffenden Symbole Stein, Mauer, Baum, Höhle und Tor ein.

2. Bewältigung der belastenden Therapien: Die somatisch-medizinische Therapie bei Krebskranken zeichnet sich durch eine besondere Aggressivität und damit Belastung für den Patienten aus. Beispielhaft dafür seien die Chemotherapie mit ihren quälenden Nebenwirkungen und verstümmelnde chirurgische Eingriffe genannt. Hierbei steht das Anliegen des Patienten im Vordergrund, die Zeit der Therapie besser zu überstehen und Nebenwirkungen möglichst gering zu halten. Von ärztlicher Seite wird oft der Wunsch an den Psychotherapeuten herangetragen, den Patienten zur besseren Akzeptanz der Chemotherapie zu führen.

Hierher gehört die Arbeit von Frank (1985) über eine amerikanische Onkologieschwester, die beschreibt, wie sich mittels angeleiteter Imagination und bei Darbietung von Musik während der Chemotherapie Übelkeit und Erbrechen reduzieren lassen. Sie stellt dazu vor dem Patienten ein Poster mit einer schönen Landschaft auf und läßt ihn über einen Walkman eine von ihm selbst ausgewählte Musik anhören.

Die Visualisierungstechnik von Simonton läßt sich auch während der Chemotherapie einsetzen. Patienten imaginieren dabei weiße Blutkörperchen und Symbole für Chemotherapie bzw. Strahlen, welche die Krebszellen möglichst wirksam töten. Simonton schreibt in seinem 1989 erschienenen Beitrag „Prinzip Mut", daß er heute anders, weniger aggressiv mit der Visualisierung als Methode umgeht. Die aggressiven, destruktiven, durch die Anleitungen Simontons hervorgerufenen Imaginationen stehen auch im Gegensatz zu anderen Grundhaltungen. Die Anleitungen bleiben auf der Stufe der Bilder stehen, das auftauchende „Material" wird nicht weiter reflektiert bearbeitet, obwohl gerade das „Durcharbeiten" möglicherweise einen entscheidenden Wirkfaktor darstellt. Es stellt sich auch die Frage, ob zur Bewältigung und Linderung von Krankheit nur der Kampf gegen den Krebs der einzige und beste Weg ist, ob nicht vielmehr die Annahme, die Integration der Krankheit, des Problems, des „Schattens" bzw. auch der Kampf für etwas, für das Leben, ein mindestens gleichwertiger Weg ist. Ein Teil des Körpers, den der Krebs ja doch darstellt, wird ausgegrenzt und zerstört, die Krankheit und dieser Teil des Körpers sind nicht mehr „Freund" und Botschaft, sondern Feinde. Einen möglichen Ausweg aus dem Dilemma bietet das Modell der Unterscheidung zwischen der guten Absicht des Körpers, die er aber mit schlechten, das heißt destruktiven Mitteln verfolgt.

Es drängt sich auch die Parallele zu der Technik der Symbolkonfrontation im KB auf, bei der allerdings nicht durch Bekämpfen, sondern gerade durch das Aushalten, das genaue Erfassen mit allen Sinnen eine Transformation des zunächst feindlichen Objekts erfolgt. Es ist allerdings die Frage aufzuwerfen, inwieweit diese Erfahrungen auf Imaginationen vom Krebs übertragbar sind.

In der ähnlichen KB-Mittelstufentechnik der „Inspektion des Körperinneren" wird auch nicht, wie bei Simonton, auf Symptom und Krankheit fokussiert. Dadurch können mit dem Blick auf gesunde Anteile und Ressourcen möglicherweise andere Ziele erreicht werden wie Entängstigung und Förderung einer positiveren Einstellung zum eigenen Körper.

3. Theorie der Kontrollüberzeugung: Zunehmende Bedeutung gewinnt eine Methode, Patienten aus dem Zustand der Hilflosigkeit und Hoffnungslosigkeit herauszuholen, unter anderem durch die Vermittlung eines Modells, mit dem sie selbst etwas zum Gesundungsprozeß beitragen können. Lenk (1985) spricht davon, die therapeutische Arbeit auf die Überzeugungssysteme des Krebspatienten zu fokussieren, um sie in einem geeigneten Setting und durch das Auffinden einer passenden persönlichen Metapher, welche die aktive Mitwirkung im Heilungsprozeß in den Vordergrund stellt, zu verändern. Jedem Patienten sollte, letztlich auch durch seine persönliche Metapher, sein individueller Weg in die Trance gewiesen werden. Nach dem Konzept des Reframing aus dem neurolinguistischen Programmieren kann die Krankheit als Botschaft des Körpers aufgefaßt werden, die erst dann überflüssig wird, wenn wirklich neue Lebensorientierungen gefunden worden sind.

4. Tierexperimentell gestützte Untersuchungen: Diese Studien stützen vor allem Theorien über Zusammenhänge zwischen Wachstumsgeschwindigkeit und Metastasierung von Karzinomen und immunologischen Faktoren und führen auch Spontanheilungen auf Aktivitäten des Immunsystems zurück. So kann es ein Ziel sein, psychische Voraussetzungen zur „Aktivierung des Immunsystems" zu schaffen und umgekehrt Faktoren, die, wie beispielsweise Streß, zur Schwächung des Immunsystems beitragen können, zu minimieren. Wenn auch „Beweise" im naturwissenschaftlichen Sinne für diese Theorien im Humanbereich letztendlich noch nicht erbracht wurden, kann die Annahme der positiven Beeinflußbarkeit des Immunsystems im Sinne einer Veränderung der Kontrollüberzeugung für den einzelnen Patienten von großer Bedeutung sein.

In diesem Zusammenhang seien beispielhaft die Arbeiten von Newton (1984) genannt, der Zusammenhänge zwischen intensiver Entspannung und Aktivierung des Immunsystems beschrieb.

5. Systemische Gesichtspunkte: Aus systemischer Sicht, die Krebs als Symptom sieht, gilt es, die Funktion, das „Wozu" auf der intrapsychischen Ebene oder auch auf der familiären Ebene zu suchen und andere, bessere, gesündere Möglichkeiten zur Beibehaltung des „Krankheitsgewinns" für das Individuum oder das System zu finden. Bahnson (1988) hebt hervor, daß individuelle und familientherapeutische Ansätze das gemeinsame Ziel haben, „... neue Objektbeziehungen zwischen den verschiedenen Familienmitgiedern zu ermöglichen. Wo es gelingt, eine erstarrte Familienstruktur zu lösen, in welcher sich der somatisch Kranke an einem blockierten Kreuzweg befindet, eröffnen wir neue Möglichkeiten für die Gestaltung des Familienlebens. Wenn der Patient dann neue zwischenmenschliche oder auch metaphorische oder abstrakte Funktionen gewinnt, lassen sich die regressiven und selbstbezogenen bzw. pathogenen Lösungen unterbinden. Das wichtigste Element besteht in dem Versuch zu verhindern, daß der Kranke eine autoerotische, narzißtische, selbstbezogene regressive Lösung wählt, weil die Objektsituationen hoffnungslos und unbrauchbar scheinen".

6. Autonomie: Ziel kann auch sein, Selbständigkeit und Unabhängigkeit zu gewinnen. Dazu ist ein Wirkfaktor in der Psychotherapie die Anerkennung der Selbstbestimmung, und zwar im Gegensatz zu vielen oft als fremdbestimmt erlebten medizinisch-somatischen Therapien.

7. Verbesserung der Lebensqualität: Entsprechend dem in der somatischen Therapie oft im Vordergrund stehenden Ziel der Verlängerung der Lebenszeit soll im psychosozialen Bereich dem Aspekt der Lebensqualität größte Bedeutung zugemessen werden. Es gilt, „dem Leben nicht nur Zeit, sondern auch der Zeit Leben hinzuzufügen". Themen sind hierbei Lebensintensität bzw. auch Reflexion von Über-Ich-Ansprüchen, wie beispielsweise dem bei Krebspatienten häufig beschriebenen besonderen Altruismus mit Vernachlässigung der eigenen Bedürfnisse.

8. Schmerzen: Hilgard und Le Baron (1990) beschreiben die Linderung von Angst und Schmerzen bei krebskranken Kindern und Jugendlichen durch Hypnose und individuell abgestimmte Imaginationen während schmerzhafter Eingriffe wie z. B. Knochenmarkpunktionen. Seeman (1989) befaßt sich mit hypnotherapeutischen Techniken, in denen Imaginationen eine große Rolle spielen. Herausgegriffen seien sensorische und symbolische Transformationen, bei denen einerseits schmerzende Stellen langsam durch angenehme Empfindungen aufgefüllt werden können, andererseits Metaphern wie die Vorstellung des Nervensystems als elektrische Anlage, bei der auf Knopfdruck eine Leitung unterbrochen werden kann.

9. Attribuierung: Im Rahmen einer psychischen Attribuierung der Krankheitsursachen durch den Patienten selbst mit dem Ziel, auch auf der psychischen Ebene etwas für den Gesundungsprozeß zu tun, kommen manche Patienten mit dem ausgesprochenen Wunsch nach Psychotherapie in die Praxis. Für sie ist die Krankheit Anlaß, ihr Leben zu überdenken, sich auf die Suche nach einer Neuorientierung, einer neuen oder vielleicht wahren Identität, „dem wahren Selbst", „ihrer Lebensmelodie", wie Le Shan (1982) es nennt, zu begeben, also Prioritäten und Lebensziele vielleicht anders zu setzen. Das Grundthema lautet: „Wozu überhaupt leben und für das Leben kämpfen?"

Simonton (1989) empfiehlt zur Reflexion der Lebensziele und als Entscheidungshilfe die imaginative Technik der Suche nach einem „inneren Ratgeber". Dieser Methode entspricht das Auftauchen von archetypischen „guten Gestalten" im KB.

10. Umgang mit krankheitsbedingten Einschränkungen: In vielen Fällen gilt es, mit chronischen Einschränkungen fertigzuwerden, die sich durch die Erkrankung ergeben, wie beispielsweise Pensionierung oder Neudefinition der Rolle innerhalb der Familie. Unterstützung bei der Krankheitsverarbeitung ist das therapeutische Ziel. Hierbei scheint uns der interpersonale Aspekt besonders wichtig, so daß, wenn immer möglich, Bezugspersonen zu informativen Gesprächen miteinbezogen werden sollten. Diese können der gegenseitigen Information, aber auch der interaktionellen Diagnostik dienen bzw. den Angehörigen die Möglichkeit bieten, selbst Unterstützung oder Therapie in Anspruch zu nehmen.

11. Grundstörungen bei Krebspatienten: Ein weiteres Ziel der Psychotherapie bei Krebskranken kann es sein, die neben ihrer Krebskrankheit bestehenden neurotischen Störungen oder Persönlichkeits- bzw. strukturellen Störungen zu behandeln. In diesem Zusammenhang sei erwähnt, daß von Autoren wie Kahleyss (1987, 1988) und Bilek et al. (1987) das Vorhandensein einer „Grundstörung nach Balint" (1970) bei Krebskranken besonders häufig gefunden wurde. So kann Therapie auch vor allem in die Richtung gehen, soweit als möglich strukturelle Defizite auszugleichen. Zur Behandlung dieser Grundstörung sei der von Günther Bartl (1984) erwähnte Prozeß des Ausgleichs eines narzißtischen Defizits durch die Faktoren Rhythmus, Wärme und Konstanz genannt.

12. Begleitung von Krebspatienten: Als letztes ganz wesentliches Ziel sei die Begleitung von Krebskranken genannt. Ein wichtiger Faktor dabei ist die umfassende Information des Patienten. Dem „unspezifischen Wirkfaktor Beziehung" wird allgemein größte Bedeutung zugemessen. Die therapeutische Beziehung und/oder das Ausschöpfen der natürlich vorhandenen Beziehungsressourcen, wie z. B. das von Simonton (1989) empfohlene Anlegen einer Adressenliste aller Personen, die der Patient anrufen könnte, haben das Ziel, das Gefühl zu vermitteln, nicht allein und isoliert zu sein, und können manchmal auch entängstigend und antidepressiv wirken. Ein ebenfalls unspezifisches, aber sehr wirksames Basisverfahren ist das der Entspannung. Andere Bezeichnungen wie „Trance" und „hypnotische Zustände" weisen in die gleiche Richtung. Es ist integrativer Bestandteil aller imaginativen Verfahren und scheint sich darüber hinaus auch dabei zu bewähren, Patienten dazu anzuleiten, Entspannungszustände selbst, ohne fremde Hilfe, regelmäßig herbeizuführen.

Zu erwähnen wären auch noch diagnostische Ziele, die aber im diagnostisch-therapeutischen Zirkel nach Wesiack (1985) nicht oder kaum von therapeutischen Zielen zu trennen sind. Als Beispiele hierzu seien die KB-Mittelstufentechnik der Imagination von Beziehungspersonen oder das Malen eines Familienbildes genannt.

Fallbericht

In diesem Fallbericht möchten wir aufzeigen, wie verschiedene imaginative Techniken im Rahmen einer Betreuung und Psychotherapie angewandt und integriert wurden. Da auch wir glauben, daß nicht die Technik entscheidend ist, sondern die Haltung des Therapeuten, welche durch sie und die Interaktion Therapeut-Patient vermittelt wird, möchten wir insbesondere auf die Gegenübertragung der Therapeutin eingehen.

Wie Kottje-Birnbacher (1990a) sind auch wir der Meinung, daß sich der tiefenpsychologische und der systemische Ansatz nicht widersprechen, sondern ergänzen. So führten wir zu zweit Familiengespräche, zusätzlich war die Mutter der Patientin über neun Monate bei meiner Kollegin in Einzeltherapie, ich betreute die krebskranke Tochter. Durch unsere doch noch eher unorthodoxe Arbeitsweise stellten sich Aspekte dar, die wir gerne mitteilen möchten: Wir hatten die Möglichkeit, Hypothesen auf vier Ebenen zu bilden und zu überprüfen, wobei auf allen Ebenen mit Visualisierungen gearbeitet wurde:

1. in den Sitzungen mit der kranken Tochter,
2. in der Einzeltherapie der Mutter,
3. in einer Balint-Gruppe, in der die Familientherapie supervidiert wurde, auf dem Hintergrund der Interaktion der beiden Therapeuten untereinander,
4. mit der Methode von Devereux (1988) als Basis, sich selbst als Forschungsinstrument zu benutzen, visualisierte auch die Therapeutin: Sie versuchte, vor jeder Sitzung Bilder der einzelnen Familienmitglieder bzw. der Familie einzustellen.

Es ergaben sich zum Teil überraschende Übereinstimmungen bzw. Ähnlichkeiten. Wir möchten sie hier kurz beschreiben und die Frage aufwerfen, inwieweit andere Therapeuten ähnliche Erfahrungen machen konnten.

Visualisierungen der Tochter

In einem Bild malte die 17jährige Patientin mit einer malignen Systemerkrankung, wie sie ihre Familie sieht. Das Bild zeigte, wie sich die Patientin von der Familie isoliert erlebt. Im Laufe der Familiengespräche bestätigte sich diese Darstellung.

Das langfristige Ziel der Therapie sollte sein, die Ablösung der Tochter zu fördern, z.T. auch durch Loslassen der Mutter bzw. durch Wiedererrichtung der Generationsgrenzen. Durch die Krankheit hatte die Tochter ihre schon gewonnene Autonomie im familiären System teilweise wieder eingebüßt.

In Anlehnung an die Technik von Sokal (1986) malte die Tochter ihre Visualisierungen:

Für das Problem malte sie eine durch Gewalteinwirkung zerbrochene Flasche, die auch etwas Schönes hat; für die Bewältigung einen Apfel, dieser ist rund, rot, weich, vollkommen, helfe als Gegenpol, als Ergänzung der zerbrochenen Flasche. Als Bild für die Zukunft malte sie etwas Dickflüssiges, es fließt hinunter, sie hatte dazu keine weiteren Assoziationen.

Visualisierungen der Mutter

Sie stellte sich ohne Wissen vom Bild der Tochter die Patientin im Gegensatz zu ihren beiden anderen Kindern als amorphe Masse vor. Für uns war diese Übereinstimmung ihres Bildes mit dem der Tochter, „der herunterrinnenden Masse", sehr eindrucksvoll.

Visualisierung in der Balint-Gruppe

Im Rahmen der Falldarstellung in der Supervisions-Balint-Gruppe stellte die Co-Therapeutin die Patientin als zart, zerbrechlich, fast durchscheinend konturlos und kaum greifbar dar.

Zu einem weiteren Bild wollte die Patientin keinen Kommentar geben, eine Äußerung kam nach langer Zeit: „Nichts ist wichtig." Die Parallele zur bildhaften Sichtweise der Co-Therapeutin ohne die Kenntnis des Bildes liegt in den Visualisierungen der Therapeutin: Sie führten zu einem immer wieder auftauchenden Bild der Patientin mit einer anwachsenden Wunde am Hals, die die Gestalt eines blutroten weiblichen Genitales annimmt.

Wie wurde nun diese Imagination in die Gesamttherapie integriert? Wir deuten das Bild als Ausdruck der Gegenübertragung der Therapeutin. In diesem Zusammenhang wollen wir Gegenübertragung im Sinne von Moeller (1977) definiert wissen: Nach ihm stellt sie ein Produkt, ein Ergänzungsstück der Übertragung dar. Sie wird im Analytiker durch den Patienten induziert. Diese Definition unterscheidet sich von der klassischen durch die Tatsache, daß sie eigene, auf infantilen Konflikten beruhende Störungen des Therapeuten nicht umschließt. Als Hypothesen oder mögliche Deutungen aus der Entwicklungspsychologie, der Familiendynamik bzw. der Mehrgenerationenperspektive sahen wir:

- das Genitale als Repräsentant von Weiblichkeit und Sexualität,
- die Krankheit als Verletzung und
- als Verbindung die verletzte Weiblichkeit.

So gingen wir mit einer Suchhaltung in die Therapie, welche Rolle Weiblichkeit in der Mehrgenerationenperspektive hatte und inwieweit die Weiblichkeit der Patientin verletzt wurde.
Bei der **Patientin**: Sie berichtete von einer Sozialisation als Bub bis zum 10. Lebensjahr, gestaltete Beziehungen zu Burschen kumpelhaft, trug auffallende punkerartige Kleidung.
Im **Familiensystem**: Über weite Strecken war in Familiengesprächen das Thema Kleidung vorrangig, dies wohl als Metapher für das Frauenbild, der Vater wünschte sich zum Beispiel eine Tochter im Trachtenkostüm.
Über die **Mutter** in der Mehrgenerationenperspektive: Frauenbilder sind geprägt durch Tod, Destruktion, Schuldzuweisung und Isolation.
Auch die Visualisierungen der Tochter erscheinen unter diesem Aspekt in einem neuen, deutlicheren Licht.

Wir haben den Schluß gezogen, daß sich die visualisierte Gegenüberstellung wie ein Mosaikstein passend in das Gesamtbild einfügen läßt. Sie hat sich in unserem Fall als ein brauchbares und verläßliches Instrumentarium zur Hypothesenbildung erwiesen. Wir wollten mit unserem Beitrag die Frage aufwerfen, inwieweit auch andere Therapeuten explizit mit visualisierten Gegenübertragungen arbeiten und welche Erfahrungen sie damit gemacht haben.

In der Literatur fanden wir in der Zwischenzeit zwei Hinweise zu diesem Thema: Bei Dreifuß-Kattan (1986) lesen wir, daß sie als „Kunsttherapeutin" kreative Medien benützt, um selbst beispielsweise Patienten zu malen und damit auch ihre Gegenübertragungsgefühle und/oder Träume von Patienten für sich oder in Supervision zu klären. Zwiebel (1977) berichtet von Gegenübertragungsträumen, die in der Literatur seiner Meinung nach so gut wie unbeachtet bleiben, und schildert in zwei Fallbeispielen diagnostisch-therapeutische Konsequenzen, die sich aus ihnen ergeben. Allgemein zur Gegenübertragung meint Racker (1988), „... daß es wirklich ein Fehler wäre, in Gegenübertragungsreaktionen ein Orakel zu sehen und blindgläubig zu erwarten, durch sie die reine Wahrheit über die psychische Situation des Analysanden zu erfahren. Offenbar ist unser Unbewußtes ein sehr persönlicher ‚Empfänger' und ‚Sender', so daß wir mit häufigen Verfälschungen der objektiven Wirklichkeit zu rechnen haben. Dennoch gilt auch für das Unbewußte die Feststellung, daß es ‚trotz allem das Beste ist, was wir in dieser Art haben'". „... Meiner Erfahrung nach ist die Gefahr eines übersteigerten Glaubens an die Botschaften des eigenen Unbewußten, auch wenn es sich um sehr ‚persönliche' Reaktionen handelt, weit geringer als die Gefahr, sie zu verdrängen und ihnen keinen ‚objektiven' Wert beizumessen."

Schlußbemerkung

Abschließend möchten wir anregen, daß Therapeuten nicht nur die Patienten und ihre Imaginationen zum Objekt ihrer Beobachtungen machen, sondern auch ihre eigenen im Zusammenhang mit den Patienten entstandenen Bilder thematisieren und reflektiert in den therapeutischen Prozeß wieder zurückfließen lassen.

Modell zum Coping in der Krebsnachsorge

Ilse Sokal

Einleitung

Dieses Modell gründet sich auf eine etwa 12jährige Erfahrung in der psychosozialen Arbeit mit Krebskranken. Die Behandlung erfolgt im Rahmen der Ambulanz für Psychotherapie der Sozialversicherung in Wien. Das Fundament dafür sind die Arbeiten von C. O. und St. Simonton sowie von J. und M. Creighton, wie sie in ihrem Buch „Wieder gesund werden" (1984) dargestellt sind. Die Originalmethode benützt eine dualistische Freund-Feind-Vorstellung von Kranksein, d. h., die Krankheit oder das Problem ist ein Feind, der bekämpft und vernichtet werden muß.

Erweitertes Coping-Modell

Wir vertreten hingegen den Ansatz, daß es nötig ist, das gesamte Krank*sein*, auch das Böse oder den Schatten, zu verstehen und zu integrieren, als Teil der eigenen Person anzunehmen – und so schwierig das auch sein mag, es führt zu einer tiefgreifenden Wandlung des Patienten. Das Symptom oder die Krankheit ist aus dieser Perspektive nicht nur negativ, sondern trägt auch eine positive Botschaft aus dem Unbewußten – immer verbunden mit einem Aufruf zur Wandlung, zur Veränderung.
Die vier wesentlichen Bausteine des Modells sind:

1. Entspannung,
2. Visualisierung,
3. Malen bzw. Zeichnen,
4. verbale Aufarbeitung.

Entspannung

Im Prinzip ist jede Technik der Entspannung, die der Übende gut beherrscht, geeignet. Falls der Patient diese Fertigkeit nicht mitbringt, lehre ich ihn einige Basisübungen, bei denen das Wichtigste ein gutes Grounding, ein guter Kontakt zur Unterlage ist. Das kann sowohl im Sitzen als auch im Liegen geschehen, so daß auch körperlich geschwächte und bettlägerige Menschen damit gut umgehen können.

Visualisierung

In der Originalmethode werden drei gleichbleibende Themen vorgegeben, die als Sequenz, als zusammenhängende Bilderfolge weiterbearbeitet werden:

- Krankheit,
- Bewältigung,
- Zukunft.

Ich erweitere die Vorgabe des ersten Themas nach einigen Wochen und lasse nicht mehr ausschließlich die Krankheit visualisieren, sondern allgemeiner gefaßt jedes Problem, das gerade im Vordergrund steht – das kann der Krebs sein, muß es aber nicht sein. Mit dieser Modifikation geht beim Patienten ein profunder Bewußtseinswandel einher, und er kann erkennen, daß sein Tumor kein isoliertes Geschehen ist, sondern im Zusammenhang mit seinen sonstigen Problemen steht. Bei der Visualisierung macht sich der Übende im Wortsinne „ein Bild" von seiner Situation und von seinen Bewältigungsmöglichkeiten. Im Hypnoid der Entspannung werden die aufsteigenden Bilder nicht bewußt gesteuert und sind daher als direkte Schöpfung des Unbewußten, ähnlich wie Traumbilder oder katathyme Bilder, anzusehen.

Malen bzw. Zeichnen

Die Patienten fertigen die Zeichnungen mit der nichtdominanten Hand an, d.h. der Rechtshänder mit der linken Hand und umgekehrt der Linkshänder mit der rechten Hand. Dieses Vorgehen bewirkt:

- Angstreduktion durch Unterlaufen des Leistungsdrucks,
- Aktivierung der rechten Gehirnhälfte, die bildhaft-analog arbeitet und anders als die linke Hemisphäre mit ihrem linear-digitalen Verarbeitungsmodus neue Wege der Problemlösungen geht,
- Erleichterung der Regression und des spontanen Ausdrucks; auch ein spielerisches Element ist dabei.

Verbale Aufarbeitung

Beschreibung und Deutung der Bildinhalte stammen natürlich grundsätzlich vom Patienten selbst. Ein besonders wertvoller Schritt ist die gestalttherapeutische Bearbeitung auf der Subjektstufe. Bei der Identifikation mit den Bildinhalten verdichtet sich der Prozeß ungemein, dabei ist die Begleitung des Therapeuten besonders wichtig, um eventuelle Panikreaktionen abzufangen. Der Prozeß ist zunächst „analogisch", nichtlinear und wird erst durch die Verbalisierung in digital-linearer Alltagssprache vervollständigt. Daher ist Selbstbehandlung bis zu einem gewissen Grad möglich, bleibt aber eine halbe Sache. Ich möchte darauf hinweisen, daß „analog" weder deckungsgleich noch ähnlich und auch nicht bloße Addition von Einzelfakten bedeutet – das Ganze ist eben mehr als die Summe der Einzelteile oder: „Ein Bild sagt mehr als tausend Worte."
Bei der Aufarbeitung lernt der Übende allmählich, das, was ihn im Innersten betrifft, zur Sprache zu bringen, und die tabuisierten Gefühle verlieren etwas von ihrem Bann. Der Erkenntnisprozeß erfährt eine ungeheure Verdichtung und geht von der präverbalen zur verbalen und bis zur transverbalen Ebene. Mit transverbal ist in Anlehnung an H. Petzold (1989) der Moment gemeint, wo

- ich „stumm vor Erstaunen" werde,
- mich „namenloses Entsetzen" packt,
- ich ein „unaussprechliches Grauen" verspüre,
- ich „sprachlos vor Freude" bin.

Durch den oben geschilderten Verdichtungsprozeß werden in relativ kurzer Zeit, nämlich innerhalb weniger Wochen, die Lebensthemen des Patienten bearbeitbar. Voraussetzung für diese Therapieform ist, zunächst täglich, nach ca. 6 Wochen dreimal wöchentlich und nach weiteren 6 Wochen zweimal wöchentlich dieses Programm durchzuführen.

Wie wirkt die Methode:
- durch intensive Zuwendung des Übenden zu sich selbst und zu seinen Problemen;
- im Dialog und in der Interaktion zwischen zwei Menschen;
- durch Stimulation, Expression und Integration von Wahrnehmungsprozessen, die auch im Leiblichen wurzeln: erfassen, begreifen, verstehen;
- es ist ein kathartischer, reinigender Vorgang, der allmählich befreiend erlebt wird;
- durch die häufige Wiederholung des Vorgangs ergeben sich Konditionierungseffekte, sowohl auf psychologischer als auch auf immunologischer Ebene.

Psychoneuroimmunologische Aspekte:
Die Wirksamkeit des Vorgangs ist in den letzten Jahren aufgrund neuerer Erkenntnisse in der jungen Wissenschaft der Psychoneuroimmunologie auch naturwissenschaftlich untermauert worden. Die Litera-

tur darüber ist inzwischen sehr umfangreich geworden; ich verweise beispielsweise auf die Arbeiten von Bartrop (1977), Riley (1981), Ader (1981), Solomon (1987) und Spector (1987).
Ader spricht schon 1981 davon, daß das Immunsystem

- ein Gedächtnis hat,
- zwischen „Selbst" und „Nichtselbst" unterscheiden kann,
- Informationen verarbeiten kann,
- anpassungsfähig,
- selbstregulativ und
- komplex ist.

Dies alles sind Funktionen, die wir im psychischen und sozialen Berich wiederfinden können. Es kommt also zu einer Konditionierung des Immunsystems, das angeregt wird, immer wieder für den Körper günstige immunologische Antworten zu produzieren – zweifellos für das meist geschwächte Immunsystem des (Krebs-)Kranken ein vorteilhafter Effekt. Auf der psychologischen Ebene findet gleichzeitig eine Wiedererweckung des schöpferischen Flusses statt. Der Kranke kann an seinen eigenen Brunnen heran und daraus schöpfen; ihm ist geholfen, wenn er entdeckt, daß er etwas zu sagen hat, das wert ist, gesehen zu werden.

Zusammenfassung

Ausgehend von der Simonton-Methode wird eine Modifikation beschrieben, die den Bewältigungsprozeß sehr beschleunigt und intensiviert, indem die visualisierten Bilder mit der nichtdominanten Hand zu Papier gebracht werden. Außerdem wird die grundsätzlich integrative Einstellung zum Kranksein betont sowie der theoretische Hintergrund der Wirksamkeit der Methode diskutiert. Dabei werden neuere psychoneuroimmunologische Aspekte besonders berücksichtigt.

Visualisationstechniken als adjuvante Therapie bei schweren Organerkrankungen

Irene Misselwitz

Einleitung

Das autogene Training nach J. H. Schultz (1973) ist die bei uns verbreitetste Methode, über Vorstellungsbilder vegetativ gesteuerte Körperfunktionen im therapeutisch gewünschten Sinne zu beeinflussen. Luthe (1970) erarbeitete weitere Übungen, sog. autogene Modifikationen, die uns als "formelhafte Vorsatzbildungen" und „spezielle Organübungen" bekannt sind. Verschiedene amerikanische Autoren entwickelten ähnliche autosuggestive Techniken, die die physiologischen Heilungsvorgänge bei schweren organischen Erkrankungen unterstützen und den Gesundungswillen des Patienten fördern sollen. Sie berufen sich dabei auf die Forderungen der Psychoimmunologie der letzten 10 Jahre. Wiederholt wurden Fehlregulationen des Immunsystems in Lebenssituationen der Hilflosigkeit und Hoffnungslosigkeit experimentell nachgewiesen. Simonton et al. (1984) berichten über die erfolgreiche psychotherapeutische Zusatzbehandlung von Karzinompatienten aller Stadien. Neben der Fortführung der notwendigen operativen oder zytostatischen Maßnahmen empfehlen sie folgende zwei Verfahren:

1. die Bearbeitung der aktuellen Lebensprobleme durch **konfliktzentrierte** und z.T. auch **persönlichkeitszentrierte Gesprächstherapie** sowie, parallel dazu,
2. **Entspannungsverfahren mit Visualisierungstechniken,** d.h. Entwicklung von Vorstellungsbildern, die Analogien zu den physiologischen Heilungsvorgängen darstellen.

Die genannten Autoren berichten über die psychotherapeutische Mitbehandlung von Krebspatienten. Dieses therapeutische Prinzip möchte ich an der Kasuistik eines MS-Patienten vorstellen.

Fallbericht

Ein 35jähriger Mathematiker wurde im November 1987 durch die Psychologin der Städtischen Ambulanz Jena zur Psychotherapie in unsere Klinik überwiesen. Er stammt aus dissozialem Milieu, der Vater ist Alkoholiker. Die Ehe der Eltern wurde früh geschieden. Der Patient fühlt sich jedoch bis heute ständig von beiden Eltern ausgenutzt und hin- und hergerissen. Er war ein wildes aggressiv-trotziges Kind mit der Betragensnote 4, aber sehr guten schulischen Leistungen. Von der Jugendweihe an lernte er, innere Spannungen, Aggressionen und Enttäuschungen mit Alkohol zu betäuben und war etwa ab dem 17. Lebensjahr abhängig. Studium, Eheschließung, Geburt der Tochter, Arbeit in einem Jenaer Großbetrieb verliefen äußerlich normal, durch Alkohol und Ehekonflikte jedoch schwer belastet.

Der 1. MS-Schub trat 1982 im 29. Lebensjahr mit einer spastischen Paraparese der Beine auf, einer spinalen Ataxie, einer Hypästhesie beider Hände und Füße sowie Sehstörungen. Nach stationärer Behandlung mit Prednisolon in unserer Neurologischen Abteilung war er völlig frei von Symptomen. Der 2. Schub, der dann in einen chronischen Verlauf mit leichter Progredienz überging, trat 1984 auf. Das verstärkte die tiefe Lebensunzufriedenheit des Patienten. Nach zwei Jahren bat er um ambulante psychotherapeutische Mitbehandlung. Dort wurde sehr schnell der Alkoholismus diagnostiziert, und der Patient ist seitdem „trocken". Nun trat die chronisch depressive Symptomatik und Suizidalität noch deutlicher in den Vordergrund, was schließlich zur Einweisung in unsere Klinik führte. Diagnostisch handelt es sich also um eine chronisch progrediente MS, um einen Alkoholismus in der kritischen Phase und eine primäre psychische Fehlentwicklung bei schizoid-hysterischer Persönlichkeitsstruktur. Der Behandlungsverlauf soll anhand von Bildern des Patienten verdeutlicht werden.

Abb. 1: „Mein Leben". Die familiäre Problematik des Patienten zu Therapiebeginn.

Am Beginn der Therapie sieht der Patient seine Situation so: Durch einen unüberwindlichen Riesenberg ist er von Frau und Kind, die das Wichtigste für ihn sind, getrennt. Er selbst hat das Gefühl, von riesigen Felsbrocken erschlagen zu werden (Abb. 1).
Neurologisch weist er zu diesem Zeitpunkt folgende Symptome auf: rechts eine betonte leichte spastische Paraparese der Beine, Benommenheit sowie Verschwommensehen. Die stationäre und später ambulante Einzelbehandlung erfolgt hauptsächlich durch:

- Informationsvermittlung über die MS, krankheitsgerechtes Verhalten und Krankheitsbewältigung; dazu gehören auch die Invalidisierung und die Aufnahme einer Teilbeschäftigung, die zunächst für den Patienten eine schwere narzißtische Kränkung darstellt,
- dynamische Einzeltherapie,
- autogenes Training mit Visualisierung,
- spezielles Yoga-Programm.

Die Technik der Visualisierung verläuft folgendermaßen: Der Patient erlernt das autogene Training. Er wird über die physiologischen Abläufe der Erkrankung und ihrer Heilung informiert. Dann entwickelt er mit Unterstützung des Therapeuten ganz individuelle, für ihn verständliche Analogien zu den physiologischen Heilungsvorgängen. Dies ist oft eine lange Arbeit. Die Bilder stellt er sich dann im autogenen Zustand intensiv vor, 20 Minuten oder länger. Den Charakter der Visualisierung können wir an den danach angefertigten Bildern gut erkennen. Der Körper ist unvollständig, irgendwie verletzt, zerrissen, mit blutroten Nervensträngen gemalt. Ähnlich wie bei einer Autowaschanlage streichen Bürsten mit Balsam über die krankheitszerfressenen Nervenscheiden (Abb. 2). Man sieht sehr schnell die Autoaggressivität in diesem Bild. Darauf angesprochen, berichtet der Patient, daß sich immer wieder Messer in seine Vorstellung einschleichen. Erst die Fortschritte in der dynamischen Einzeltherapie, in der er zunehmend lernt, in der therapeutischen Beziehung auch seine autoaggressiven Anteile auszudrücken und anzunehmen, machen es ihm mög-

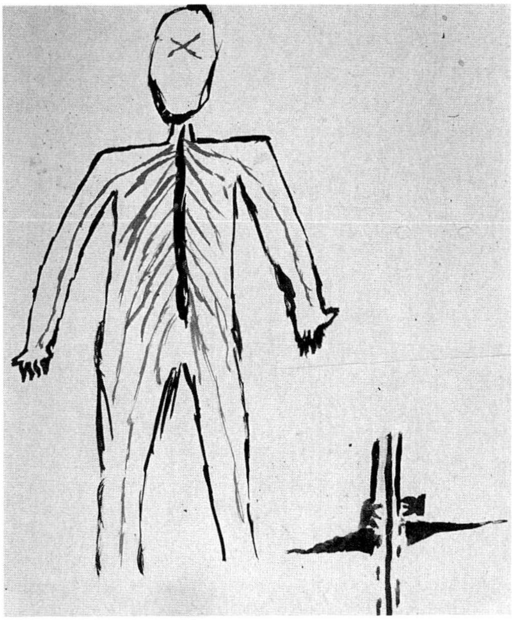

Abb 2: Darstellung der Visualisierung des Körpers am Anfang der Behandlung.

Abb 3: „Traum". Der Patient und sein „schwarzer Schatten".

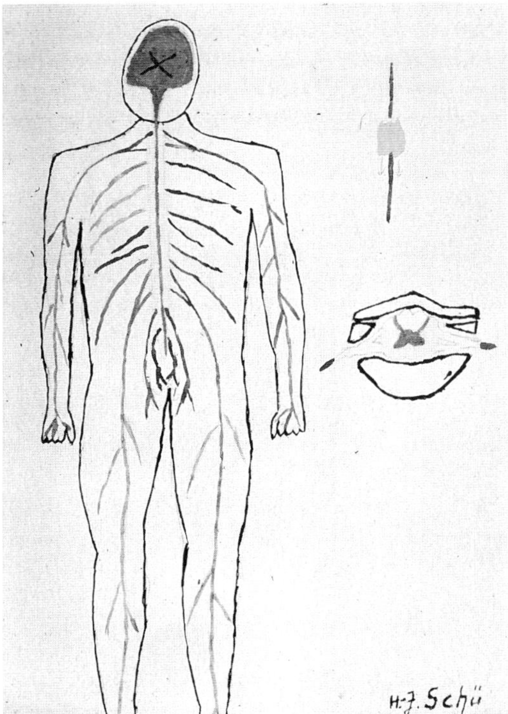

Abb 4: Visualisierung zum Ende der Therapie. Der Körper ist vollständig, klar und in freundlichen Farben gehalten.

lich, Vorstellungen mit überzeugender Heilkraft zu entwickeln. In einem Traumbild (Abb. 3) schildert der Patient, daß er immer wieder träumt, wie er auf einen großen, schwarzen, zottigen, traurigen Hund einschlägt und dann tieftraurig aufwacht. Er möchte ihn eigentlich, wie auf dem Bild, streicheln können, was für ihn soviel bedeutet wie seine eigenen dunklen Seiten annehmen zu können. In Abb. 4 ist zu sehen, wie der Patient seinen Körper beim Visualisieren zum Zeitpunkt der Entlassung Anfang Februar 1988 sieht. Der Körper ist vollständig, klar und in freundlichen Farben gemalt. Auch der Schwamm mit Heilbalsam wirkt nicht mehr zerstörerisch. Zur gleichen Zeit malt er ein Bild mit dem Thema „Jahreszeit" (Abb. 5). Wir sehen einen schönen herbstlichen Baum mit Krone und Wurzeln. Die leere Bank wirkt jedoch sehr verlassen.

Zum Zeitpunkt der Entlassung ist der Patient neurologisch fast symptomfrei, psychisch ausgeglichen und mit Frau und Kind in gutem Einvernehmen. Beiden Partnern ist bewußt, daß ihnen der emotionale Austausch schwerfällt und beide sehr einsam sind. Die ambulante Behandlung gestaltete sich wechselvoll. Konflikte mit den Eltern und Beziehungsstörungen zu seiner Frau und zu mir gingen immer mit massiver Symptomverstärkung wie Sehstörungen, Paraparese der Beine, wechselnden Sensibilitätsausfällen, Gangataxie und Benommenheit einher, trotz täglichen Visualisierens. Das ist immer wieder ein schwerer Schock für den Patienten.

Erst nach erfolgreicher Beziehungsklärung und Konfliktbearbeitung wirkte das Visualisieren positiv. Mich hat jedesmal beeindruckt, wie rasch dann die neurologischen Ausfälle verschwanden. Meist brauchte der Patient 10 bis 14 Tage intensiven, täglichen etwa zweistündigen Visualisierens zur Symptombeseitigung. Die von mir vorgeschlagene Prednisolonbehandlung schob er dann immer wieder hinaus, und bisher war sie nur einmal bei einer schweren Dekompensation im Zusammenhang mit dem politisch-sozialen Wandel im Frühjahr 1990 notwendig.

Abb. 6 gibt die Imagination nach einer Dekompensation mit Retrobulbärneuritis links, ausgelöst durch einen Konflikt mit dem Vater und mit der Ehefrau, wieder. Retrobulbäre Prednisoloninjektionen über 14 Tage bewirken nichts; erst die Annäherung der beiden Partner in einem gemeinsamen Gespräch mit dem Therapeuten löst die innere Spannung und den Groll des Patienten. Nach 10 Tagen intensiven Visualisierens ist die Sehkraft fast völlig wiederhergestellt. Wir sehen den Kopf, die Augen mit der Sehnervenkreuzung und den Körper des Patienten, wie er sich als in sich ruhende Einheit während des Visualisierens erlebt. Die Farben sind noch lebendiger und freudiger als im letzten Bild. Häufig erlebt er tiefe, beglückende meditative Stadien; er sagt: „Das Visualisieren gibt mir ein völlig neues Gefühl für meinen Körper. Ich fühle mich in meinem Körper wohl und eins mit ihm. Das ist für mich ein wertvolles Gefühl und mit nichts zu vergleichen – eigentlich nicht beschreibbar." Ein anderes Mal sagt er: „Ich trete mit meinem Körper in Beziehung, streichle ihn von innen und unterstütze durch bildliche Kommunikation die Heilung meines Körpers." Je besser es ihm geht, desto heller und freudiger sieht er die Farben. Er hat das Gefühl, der Krankheit nicht mehr ausgeliefert zu sein, sondern selbst aktiv damit umgehen zu können. Zur gleichen Zeit, also nach der Wiederherstellung der Sehkraft, malt der Patient das Bild „Mein Leben jetzt" (Abb. 7). Wir sehen ihn jetzt mit seiner Familie fest verbunden; er selbst hat sich mit seinem kranken Körper liebevoll dargestellt, er kann jetzt sich selbst auch mit der Krankheit annehmen. Der Schmetterling soll seine Seele im Tod darstellen. Er sagt dazu, daß er die Angst vor dem Tod überwunden habe. Neurologisch hatte der Patient zu diesem Zeitpunkt noch geringe Sensibilitätsstörungen im rechten Arm und eine leichte Gangataxie. Er war dabei, eine MS-Selbsthilfegruppe in Jena mit Hilfe der Rehabilitationskommission aufzubauen.

Abb 5: „Jahreszeit".

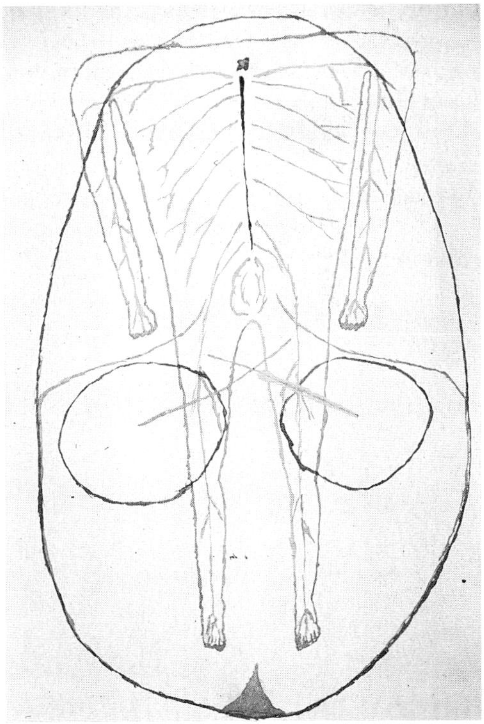

Abb 6: Darstellung der Visualisierung nach Dekompensation mit Retrobulbärneuritis.

Zusammenfassung

Diese Behandlungstechnik erfordert einen hohen Einsatz sowie viel Phantasie und Geduld von Patient und Therapeut. Nach meiner Erfahrung sind nur wenige Patienten zu

Abb 7: „Mein Leben jetzt".

so viel Selbsthilfeengagement, wie es das Visualisieren erfordert, zu gewinnen. Alleiniges Visualisieren ohne Bearbeiten der aktuellen Lebenskonflikte ist auch nicht sehr wirkungsvoll. Ich verzichte nie auf die Forderung, die Visualisierungsbilder aufmalen zu lassen, da sich so unbewußte Gegenkräfte gegen das Gesundwerdenwollen leichter erkennen lassen. Auch wenn Kritiker die biologische Wirksamkeit der Visualisierungstechnik anzweifeln, fördert sie doch den Gesundungswillen und ermöglicht dem Patienten eine aktive Einstellung seiner Krankheit gegenüber. Insgesamt habe ich in den letzten drei Jahren weitere Erfahrungen mit zwei Krebspatienten, zwei Hepatitiskranken und einer Schwangeren mit einem schweren Rh-Konflikt gesammelt. Ich halte das Behandlungskonzept für sehr wirkungsvoll, motivierten Patienten mit chronischen Organerkrankungen sowohl bei der Krankheitsbewältigung als auch bei der eigenen Beeinflussung des Krankheitsverlaufs Hilfe zur Selbsthilfe zu geben.

Anhang

Entwicklung der Psychotherapie mit dem Katathymen Bilderleben in der ehemaligen DDR

Heinz Hennig und Erdmuthe Fikentscher

Als sich in den späten 60er Jahren in der ehemaligen DDR erste vorwiegend gruppentherapeutisch orientierte psychodynamische Arbeitskreise innerhalb der damaligen Gesellschaft für Ärztliche Psychotherapie etablierten, begann eine kleine Gruppe von Psychologen und Ärzten an der Universitätsnervenklinik in Halle mit vorsichtigen Versuchen, tiefenpsychologisches (vorrangig psychoanalytisches) Gedankengut über die Methode des Katathymen Bilderlebens in die psychotherapeutische Praxis zu integrieren. Damit war beabsichtigt, das Individuum zunehmend in das Zentrum psychotherapeutischen Denkens zu stellen.

Neben der intendierten dynamischen Gruppentherapie und der später entstandenen dynamischen Einzeltherapie (der heutigen psychodynamischen Therapie) entwickelte sich diese Arbeitsgruppe allmählich über die Universität Halle hinaus und konnte in den 70er Jahren systematisch erweitert werden. Es erschienen erste eigene Publikationen (Hennig, 1982, 1983, 1986), und nunmehr lagen auch hinreichend eigene Erfahrungen vor, um landesweit mit der Ausbildung in größerem Umfang zu beginnen. Das rasche Anwachsen von Interessenten und Ausbildungskandidaten sowie die Unterstützung durch die entsprechenden Arbeitsgemeinschaften in Deutschland und Österreich führte schließlich zur Gründung einer Arbeitsgemeinschaft für KB (AGKB-DDR) innerhalb der Gesellschaft für Ärztliche Psychotherapie der DDR.

Diese Entwicklung vollzog sich seinerzeit nicht ohne gewisse Schwierigkeiten und Komplikationen, weil tiefenpsychologische Überlegungen weniger in die offizielle Staatsdoktrin hineinpaßten und weil eine öffentliche Identifikation mit tiefenpsychologischem Denken dem marxistisch-leninistischen Menschenbild widersprach, an dem sich psychologische und psychotherapeutische Konzepte in der ehemaligen DDR zu orientieren hatten.

Gelegentliche Publikationseinschränkungen konnten jedoch nicht verhindern, daß die Mitgliederzahl der AGKB-DDR stetig zunahm. Die Arbeitsgemeinschaft konnte auch ihren Einfluß als eine der wenigen tiefenpsychologisch orientierten Ausbildungseinrichtungen in der damaligen DDR durch ihre Repräsentanz im Vorstand der Gesellschaft für Ärztliche Psychotherapie der DDR, die 1989 in Gesellschaft für Psychotherapie, Psychosomatik und Medizinische Psychologie (GPPMP) umbenannt wurde, erheblich erweitern.

Aus den Mitgliedern der Kerngruppe entstand im Laufe der Jahre ein erfahrenes Lehrtherapeutenteam, mit dessen Hilfe in den Bezirken der ehemaligen DDR und später in den neuen Bundesländern Ausbildungsgruppen für KB-Therapeuten aufgebaut werden konnten. Hierfür wurde ein Ausbildungscurriculum entwickelt, das sowohl die Besonderheiten des Ausbildungssystems für Psychotherapie in der ehemaligen DDR berücksichtigte als auch den Anforderungen der Internationalen Gesellschaft für Katathymes Bilderleben und Imaginative Verfahren in der Psychotherapie und Psychologie angepaßt war. 1989 erhielt die AGKB-DDR auf dem Internationalen Kongreß der IGKB den Sektionsstatus zugesprochen.

Im Zusammenhang mit den politischen

Wandlungen in der damaligen DDR veränderte sich die Organisationsstruktur der Psychotherapiegesellschaften in Richtung einer Verselbständigung der früheren Sektionen bzw. Arbeitsgemeinschaften. Um den besonderen Bedingungen der Ausbildung in den neuen Bundesländern Rechnung zu tragen, mußten eigenständige Institutionen und Vereine gebildet werden.

Der bereits erwähnten GPPMP und einem Berufsverband der Psychotherapeuten wurden in freier Wahl der Aufbau neuer Institutionen übertragen. So entstand eine Akademie für psychodynamische Therapie und Tiefenpsychologie in Halle, die in den fünf neuen Bundesländern entsprechende Ausbildungsinstitute einrichtete und die nunmehr der Gesellschaft für analytische Psychotherapie und Tiefenpsychologie angegliedert worden ist.

Aus der AGKB-DDR wurde nach einer Abstimmung der Mitglieder die Mitteldeutsche Gesellschaft für KB und andere imaginative Verfahren in der Psychotherapie und Psychologie e. V. (MGKB), die ein eigenes Ausbildungsinstitut (das Institut für Katathymes Bilderleben, Imaginative Psychotherapie und Kreativitätstraining, IKB, mit Sitz in Halle) gegründet hat. Diese Gesellschaft ist korporatives Mitglied der GPPMP und arbeitet eng mit der Gesellschaft für analytische Psychotherapie und Tiefenpsychologie e. V. zusammen. Eine Arbeitsgruppe für KB an der Universitätsnervenklinik in Halle besteht ebenfalls weiter. Die MGKB hat ihren Ausbildungsstandard unter Beachtung der vielfältigen Eigenheiten, die sich aus Übergangsbestimmungen für die Psychotherapieausbildung in den neuen Bundesländern ergeben, nunmehr dem der IGKB angepaßt und mit der AGKB (Göttingen) die gegenseitige Anerkennung der Dozenten bzw. Lehrtherapeuten und Therapeuten vereinbart.

In der Tradition einer Psychotherapie, die sich innerhalb eines autoritären Regimes in besonderer Weise entwickeln mußte, ging das Katathyme Bilderleben in seiner Entwicklung manch eigene Wege. Der integrative Akzent nahezu aller psychodynamisch orientierten Schulen in der ehemaligen DDR ist den Publikationen, insbesondere dem 1990 herausgegebenen eigenen Leitfaden (Hennig, 1990), deutlich anzumerken. Die Aufmerksamkeit der Therapeuten gilt vermehrt klinischen Projekten wie der Behandlung von Borderline-Patienten mit dem KB, dem Einsatz der Tagtraumtherapie bei Sucht- und Suizidpatienten und der Gruppenpsychotherapie mit dem KB.

Inzwischen konnte in den neuen Bundesländern ein Netz von Intensivseminaren, Supervisions- und Selbsterfahrungsgruppen sowie die Möglichkeit zur Selbsterfahrung in der Dyade, aufgebaut werden.

Die MGKB setzt die seit Jahren bestehende Zusammenarbeit mit Arbeitsgruppen für KB bzw. Symboltherapie in Ungarn, Bulgarien und in der Tschechoslowakei fort, erste Kontakte mit Estland sind geknüpft.

Literaturverzeichnis

Abraham K. Ansätze zur psychoanalytischen Erforschung und Behandlung des manisch-depressiven Irreseins und verwandter Zusätze. In: Psychoanalytische Studien 2. Frankfurt a. M.: Fischer 1971.

Abraham K. Versuch einer Entwicklungsgeschichte der Libido auf Grund der Psychoanalyse seelischer Störungen. In: Psychoanalytische Studien 1. Frankfurt a. M.: Fischer 1971.

Ader R. Psychoneuroimmunology. London: Academic Press Inc 1981.

Adler A. Menschenkenntnis. Leipzig: Hirzel 1929.

Alexander F. Psychosomatische Medizin. 3. Aufl. Berlin: De Gruyter 1977.

Alexander F, French ThM. Psychoanalytic therapy, Principles and applications. New York: Ronald Press 1946.

Ansbacher HL, Ansbacher R. Alfred Adlers Individualpsychologie. München: Reinhardt 1972.

Bachmann A, Schaeffer M, Hrsg. Neue Wege – neue Ziele. München: Heyne 1990.

Bahnson CB. Familie, Objektverlust, Abwehrstil und Spätfolgen zur Krankheit und Sozialpathologie. In: Beiträge zur Psychoonkologie. Österreichische Gesellschaft für Psychoonkologie, Hrsg. Wien: Fakultas 1988.

Balint M. Charakteranalyse und Neubeginn. Int Z Psychoanal 1934; 20: 54–63.

Balint M. Die Urformen der Liebe und die Technik der Psychoanalyse. Stuttgart: Klett 1966.

Balint M. Therapeutische Aspekte der Regression. Stuttgart: Klett 1970.

Balint M. Der Arzt, sein Patient und die Krankheit. Stuttgart: Klett-Cotta 1984.

Barolin G. Spontane Altersregression im Symboldrama und ihre klinische Bedeutung. Z Psychother Psychosom Med Psychol 1961; 11: 77–82.

Barolin G, Bartl G, Krapf G. Spontane kontrollierte Altersregression im Katathymen Bilderleben. Z Psychother Psychosom Med Psychol 1983; 32: 111.

Bartl G. Der Umgang mit der Grundstörung in der Allgemeinpraxis. Ärztl Prax Psychother 1983; 3/5: 3–18.

Bartl G. Der Umgang mit der Grundstörung im Katathymen Bilderleben. In: Konkrete Phantasie. Neue Erfahrungen mit dem Katathymen Bilderleben. Roth JW, Hrsg. Bern, Stuttgart, Wien: Huber 1984.

Bartl G. Die Auswirkungen körperlicher Berührungen auf Beziehung und Deutung. In: Beziehung und Deutung im psychotherapeutischen Prozeß. Reinelt T, Datler W, Hrsg. Berlin, Heidelberg, New York, Paris, Tokio: Springer 1988.

Bartl G. Strukturbildung im therapeutischen Prozeß. In: Strukturbildung im therapeutischen Prozeß. Bartl G, Pesendorfer F, Hrsg. Wien: Literas 1989.

Bartl G. Die aktive Technik im KB bei der Behandlung von Psychosomatikern und Frühgestörten. In: Das Katathyme Bilderleben in der Psychosomatischen Medizin. Wilke E, Leuner H, Hrsg. Bern, Stuttgart, Wien: Huber 1990.

Bartl G, Pesendorfer F, Hrsg. Strukturbildung im therapeutischen Prozeß. Wien: Literas 1989.

Bartrop RW. Depressed Lymphocyte Function after Bereavement. Lancet 1977; I: 834–836.

Bellak L, Hurvich M, Gediman H. Ego functions in Schizophrenics, Neurotics and Normals. New York, Chichester, Brisbane, Toronto, Singapur: Wiley & Sons 1973.

Benedetti G. Der Kampf mit dem Dämon. Vortrag Aachener Psychotherapiewoche, 1988 (unveröffentl.).

Benedetti G, Peciccia M. Das katathyme Spiegelbild. In: Bartl G, Pesendorfer F, Hrsg. Strukturbildung im therapeutischen Prozeß. Wien: Literas 1989.

Benedetti G, Piacentini Corsi T, d'Alfonso L, Elia C, Medri G, Saviotti M. Psychotherapie. Psychoanalytische und existentielle Grundlagen. Stuttgart, Berlin, Heidelberg, New York: Hippokrates 1983.

Berna J. Die „Realisation symbolique" in der Kinderanalyse. Psyche 1955; 9: 610.

Berne E. Was sagen Sie, nachdem Sie „Guten Tag" gesagt haben. Frankfurt a. M.: Fischer 1990.

Bilek HP et al. Untersuchung zur existentiellen Situation von Krebskranken. Österr Ärztezeitung 1987; 42: 29–35.

Bittner J. Zum Übergangsgeschehen im Katathymen Bilderleben bei Borderline-Patienten. Vortrag, Kongreß der Internationalen Gesellschaft für Katathymes Bilderleben. München 1984 (unveröffentl.).

Blanck G, Blanck R. Ich-Psychologie I und II. Stuttgart: Klett-Cotta 1980.

Bölcs E. Katathymes Bilderleben als Instrument der Supervision. In: Strukturbildung im therapeutischen Prozeß. Bartl G, Pesendorfer F, Hrsg. Wien: Literas 1989.

Brachfeld O. Gelenkte Tagträume als Hilfsmittel der Psychotherapie. Z Psychother med Psychol 1954; 4: 79–93.
Bräutigam W, Christian P. Psychosomatische Medizin. Stuttgart: Thieme 1975.
Brengelmann JC, Brengelmann L. Deutsche Validierung von Fragebogen der Extraversion neurotischer Tendenz und Rigidität. Z exp angew Psychol 1960; 7: 261.
Büntig WE. Die Arbeit mit Krebskranken aus der Sicht der humanistischen Psychologie. In: Beiträge zur Psychoonkologie. Österreichische Gesellschaft für Psychoonkologie, Hrsg. Wien: Facultas 1988
Cassirer E. Philosophie der symbolischen Formen. Bd 1: Die Sprache, 9. Aufl.; Bd 2: Das mythische Denken, 9. Aufl.; Bd 3: Phänomenologie der Erkenntnis, 9. Aufl.; Darmstadt: Wissenschaftliche Buchgesellschaft 1988, 1987, 1990.
Cohn R. Von der Psychoanalyse zur themenzentrierten Interaktion. Stuttgart: Klett 1975.
Danckwardt J. Zur Interaktion von Psychotherapie und Psychopharmakotherapie. Psyche 1978; 32: 111–154.
Dembroski TM, Weiss SM, Shields JL, Hynes SG, Feinleib M. Coronary-prone behavior. Berlin: Springer 1978.
Desoille R. Introduction à une Psychothérapie rationelle. Paris: L'Arche 1945.
Devereux G. Angst und Methode in den Verhaltenswissenschaften. 2. Aufl. Frankfurt a.M.: Suhrkamp 1988.
Dreifuß-Kattan E. Praxis der Klinischen Kunsttherapie. Bern, Stuttgart, Toronto: Huber 1986.
Drewermann E. Tiefenpsychologie und Exegese. Bd I: Die Wahrheit der Formen. 6. Aufl. Freiburg, Olten: Walter 1988.
Dröhmann S. Todesphantasien und Vorstellungen bei jugendlichen Suizidanten. In: Suizid bei Kindern und Jugendlichen. Klinische Psychologie und Psychopathologie. Bd 24. Jochmus I, Förster E, Hrsg. Stuttgart: Enke 1983.
Eibach H, Die Psychodynamik einer chronischen Herzneurose im Licht des Katathymen Bilderlebens – Behandlung und zugleich ein Beitrag zur endlichen Analyse. In: Psychotherapie mit dem Tagtraum, Katathymes Bilderleben. Ergebnisse II, Fallanalysen, Theorie. Leuner H, Lang O, Hrsg. Bern, Stuttgart, Toronto: Huber 1982.
Eibach H. Selbstentfaltung im Katathymen Bilderleben. Z personenzentr Psychol Psychother 1986; 5: 102.
Eibach H. Therapie an der Grenze – Therapie mit Sterbenden. Kind und Umwelt. Beiträge zur analytischen Kinder- und Jugendlichen-Psychotherapie 1987; 55: 24–45.
Erikson EH. Kindheit und Gesellschaft. Zürich: Pan 1957.
Fast I. Multiple identities in borderline personality organization. Brit J Med psychol 1974; 47: 291–300.
Feiereis H. Geleitwort. In: Das Katathyme Bilderleben in der psychosomatischen Medizin. Wilke E, Leuner H, Hrsg. Bern, Stuttgart, Toronto: Huber 1990.
Ferenczi S. Entwicklungsstufen des Wirklichkeitssinnes. In: Schriften zur Psychoanalyse I. Conditio humana. Frankfurt a.M.: S. Fischer 1970.
Ferenczi S. Weiterer Ausbau der „aktiven Technik" in der Psychoanalyse. In: Schriften zur Psychoanalyse II. Frankfurt a.M.: Fischer 1972.
Folkow B. Physiological aspects of primary hypertension. Physiol Rev 1982; 62: 347–503.
Frank JM. The effects of music therapy and guided visual imagery on chemotherapy induced nausea and vomiting. Oncology nursing forum 1985; 12: 47–52.
Frankl VE. Ärztliche Seelsorge. Frankfurt a.M.: Fischer 1987.
Frankl VE. Der Mensch vor der Frage nach dem Sinn. München: Piper 1989.
Franzke E. Der Mensch und sein Gestaltungserleben – Psychotherapeutische Nutzung kreativer Arbeitsweisen. Bern, Stuttgart, Wien: Huber 1977.
Frederking W. Über die Tiefenentspannung und das Bildern. Psyche 1948/49; 2: 211–223.
Freiwald M, Liedtke R, Zepf S. Die Imagination des erkrankten Organs von Patienten mit Colitis ulcerosa und funktionellen Herzbeschwerden im experimentellen Katathymen Bilderleben. Z Psychother med Psychol 1975; 25: 15–24.
Freud A. The psychoanalytic study of the child, Vol IX. New York: International University Press 1954.
Freud S. Die Verneinung. GW, Bd 14. London: Imago 1948.
Freud S. Entwurf einer Psychologie. Aus den Anfängen der Psychoanalyse. London: Imago 1950.
Freud S. Die endliche und die unendliche Analyse. GW, Bd 16. London: Imago 1950.
Freud S. Formulierungen über zwei Prinzipien des psychischen Geschehens. GW, Bd 13. Frankfurt a.M.: Fischer 1975.
Freud S. Triebe und Triebschicksale. Studienausgabe, Bd 3. Frankfurt a.M.: Fischer 1975.
Freud S. Abriß der Psychoanalyse. Studienausgabe. Ergänzungsband. Frankfurt a.M.: Fischer 1975.
Freud S. Die Traumdeutung. Frankfurt a.M.: Fischer 1985.
Friedmann M, Rosenman RH. Typ A behavior and your heart. New York: Knopf 1974.
Fürstenau H. Das Katathyme Bilderleben aus der Sicht einer differenzierten psychoanalytischen Behandlungstheorie. Prax Psychother Psychosom 1985; 30: 80–86.
Fürstenau H. Referat über: Leuner, Kottje-Birnbacher, Sachsse, Wächter: Gruppenimagination. In: Gruppentherapie und Gruppendynamik 1989; 24: 386–387.

Fürstenau H. Erweitertes psychoanalytisches Paradigma und Katathymes Bilderleben. In: Das Katathyme Bilderleben in der Psychosomatischen Medizin. Wilke E, Leuner H, Hrsg. Bern, Stuttgart, Toronto: Huber 1990.

Furth GM. Die Verwendung von Zeichnungen, angefertigt in einer Lebenskrise. In: Verstehen, was Sterbende sagen wollen. 4. Aufl. Kübler-Ross E. Stuttgart: Kreuz 1983.

Gaddini R. The Pathology of the self as a basis of psychosomatic disorders. Psychother Psychosom 1977; 28: 260–271.

Gehlen A. Der Mensch, seine Natur und seine Stellung in der Welt. 13. Aufl. Wiesbaden: Akademische Verlagsgesellschaft Athenäum 1986.

Gerber G. Gruppen-KB mit Kindern und Jugendlichen. In: Katathymes Bilderleben mit Kindern und Jugendlichen. 3. Aufl. Leuner H, Horn U, Klessmann EA. München, Basel: Reinhardt 1990

Giovacchini PL. Zit n Volkan VD. Psychoanalyse der frühen Objektbeziehungen. Stuttgart: Klett-Cotta 1978.

Grienitz H. So sind wir. Und was nun? Z Zeitzeichen 1990; 4.

Grunberger B. Vom Narzißmus zum Objekt. Frankfurt a.M.: Suhrkamp 1982.

Grunert U. Narzißtische Restitutionsversuche im Traum. Psyche 1977; 31: 1057–1078.

Hänsgen K-D. Berliner Verfahren zur Neurosendiagnostik-Selbstbeurteilung BVND-SB. Psychodiagnostisches Zentrum der Humboldt-Universität Berlin 1985.

Happich C. Das Bildbewußtsein als Ansatzstelle psychischer Behandlung. Zbl Psychoth 1932; 5: 633.

Hartmann H. Ich-Psychologie und Anpassungsprobleme. Psyche 1960; 19: 81–164.

Heigl-Evers A, Heigl F. Zur Bedeutung des therapeutischen Prinzips der Interaktion. In: Psychotherapie im Wirkungsbereich des psychiatrischen Krankenhauses. Haase H-J. Hrsg. Erlangen: Perimed 1980.

Heigl-Evers A, Heigl F. Zum interaktionellen Prinzip in der Psychoanalyse. Schleswig-Holsteinisches Ärzteblatt 1980; 4: 234–238.

Heigl-Evers A, Heigl F. Das interaktionelle Prinzip in der Einzel- und Gruppenpsychotherapie. Zschr psychosomat Med 1983; 29: 1ff.

Heigl-Evers A, Streeck U. Psychoanalytisch-interaktionelle Psychotherapie bei präödipal gestörten Patienten. Psychother Med Psychol 1985; 35: 176–182.

Henle I. Die Anwendung des Katathymen Bilderlebens bei der Therapie ehelicher Virginität. In: Psychotherapie mit dem Tagtraum, Katathymes Bilderleben. Ergebnisse II, Fallanalysen, Theorie. Leuner H, Lang O, Hrsg. Bern, Stuttgart, Wien: Huber 1982.

Henneberg-Mönch U. Einige Überlegungen zur Behandlungstechnik bei Patienten mit Borderline-Störungen. Materialien Psychoanalyse 1986; 12: 220–234.

Hennig H. Das Katathyme Bilderleben als psychotherapeutisches Imaginationsverfahren – Grundlagen und praktisches Vorgehen – Psychiat Neurol Med Psychol 1982; 34: 738–744.

Hennig H. Einige Probleme der Ausbildung und Selbsterfahrung mit psychotherapeutischen Imaginationen. Psychiat Neurol Med Psychol 1983; 35: 23–26.

Hennig H. Zur Psychotherapie mit dem Katathymen Bilderleben. Ideggyogyaszati Szemle (Budapest) 1986; 39: 360–368.

Hennig H. Psychotherapie der Anorexia nervosa. In: Strukturbildung im therapeutischen Prozeß. Bartl G, Pesendorfer F, Hrsg. Wien: Literas 1989.

Hennig H. Psychotherapie mit dem Katathymen Bilderleben. Leipzig: Thieme 1990.

Hennig H, Hausmann U, Rosendahl W. Katathymes Bilderleben bei Borderline-Patienten im Jugendalter. In: Katathymer Bilderbote. Heft 2. Göttingen: Selbstverlag der Internationalen Gesellschaft für Katathymes Bilderleben 1987.

Henseler H. Zur Entwicklung und Regulation des Selbstwertgefühls. In: Psychoanalytische Entwicklungspsychologie. Freiburg: Rombach 1973.

Henseler H. Zur Theorie des Narzißmus. In: Die Psychologie des XX. Jahrhunderts, Bd II. Zürich: Kindler 1976.

Henseler H. Narzißtische Krisen. Opladen: Westdeutscher Verlag 1984.

Herrmann JM. Psychosomatische Therapie bei Hypertonie. MMW 1986; 128/49: 869–872.

Herrmann JM, Rassek M, Schäfer N, Schmidt TH, Uexküll Th v. Essentielle Hypertonie. In: Psychosomatische Medizin. Uexküll Th v et al., Hrsg. München: Urban & Schwarzenberg 1990.

Hexel M. Eine Psychotherapie mit einem 50jährigen zwanghaften Patienten. Ärztl Praxis und Psychoth 1990; 12: 27–34.

Hilgard JR, Le Baron H. Linderung von Angst und Schmerz bei krebskranken Kindern und Jugendlichen. Hypnose und Kognition 1990; 7: 7–29.

Hoch PH, Polatin P. Pseudoneurotic forms of schizophrenia. Psychiat Quart 1949; 23: 248.

Hoelscher TJ, Lichstein KL, Rosenthal TL. Home relaxation practice in hypertension treatment: objective assessment and compliance induction. J consult clin Psychol 1986; 54: 217–221.

Hömmen C. Mal sehen, ob ihr mich vermißt. Reinbek: Rowohlt 1989.

Holfeld H, Leuner H. Die Behandlung einer chronischen rezidivierenden psychogenen Psychose mit dem Katathymen Bilderleben. In: Psychotherapie mit dem Tagtraum, Katathymes Bilderleben. Ergebnisse II, Fallanalysen, Theorie. Leuner H, Lang O, Hrsg. Bern, Stuttgart, Wien: Huber 1982.

Horn G. Therapie eines schwer gestörten Jugendlichen mit dem Katathymen Bilderleben. In: Katathymes Bilderleben mit Kindern und Jugendlichen. Leuner H, Horn U, Klessmann E, Hrsg. 3. Aufl. München, Basel: Reinhardt 1990.

Horn G. Das Katathyme Bilderleben im Latenzalter. In: Katathymes Bilderleben mit Kindern und Jugendlichen. München, Basel: Reinhardt 1990.

Horn G. Selbsterfahrung des Therapeuten durch Regression in das Kindes- und Jugendalter. In: Katathymes Bilderleben mit Kindern und Jugendlichen. Leuner H, Horn G, Klessmann E, Hrsg. 3. Aufl. München, Basel: Reinhardt 1990.

Janke W, Erdmann G, Kallus W. Streßverarbeitungsfragebogen (SVF), Handanweisung. Göttingen, Toronto, Zürich: Hogrefe 1984.

Jollet H, Krägeloh CH, Krippner K. Das KB bei Objektbeziehungsstörungen. In: Strukturbildung im therapeutischen Prozeß. Bartl G, Pesendorfer F, Hrsg. Wien: Literas 1989.

Jorgensen RS, Housten BK, Zurawski RM. Anxiety management training in the treatment of essential hypertension. Behav Res Therapy 1981; 19: 467–474.

Jung CG. Psychologische Typen. Zürich: Rascher 1921.

Jung CG. Über die Psychologie des Unbewußten. Zürich: Rascher 1966.

Jung CG. Über die Grundlagen der analytischen Psychologie. Zürich: Rascher 1969.

Jung CG. Der Mensch und seine Symbole. Olten, Freiburg: Walter 1988.

Jung F, Kulessa Ch. Katamnestische Untersuchung einer 20-Stunden-Therapie mit dem Katathymen Bilderleben. Eine testpsychologische Studie. In: Katathymes Bilderleben, Ergebnisse in Theorie und Praxis. Leuner H, Hrsg. 3. Aufl. Bern, Stuttgart, Wien: Huber 1990.

Kahleyss M. Psychoanalytische Gesichtspunkte der Krebserkrankung. München, Wien: Scherz 1987.

Kahleyss M. Psychoanalytische Gesichtspunkte der Krebserkrankung, Körperbild und Grundstörung. Prax Psychother Psychosom 1988; 33: 233–241.

Kast V. Imagination als Raum der Freiheit. Olten: Walter 1988.

Kazdin AE. Covert modeling. The therapeutic application of imagined rehearsal. In: The power of human imagination. Singer JL, Pope KS (eds). New York: Plenum Press 1978.

Kernberg OF. Borderline personality organization. J Amer Psychoanal Assoc 1967; 15: 641.

Kernberg OF. Prognostic considerations concerning borderline personality organization. J Amer Psychoanal Assoc 1971; 19: 590–602.

Kernberg OF. Zur Behandlungstechnik bei Borderline-Persönlichkeitsstörungen. Psyche 1981a; 35: 497–526.

Kernberg OF. Eine psychoanalytische Klassifizierung der Charakterpathologie. In: Objekt-Beziehungen und Praxis der Psychoanalyse, Stuttgart: Klett-Cotta 1981b.

Kernberg OF. Borderline-Störungen und pathologischer Narzißmus. Frankfurt a.M.: Suhrkamp 1983.

Kernberg OF. Objektbeziehungen und Praxis der Psychoanalyse, Stuttgart: Klett-Cotta 1987.

Kernberg OF. Borderline-Störungen und pathologischer Narzißmus. Suhrkamp-TB Wissenschaft 429. 3. Aufl. Frankfurt a.M.: Suhrkamp 1988a.

Kernberg OF. Schwere Persönlichkeitsstörungen. Theorie, Diagnose, Behandlungsstrategien. Stuttgart: Klett-Cotta 1988b.

Klein M. Bemerkungen über einige schizoide Mechanismen. In: Das Seelenleben des Kleinkindes und andere Beiträge zur Psychoanalyse. Klein M, Hrsg. Stuttgart: Klett 1962.

Klein M. Die Psychoanalyse des Kindes. Frankfurt a.M.: Fischer 1987.

Kleinsorge H, Klumbies G. Psychotherapie in Klinik und Praxis. München, Berlin: Urban & Schwarzenberg 1959.

Klessmann E. Möglichkeiten der Integration einzel- und familientherapeutischer Ansätze. Ein Erfolgsbericht. Fam Dyn 1982a; 2: 139.

Klessmann E. Das KB als differentialdiagnostischer Test für unterschiedliche Strukturen bei frühen und späten Störungen. In: Strukturbildung im therapeutischen Prozeß. Bartl G, Pesendorfer F, Hrsg. Wien: Literas 1989.

Klessmann E. Symbolisierung von Beziehungen im Katathymen Bilderleben – frühe Objektbeziehungen und späte(re) Familienbeziehungsstörungen. In: Katathymes Bilderleben mit Kindern und Jugendlichen. 3. Aufl. Leuner H, Horn G, Klessmann E, Hrsg. München, Basel: Reinhardt 1990.

Klessmann E. Psychosomatische Manifestation bei Störungen auf niederem Strukturniveau (z.B. Anorexia nervosa) vs. höherem Strukturniveau (Beispiel Konversionsneurose) und ihre KB-spezifischen Unterschiede. In: Das Katathyme Bilderleben in der Psychosomatischen Medizin. Wilke E, Leuner H, Hrsg. Bern, Stuttgart, Toronto: Huber 1990b.

Klessmann E. Das „Familienmodell" im KB-Vierer-Setting als Möglichkeit, analytische und systemische Entwicklungen wahrzunehmen. In: Katathymes Bilderleben mit Kindern und Jugendlichen. 3. Aufl. Leuner H, Horn U, Klessmann E, Hrsg. München, Basel: Reinhardt 1990c.

Klessmann E. Das Katathyme Bilderleben als Spiegel gestörter Familienbeziehungen bei Kindern und Jugendlichen. In: Katathymes Bilderleben, Ergebnisse in Theorie und Praxis. 3. Aufl. Leuner H, Hrsg. Bern, Stuttgart, Wien: Huber 1990d.

Klessmann E, Klessmann HA. Heiliges Fasten – heilloses Fressen, die Angst der Magersüchtigen vor dem Mittelmaß. Bern, Stuttgart, Toronto: Huber 1990a.

Klessmann E, Klessmann HA. Ambulante Psychotherapie der Anorexia nervosa unter Anwendung des Katathymen Bilderlebens. In: Katathymes Bilderleben mit Kindern und Jugendlichen. Leuner H, Horn G, Klessmann E, Hrsg. 3. Aufl. München, Basel: Reinhardt 1990b.

Klinger E. Katathymes Bilderleben und die neuere Vorstellungsforschung. In: Das Katathyme Bilderleben in der Psychosomatischen Medizin. Wilke E, Leuner H, Hrsg. Bern, Stuttgart, Toronto: Huber 1990.

Klinger E. Der Schritt aus der Wirklichkeit. Psychologie heute 1988; 15: 46–51.

Klumbies G. Psychotherapie in der Inneren und Allgemeinmedizin, Leipzig: Hirzel 1974.

Koch W. Kurztherapie einer zwangsstrukturierten Neurose mit dem Katathymen Bilderleben. Z Psychoth med Psychol 1969; 19: 187.

Köhler L. Von der Biologie zur Phantasie. Forschungsbeiträge zum Verständnis der frühkindlichen Entwicklung aus den USA. In: Zur Psychologie und Psychopathologie des Säuglings. Stork J, Hrsg. Stuttgart: Fromman-Holzboog 1986.

Köhler L. Neuere Ergebnisse der Kleinkindforschung. Ihre Bedeutung für die Psychoanalyse. Forum der Psychoanalyse 1990; 6: 32–51.

König K. Angst und Persönlichkeit. Das Konzept vom steuernden Objekt und seine Anwendungen. Göttingen: Verlag für Medizinische Psychologie im Verlag Vandenhoeck & Ruprecht 1981.

Kohut H. Begriffe und Theorie der Psychoanalyse. Introspektion, Empathie und Psychoanalyse. Frankfurt a.M.: Suhrkamp 1977.

Kohut H. Narzißmus. Eine Theorie der psychoanalytischen Behandlung narzißtischer Persönlichkeitsstörungen. Frankfurt a.M.: Suhrkamp 1979a.

Kohut H. Die Heilung des Selbst. Frankfurt a.M.: Suhrkamp 1979b.

Kottje-Birnbacher L. Paartherapie mit dem Katathymen Bilderleben – eine Falldarstellung. Z Familiendyn 1981; 6: 260.

Kottje-Birnbacher L. Das Katathyme Bilderleben (KB) der Dyade als Spiegel von Paarbeziehungen. In: Psychotherapie mit dem Tagtraum, Katathymes Bilderleben. Ergebnisse II, Fallanalysen, Theorie. Leuner H, Lang O, Hrsg. Bern, Stuttgart, Wien: Huber 1982.

Kottje-Birnbacher L. Zur Interventionstechnik beim Dyaden-KB. In: Konkrete Phantasie, neue Erfahrungen mit dem Katathymen Bilderleben. Roth JW, Hrsg. Bern, Stuttgart, Wien: Huber 1984.

Kottje-Birnbacher L. Gruppentherapie mit dem Katathymen Bilderleben. In: Gruppenimagination, Leuner H, Kottje-Birnbacher L, Sachsse U, Wächter HM, Hrsg. Bern, Stuttgart, Toronto: Huber 1986.

Kottje-Birnbacher L. Tiefenpsychologische und systematische Gesichtspunkte bei der Behandlung psychosomatisch Erkrankter mit dem Katathymen Bilderleben. In: Das Katathyme Bilderleben in der Psychosomatischen Medizin. Wilke E, Leuner H, Hrsg. Bern, Stuttgart, Toronto: Huber 1990a.

Kottje-Birnbacher L. Erste Ergebnisse der Paartherapie mit dem Katathymen Bilderleben. In: Katathymes Bilderleben, Ergebnisse in Theorie und Praxis, 3. Aufl. Leuner H, Hrsg. Bern, Stuttgart, Wien: Huber 1990b.

Krapf G. Inspektion des Körperinneren – diagnostische und therapeutische Aspekte. Ärztl Prax Psychother 1986; 3: 3–17.

Kreische R. Die Behandlung von drei unausgelesenen Gruppen neurotischer Patienten mit dem musikalischen Katathymen Bilderleben (mKB). Göttingen: Selbstverlag der AGKB 1980.

Kreische R. Gruppentherapie mit dem Katathymen Bilderleben – Bericht über die Arbeit mit ambulanten Gruppen. Vortrag, 8. Zentrale Weiterbildungsseminare über Katathymes Bilderleben (unveröffentl.). Bad Lauterberg 1977.

Kreische R, Sachsse U. Gruppentherapie mit dem Katathymen Bilderleben. Vortrag, Internationaler Kongreß für Katathymes Bilderleben. Göttingen 1978 (unveröffentl.).

Kreische R, Sachsse U. Neue Ergebnisse der Gruppenpsychotherapie mit dem Katathymen Bilderleben. Vortrag, 2. International Kongreß für Katathymes Bilderleben. Salzburg 1980a (unveröffentl.).

Kretschmer E. Medizinische Psychologie, 13. Aufl. Stuttgart: Thieme 1971.

Kretzer G. Unveröffentlichtes Manuskript 1978, ref. in: Leuner H, Lehrbuch des Katathymen Bilderlebens. 2. Aufl. Bern, Stuttgart, Toronto: Huber 1987.

Kris E. Die ästhetische Illusion. Phänomene der Kunst in der Sicht der Psychoanalyse, Frankfurt a.M.: Suhrkamp 1977.

Kübler-Ross E. Verstehen, was Sterbende sagen wollen. Stuttgart: Kreuz 1983.

Kulessa Ch, Jung F. Effizienz einer 20stündigen Kurztherapie mit dem Katathymen Bilderleben im psychotherapeutischen prae/post-Vergleich. In: Katathymes Bilderleben, Ergebnisse in Theorie und Praxis. 3. Aufl. Leuner H, Hrsg. Bern, Stuttgart, Wien: Huber 1990.

Lang O. Behandlung einer schweren narzißtischen Störung bei hysterischer Persönlichkeitsstruktur – zugleich ein Beitrag zur Eigenart der Übertragung im Katathymen Bilderleben. In: Psychotherapie mit dem Tagtraum, Katathymes Bilderleben. Ergebnisse II, Fallanalysen, Theorie. Leuner H, Lang O, Hrsg. Bern, Stuttgart, Wien: Huber 1982.

Lang PJ. Imagery in therapy: An information processing analysis of fear. Behavior Ther 1977; 8: 862–886.

Langer S. Philosophie auf neuem Wege. Das Symbol im Denken, im Ritus und in der Kunst. Frankfurt a.M.: Fischer 1965.

Le Shan L. Psychotherapie gegen den Krebs. Stuttgart: Klett-Cotta 1982.

Lemke R, Rennert H. Neurologie und Psychiatrie. Leipzig: Barth 1987.

Lenk W. Vorschläge zur Veränderung des Simonton-Programms. In: Hypnose und Hypnotherapie nach Milton H. Erickson. Leben lernen 58. Peter B, Hrsg. München: Pfeiffer 1985.

Leuner H. Symbolische Identifikation durch Imagination als ein tiefenpsychologischer Ansatz. Fallprotokoll 1948, s. S. 7ff. in diesem Band.

Leuner H. Kontrolle der Symbolinterpretation im experimentellen Verfahren. Z Psychother med Psychol 1954; 4: 201.

Leuner H. Experimentelles Katathymes Bilderleben als ein klinisches Verfahren der Psychotherapie. Z Psychother med Psychol 1955a; 5: 233–260.

Leuner H. Symbolkonfrontation, ein nicht-interpretierendes Vorgehen in der Psychotherapie. Schw Arch Neurol Psychiat 1955b; 76: 23–49.

Leuner H .Symboldrama, ein aktives nicht-analysierendes Vorgehen der Psychotherapie. Schw Arch Neurol Psychiat 1957; 6: 221.

Leuner H. Grundzüge der tiefenpsychologischen Symbolik I. Materialien zur Psychoanalyse und analytisch orientierten Psychotherapie. 1978; IV: 2.

Leuner H. Regression – Die Entwicklung des Begriffs und ihre Bedeutung für therapeutische Konzepte. Z Psychosom med Psychoanal 1978; 24: 301–318.

Leuner H. Lehrbuch des Katathymen Bilderlebens. Grundstufe, Mittelstufe, Oberstufe. 2. Aufl. Bern, Stuttgart, Toronto: Huber 1987.

Leuner H. Katathymes Bilderleben. Grundstufe. 4. Aufl. Stuttgart: Thieme 1989.

Leuner H. Die Überwindung von Spaltungsphänomenen durch symbolische Integration im Katathymen Bilderleben. In: Strukturbildung im therapeutischen Prozeß. Bartl G, Pesendorfer F, Hrsg. Wien: Literas 1989.

Leuner H, Hrsg. Katathymes Bilderleben. Ergebnisse in Theorie und Praxis. 3. Aufl. Bern, Stuttgart: Huber 1990.

Leuner H. Grundlinien des Katathymen Bilderlebens aus neuerer Sicht. In: Katathymes Bilderleben. Ergebnisse in Theorie und Praxis. 3. Aufl. Leuner H, Hrsg. Bern: Huber 1990b.

Leuner H. Das respiratorische Feedback (RFB) – Physiologie und Klinik einer schnell wirkenden Entspannungsmethode. In: Moderne Suggestionsverfahren. Diehl B, Miller TH, Hrsg. Berlin, Heidelberg, London, Paris, Tokio, Hongkong: Springer 1990c.

Leuner H, Horn G, Klessmann E, Hrsg. Katathymes Bilderleben mit Kindern und Jugendlichen, 3. Aufl. Basel, München: Reinhardt 1990a.

Leuner H, Kottje-Birnbacher L, Sachsse U, Wächter HM. Gruppenimagination. Bern, Stuttgart, Toronto: Huber 1986.

Leuner H, Lang O, Hrsg. Psychotherapie mit dem Tagtraum, Katathymes Bilderleben. Ergebnisse II, Fallanalysen, Theorie. Bern, Stuttgart, Wien: Huber 1982.

Leuner H, Nerenz K. Das musikalische Symboldrama und seine psychotherapeutische Wirkung. Heilkunst 1964; 77: 330.

Lincke H. Instinktverlust und Symbolbildung. Die Psychoanalytische Theorie und die psychobiologischen Grundlagen des menschlichen Verhaltens. Berlin: Severin und Siedler 1981.

Linden W. Psychologische Perspektiven des Bluthochdrucks. Basel: Karger 1983.

Lippmann MS. Übergangsräume und Übergangsobjekte im Katathymen Bilderleben. In: Das Katathyme Bilderleben in der Psychosomatischen Medizin. Wilke E, Leuner H, Hrsg. Bern, Stuttgart, Toronto: Huber 1990.

Little M. Über wahnhafte Übertragung (Übertragungspsychosen). Psyche 1958; 12: 269–285.

Lorenz K. Die angeborenen Formen möglicher Erfahrung. Tierpsychol 1943; 5: 235–409.

Lorenzer A. Kritik des psychoanalytischen Symbolbegriffs, 2. Aufl. Frankfurt a.M.: Suhrkamp 1972.

Lorenzer A. Sprachzerstörung und Rekonstruktion. Vorarbeiten zu einer Metatheorie der Psychoanalyse. Suhrkamp-TB Wissenschaft 1973. 3. Aufl. Frankfurt a.M.: Suhrkamp 1985.

Lorenzer A. Das Konzil der Buchhalter. 2. Aufl. Frankfurt a.M.: Fischer 1988.

Lorenzer A. Symbol, Vermittlung von Sinnlichkeit und Bewußtsein. In: Katathymes Bilderleben, Ergebnisse in Theorie und Praxis. Leuner H, Hrsg. 3. Aufl. Bern, Stuttgart, Wien: Huber 1990.

Löw-Beer M, Thomä H. Zum Verhältnis von Einsicht und Veränderung. Forum Psychoanal 1988; 4: 85–102.

Louis V. Die Deutung von Träumen und frühen Kindheitserinnerungen in der Sicht der Individualpsychologie A. Adlers. In: Der Traum aus der Sicht verschiedener therapeutischer Schulen. Battegay R, Trenkel A. 2. Aufl. Stuttgart, Bern, Toronto: Huber 1987.

Luhn M. Zum Umgang mit der Angsttoleranz bei der Behandlung von Patienten mit Borderline-Merkmalen. In: Neurotische und reale Angst. Rüger U, Hrsg. Göttingen: Verlag für Medizinische Psychologie im Verlag Vandenhoeck & Ruprecht 1984.

Luthe W. (ed) Autogenic Therapy. Vol II, III. New York, London: Grune & Stratton 1970.

Maaz HJ. Der Gefühlsstau. Berlin: Argon 1990.

Mahler MS. Die Bedeutung des Loslösungs- und Individuationsprozesses für die Borderline-Phänomene. Psyche 1975; 29: 1078–1095.

Mahler MS. Symbiose und Individuation. 4. Aufl. Stuttgart: Klett-Cotta 1986.

Mahler MS, Pine F, Bergman A. Die psychische Geburt des Menschen. Symbiose und Individuation. Frankfurt a.M.: Fischer 1978.

Maier HW. Über katathyme Wahnbildung und Paranoia. Z ges Neurol Psychiat 1912; 13: 555–610.

Masterson JF. Psychotherapie bei Borderline-Patienten. Stuttgart: Klett-Cotta 1980.

Matthews-Simonton S. Heilung in der Familie. Reinbek: Rowohlt 1986.

Maturana HR. Erkennen: Die Organisation und Verkörperung der Wirklichkeit. Braunschweig, Wiesbaden: Vieweg 1982.

Maturana HR, Varela FJ. Der Baum der Erkenntnis. München, Wien: Scherz 1987.

Melamed S. Emotional activity and elevated blood pressure. Psychosom Med 1987; 49 (3): 637.

Mertens W. Einige Bemerkungen zur gegenwärtigen Situation der Psychoanalyse in Theorie, Forschung und Praxis. In: Aktuelle Themen der Psychoanalyse. Klussmann R, Mertens W, Schwarz F, Hrsg. Berlin, Heidelberg, New York: Springer 1988.

Mitscherlich M. Die Bedeutung des Übergangsobjektes für die psychosomatische Theorie. In: Seelischer Konflikt – körperliches Leiden. Overbeck A, Overbeck G, Hrsg. Reinbek: Rowohlt 1978.

Moeller ML. Zur Theorie der Gegenübertragung. Psyche 1977; 31: 142–166.

Moser T. Körpertherapeutische Phantasien. Frankfurt a.M.: Suhrkamp 1989.

Mountcastle VB. The view from within; Patchways to the study of perception. Johns Hopk Med J 1975; 136: 109–131.

Nerenz K. Das musikalische Symboldrama und seine psychotherapeutische Wirkung. Heilkunst 1964; 77: 330–335.

Nerenz K. Das musikalische Symboldrama als Hilfsmethode in der Psychotherapie. Z Psychother med Psychol 1969; 19: 28.

Newton B. Hypnose in der Behandlung von Krebspatienten. Hypnose und Kognition, Einführungsheft 1984; 1: 5–16.

Ohlmeier D. Psychoanalytische Entwicklungspsychologie. Freiburg: Rombach 1973.

Pahl J. Der Tagtraum – Ein seelisches Kompromißgeschehen und seine Bedeutung. In: Konkrete Phantasie. Roth JW, Hrsg. Bern, Stuttgart, Wien: Huber 1984: 37–46.

Pahl J. Strukturbildung oder psychotherapeutischer Prozeß. In: Strukturbildung im therapeutischen Prozeß. Bartl G, Pesendorfer F, Hrsg. Wien: Literas 1989.

Pahl J, Über narzißtische Entwicklungslinien während des Katathymen Bilderlebens. In: Katathymes Bilderleben. Ergebnisse in Theorie und Praxis. 3. Aufl. Leuner H, Hrsg. Bern, Stuttgart, Wien: Huber 1990.

Pahl J, Rosenberg L. Zit in Leuner H. Editorial, Mitteilungsblatt der Internationalen Gesellschaft für Katathymes Bilderleben (IGKB) Nr. 5. Göttingen: Selbstverlag der AGKB 1991.

Papousek H. Entwicklung der Lernfähigkeit im Säuglingsalter. In: Intelligenz, Lernen, Lernstörungen. Nissen G, Hrsg. Berlin, Heidelberg, New York: Springer 1977.

Papousek H. Soziale Interaktion als Grundlage der kognitiven Frühentwicklung. In: Fortschritte der Sozialpädiatrie. Hellbrügge Th, Hrsg. München, Wien, Baltimore: Urban & Schwarzenberg 1975.

Papousek H, Papousek M. Biological basis of social interactions. Implications of research for an understanding of behavioural deviance. J Child Psychol Psychiat 1983; 24: 117–129.

Papousek M. Frühe Phasen der Eltern-Kind-Beziehungen. Ergebnisse der entwicklungspsychologischen Forschung. Prax Psychother Psychosom 1989; 34: 109–122.

Patel C, Marmot MG. Stress management, blood pressure and quality of life. J hypertension 1987; 5 (Suppl. 1): 521–528.

Pawlow IP. Sämtliche Werke. Berlin: Akademie-Verlag 1954.

Peirce CS. Collected Papers. Cambridge/MA, London: University Press 1935.

Petzold H. Überlegungen und Konzepte zur Integrativen Therapie mit kreativen Medien und einer intermedialen Kunstpsychotherapie. Integrative Therapie 1987; 2–3: 150–161.

Petzold H. Die vier Wege der Heilung, 2. Teil. Integrative Therapie 1989; 1: 25–26.

Pohlhammer H. Behandlung einer psychoreaktiven Depression mit KB-Kurztherapie. In: Strukturbildung im therapeutischen Prozeß. Bartl G, Pesendorfer F, Hrsg. Wien: Literas 1989.

Pohlmeier H. Depression und Selbstmord. Bonn: Keil 1980.

Pohlmeier H. Selbstmord und Selbstmordverhütung. München, Wien, Baltimore: Urban & Schwarzenberg 1983.

Pohlmeier H. Todessehnsucht – Erfüllung oder Verzweiflung des Menschen. In: Der Tod – Ende oder Tor zum Leben – Tod und Jenseitsvorstellungen der Völker. Vortragszyklus 1988/89 zu der Ausstellung „Langsamer Abschied". Frankfurt: Museum für Völkerkunde 1990.

Racker H. Übertragung und Gegenübertragung. 3. Aufl. München: Reinhardt 1988.

Reiser MF, Brust AA, Shapiro AP, Baker HM, Rauschoff W, Ferris EB. Life situations, emotions and the course of patients with arterial hypertension Proc Ass Res nerv ment Diss 1950; 29: 870.

Richter-Heinrich E. Psychophysiologische Methoden zur Objektivierung von Psychotherapieverläufen. In: Psychotherapieforschung. Berlin: Deutscher Verlag der Wissenschaften 1972.

Richter-Heinrich E, Enderlein J, Knust U, Schmidt K, Wiedemann R. Effects of a breath relaxation training. In: Perspectives on research in emotional stress. Systems research in physiology 3, pp. 383–391. Amsterdam: Gorden and Breach Science Publishers 1989.

Richter-Heinrich E, Homuth V, Heinrich B, Knust U, Schmidt K, Wiedemann R, Gohlke HR. Behavioural therapies in essential hypertensives – a controlled study. In: Behavioural medicine in cardiovascular disorders; pp. 113–127. Elbert T, Langosch W, Steptoe A, Vaitl D (eds). Chichester (Sussex): Wiley & Sons Ltd 1988.

Richter-Heinrich E, Knust U, Sprung H, Schmidt K. Psychophysiologische Untersuchungen zur Streßsensibilität von arteriellen essentiellen Hypertonikern. In: Seelische und körperliche Störungen durch Streß; S. 158–177. Eiff AW v., Hrsg. Stuttgart: Fischer 1976.

Riley V. Psychoneuroendocrine influence on immunocompetence and neoplasia. Science 1981; 212/1.

Ringel E. Der Selbstmord – Abschluß einer krankhaften psychischen Entwicklung. Wien: Maudrich 1953 (Nachdruck 1984).

Rohde-Dachser Ch. Das Borderline-Syndrom. Bern, Stuttgart, Wien: Huber 1983.

Rosenfeld H. Zur Psychopathologie und psychoanalytischen Behandlung einiger Borderline-Patienten. Psyche 1981; 35: 338–352.

Roth JW. Die Dimension des Leibes und ihre Bedeutung im Katathymen Bilderleben. Schw Arch Neurol Neurochirurg Psychiat 1982; 131: 69–80.

Roth JW, Hrsg. Konkrete Phantasie. Neue Erfahrungen mit dem Katathymen Bilderleben. Bern, Stuttgart, Wien: Huber 1984.

Roth JW. Über die Bedeutung der introspektiven Imagination des Katathymen Bilderlebens, dargestellt am Beispiel des Spannungskopfschmerzes. In: Katathymes Bilderleben. Ergebnisse in Theorie und Praxis. 3. Aufl. Leuner H, Hrsg. Bern, Stuttgart, Wien: Huber 1990.

Roth JW. Das Katathyme Bilderleben in der Behandlung von Sexualstörungen und gynäkologisch-psychosomatischen Symptomen. In: Das Katathyme Bilderleben in der Psychosomatischen Medizin. Wilke E, Leuner H, Hrsg. Bern, Stuttgart, Toronto: Huber 1990.

Rudolf G. Krankheiten im Grenzbereich von Neurose und Psychose. Göttingen: Vandenhoeck & Ruprecht 1977.

Rust M. Zur Diagnostik struktureller Ich-Störungen im Katathymen Bilderleben. In: Strukturbildung im therapeutischen Prozeß. Bartl G, Pesendorfer F, Hrsg. Wien: Literas 1989.

Rust M. Patientengruppen in der psychiatrischen Klinik. In: Gruppenimagination. Leuner H, Kottje-Birnbacher L, Sachsse U, Wächter HM, Hrsg. Bern, Stuttgart, Toronto: Huber 1986.

Sachsse U. Über die Psychodynamik in der Gruppentherapie mit dem KB. In: Ausgewählte Vorträge der Zentralen Weiterbildungsseminare der AGKB. Göttingen: Eigenverlag AGKB 1974.

Sachsse U. Das Katathyme Bilderleben der Gruppe (GKB). Die Gruppenimagination und die Analyse ihrer Dynamik. Med Diss. Göttingen: 1979.

Sachsse U. Das Borderline-Syndrom als relative Kontraindikation für das Katathyme Bilderleben. Seminar zur speziellen Neurosenlehre, 13. Zentrales Weiterbildungsseminar der AGKB. Bad Lauterberg: 1980 (unveröffentl).

Sachsse U. Psychotherapeutische Behandlungsstrategien bei autodestruktivem Agieren am Beispiel der schweren Dermatitis artefacta. Vortrag Norddeutsche Gesellschaft für angewandte Tiefenpsychologie. Kiel: 1987 (unveröffentl).

Sachsse U. Selbstschädigung als Selbstfürsorge. Zur intrapersonalen und interpersonellen Psychodynamik schwerer Selbstschädigung der Haut. Forum Psychoanal 1987; 3: 1987.

Sachsse U. Das Bildern macht alles nur schlimmer. In: Strukturbildung im therapeutischen Prozeß. Bartl G, Pesendorfer F, Hrsg. Wien: Literas 1989b.

Sachsse U. Das gemeinsame Katathyme Bilderleben der Gruppe. Workshop, VII. International Congress for Group Psychotherapy, Kopenhagen 1980b. In: Gruppentherapie und Gruppendynamik 1989; 24: 253–258.

Sachsse U. Psychotherapie mit dem Katathymen Bilderleben (KB) bei Borderline-Patienten. Prax Psychother Psychosom 1989; 34: 90–99.

Sachsse U. Von der psychosomatischen Reaktion zum emotionalen Erleben. Die Therapie einer jungen Frau mit einer anorektischen Reaktion. In: Das Katathyme Bilderleben in der Psychosomatischen Medizin. Wilke E, Leuner H, Hrsg. Bern, Stuttgart, Toronto: Huber 1990.

Sachsse U, Kottje-Birnbacher L. Gruppenpsychotherapie mit dem Katathymen Bilderleben. In: Methoden und Theorien der Gruppenpsychotherapie. Kutter P, Hrsg. Stuttgart: Fromman-Holzboog 1985.

Sachsse U, Wilke E. Die Anwendung des Katathymen Bilderlebens bei psychosomatischen Erkrankungen. Theoretische Überlegungen zu Erfahrungen in der Praxis. Prax Psychother Psychosom 1987; 32: 46–54.

Salvisberg H. Therapie von Zwangsneurosen mit dem Katathymen Bilderleben – ein Beitrag zur Kasuistik und Theorie. In: Psychotherapie mit dem Tagtraum, Katathymes Bilderleben. Ergebnisse II, Fallanalysen, Theorie. Leuner H, Lang O, Hrsg. Bern, Stuttgart, Wien: Huber 1982.

Salvisberg H. Regression zur guten oder zur bösen Mutter. Vortrag 4. Internationaler Kongreß Katathymes Bilderleben, Interlaken 14. und 13. 3. 1986.

Sandler J, Nagera H. Einige Aspekte der Metapsychologie der Phantasie. Psyche 1966; 20: 188–221.

Schendl M. Strukturveränderungen einer ausgeprägten Zwangsneurose. In: Strukturbildung im therapeutischen Prozeß. Bartl G, Pesendorfer F. Wien: Literas 1989.

Schilder P. Die Depersonalisation. In: Selbstbewußtsein und Persönlichkeitsbewußtsein; S. 123–149. Schilder P, Hrsg. Berlin: Springer 1914.

Schilder P. Das Körperschema. Berlin: Springer 1923.

Schilder P. Körper und Welt. In: Seele und Leben. Grundsätzliches zur Psychologie der Schizophrenie und Paraphrenie; S. 71–99. Schilder P, Hrsg. Berlin: Springer 1923.

Schultz JH. Das autogene Training. 16. Aufl. Stuttgart: Thieme 1979.

Schultz-Hencke H. Der gehemmte Mensch. Stuttgart: Thieme 1947.

Schultz-Hencke H. Lehrbuch der analytischen Psychotherapie. Stuttgart: Thieme 1970.

Schur M. Das Es und die Regulationsprinzipien des psychischen Geschehens. Frankfurt a.M.: Fischer 1973.

Sechehaye MA. Die symbolische Wunscherfüllung. Bern, Stuttgart: Huber 1955.

Seemann H. Aktuelle Trends bei der Schmerzbekämpfung in der Onkologie. In: Psychosoziale Onkologie (Jahrbuch der medizinischen Onkologie). Verres R, Hasenbring H, Hrsg. Berlin, Heidelberg, New York, London, Paris, Tokyo, Hongkong: Springer 1989.

Seithe A. Psychotherapie des Falles einer chronischen Anorexia nervosa mit dem Katathymen Bilderleben. In: Psychotherapie mit dem Tagtraum, Katathymes Bilderleben. Ergebnisse II, Fallanalysen, Theorie. Leuner H, Lang O, Hrsg. Bern, Stuttgart, Wien: Huber 1982.

Seithe A. Erfahrungen mit dem KB-Motiv einer „guten freundlichen Gestalt". In: Strukturbildung im therapeutischen Prozeß. Bartl G, Pesendorfer F, Hrsg. Wien: Literas 1989.

Shazer S de. Der Dreh. Überraschende Wendungen und Lösungen in der Kurzzeittherapie. Heidelberg: Auer 1989.

Silberer H. Bericht über eine Methode, gewisse symbolische Halluzinationserscheinungen hervorzurufen und zu beobachten. Jahrb f Psychoanal und Psychopathol 1909; 1: 513–523.

Silberer H. Probleme der Mystik und ihrer Symbolik. Wien, Leipzig: Heller 1914.

Silberer H. Über die Symbolbildung. In: Über die Symbolbildung und andere psychoanalytische Schriften. Turnhei M v, Hrsg. Wien: Hora Studien 1988.

Simonton CO. Prinzip Mut. In: Neue Wege - Neue Ziele. Bachmann A, Hrsg. München: Heyne 1989.

Simonton CO et al. Wieder gesund werden. Reinbek: Rowohlt 1984.

Simonton CO, Matthews-Simonton S, Creighton J, Peter B, Hrsg. Hypnose und Hypnotherapie nach Milton H. Erickson. Leben lernen. München: Pfeiffer 1985.

Smirnoff V. Die Gegenübertragung. So lebt der Analytiker. In: Jahrbuch der Psychoanalyse Bd. 22, S. 9–35. Stuttgart: Fromman-Holzbook 1988.

Sokal I. Erfahrungen mit der Maltherapie bei der Behandlung von Krebskranken. In: Beiträge zur Psychoonkologie. Frischenschlager O, Hrsg. Wien: Facultas 1986.

Solomon GF. Psychoneuroimmunology. In: Encyclopedia of neuroscience. 2 Vols., pp 1001–1004. Adelman G (ed). Basel, Boston, Stuttgart: Birkhäuser 1987.

Spector NH. Neuroimmunomodulation. In: Encyclopedia of neuroscience. Vol 2, pp 789–799. Adelman G (ed). Basel, Boston, Stuttgart: Birkhäuser 1987.

Der Spiegel. Die sind wahnsinnig motiviert. 1989; Heft 43: 263–272.

Spitz RA. Übertragung und Gegenübertragung. Psyche 1956/1957; 10: 63.

Spitz RA. A genetic field theory of ego formation. (With implications for pathology.) New York: International University Press 1959.

Spitz RA. Die Entstehung der ersten Objektbeziehungen, direkte Beobachtungen an Säuglingen während des ersten Lebensjahres. Stuttgart: Klett 1960.

Spitz RA. Vom Säugling zum Kleinkind. Stuttgart: Klett 1985.

Sprung H. Psychophysiological investigations in essential hypertensives. J Psychosom Res 1975; 19: 251–258.

Steiner E. Pragmatische Kurztherapie von zwei Herzneurosen (Herzphobien) mit dem Katathymen Bilderleben. In: Psychotherapie mit dem Tagtraum, Katathymes Bilderleben. Ergebnisse II, Fallanalysen, Theorie. Leuner H, Lang O, Hrsg. Bern, Stuttgart, Wien: Huber 1982.

Sterba R. Das Schicksal des Ichs im therapeutischen Verfahren. Int Z Psychoanal 1934; 20: 6–73.

Stern DN. The Interpersonal World of the Infant. A view from Psychoanalysis and Developmental Psychology. New York: Basic Books 1985.

Stierlin H. Von der Psychoanalyse zur Familientherapie. Stuttgart: Klett 1975.

Stierlin H. Eltern und Kinder. Das Drama von Versöhnung und Trennung im Jugendalter. Frankfurt a.M.: Suhrkamp 1980.

Stigler M. Das „Falsche Selbst" in der Psychotherapie unter Einbeziehung des KB. In: Strukturbildung im therapeutischen Prozeß. Bartl G, Pesendorfer, F, Hrsg. Wien: Literas 1989.

Sturm M. Über die Kasuistik der psychotherapeutischen Behandlung mit dem Katathymen Bilderleben und ihre Auswertung. Göttingen: Med Diss 1984.

Taylor J. A personality scale of manifest anxiety. J abnorm soc Psychol 1953; 48: 285.

Thomä H, Kächele H. Lehrbuch der psychoanalytischen Therapie. Berlin: Springer 1986.
Uexküll J v. Theoretische Biologie. Berlin: Paetel 1920.
Uexküll J v. Bedeutungslehre. Leipzig: Barth 1940.
Uexküll Th v. Lehrbuch der Psychosomatischen Medizin. Hrsg. 4. Aufl. München, Wien, Baltimore: Urban & Schwarzenberg 1990.
Uexküll Th v, Wesiack W. Theorie der Humanmedizin. München, Wien, Baltimore: Urban & Schwarzenberg 1988.
Uexküll Th v, Wick E. Die Situationshypertonie. Arch Kreislaufforsch 1962; 39: 236–271.
Ullmann H. Übergangsfunktionen des Katathymen Bilderlebens in der Behandlung psychosomatisch Kranker. Ärztl Prax Psychother 1980; 10/4: 3–10.
Ullmann H. Übergangsphänomene und restitutive Phantasiebildung im Katathymen Bilderleben. Prax Psychother Psychosom 1988a; 33: 249–257.
Ullmann H. Übergangsphänomene und restitutive Phantasiebildungen im Katathymen Bilderleben. Prax Psychother Psychosom 1980; 33: 249–257.
Vaitl D. Kontrolle der essentiellen Hypertonie durch Entspannungstechniken. In: Essentielle Hypertonie. Vaitl D, Hrsg. Berlin: Springer 1982.
Vaughan F. Transpersonale Psychotherapie – Kontexte, Inhalt und Prozeß. In: Psychologie in der Wende. Walsh RG, Vaughan F, Hrsg. Bern, München, Wien: Scherz 1985.
Volkan VD. Psychoanalyse der frühen Objektbeziehungen. Stuttgart: Klett-Cotta 1978.
Voss-Coxhead D. Erkennen und Verändern familiärer Strukturen. Erste Ergebnisse mit dem KB in der Familientherapie. In: Strukturbildung im therapeutischen Prozeß. Bartl G, Pesendorfer F, Hrsg. Wien: Literas 1989.
Wächter HM. Kurztherapie einer neurotischen Depression mit narzißtischen Persönlichkeitsanteilen. In: Psychotherapie mit dem Tagtraum, Katathymes Bilderleben. Ergebnisse II, Fallanalysen, Theorie. Leuner H, Lang O, Hrsg. Bern, Stuttgart, Wien: Huber 1982.
Wächter HM. Möglichkeiten des Katathymen Bilderlebens in der Behandlung psychosomatischer Krankheiten. In: Konkrete Phantasie, neue Erfahrungen mit dem Katathymen Bilderleben, Roth JW, Hrsg. Bern, Stuttgart: Huber 1984.
Wächter HM. Von der Strukturbildung zur Strukturänderung. Entwicklungslinien in der KB-Therapie bei ich-strukturell gestörten Patienten. In: Strukturbildung im therapeutischen Prozeß. Bartl G, Pesendorfer F, Hrsg. Wien: Literas 1989.
Wächter HM, Pudel V. Kontrollierte Untersuchung einer extremen Kurzpsychotherapie (15 Stunden) mit dem Katathymen Bilderleben. Z Psychother med Psychol 1980; 30: 193.
Wächter HM, Pudel V. Kurzpsychotherapie von 15 Sitzungen mit dem Katathymen Bilderleben (eine kontrollierte Studie). In: Katathymes Bilderleben, Ergebnisse in Theorie und Praxis. Leuner H, Hrsg. 3. Aufl. Bern, Stuttgart, Wien: Huber 1990.
Weinman ML, Mathew RJ, Claghorn JL. Biofeedback Self Regul 1982; 7/1: 89–98.
Weizsäcker V v. Der Gestaltkreis, Theorie der Einheit von Wahrnehmen und Bewegen. 4. Aufl. Stuttgart: Thieme 1950.
Wesiack W. Grundzüge der psychosomatischen Medizin. Berlin: Springer 1985.
Wilke E. Katathymes Bilderleben in der Behandlung der Colitis ulcerosa. Schriftenreihe der AGKB, Bd. 2. Göttingen: Selbstverlag 1979.
Wilke E. Eine psychotherapeutische Behandlung von Colitis ulcerosa mit dem Katathymen Bilderleben. In: Psychotherapie mit dem Tagtraum, Katathymes Bilderleben. Ergebnisse II, Fallanalysen, Theorie. Leuner H, Lang O, Hrsg. Bern, Stuttgart, Wien: Huber 1982.
Wilke E. Strukturauflösung und Neustrukturierung in der KB-Therapie der Magersucht. In: Strukturbildung im therapeutischen Prozeß. Bartl G, Pesendorfer F, Hrsg. Wien: Literas 1989.
Wilke E, Leuner H, Hrsg. Das Katathyme Bilderleben in der Psychosomatischen Medizin. Bern, Stuttgart, Toronto: Huber 1990a.
Wilke E. Die Klinik. In: Das Katathyme Bilderleben in der psychosomatischen Medizin. Wilke E, Leuner H, Hrsg. Bern, Stuttgart, Toronto: Huber 1990b.
Wilke E. Das Katathyme Bilderleben bei der konservativen Behandlung der Colitis ulcerosa (eine kontrollierte Studie). In: Katathymes Bilderleben in Theorie und Praxis. Leuner H, Hrsg. 3. Aufl. Bern, Stuttgart, Toronto: Huber 1990c.
Willi J. Die Zweierbeziehung. Reinbek: Rowohlt 1975.
Winau R, Rosemeier HP. Tod und Sterben. Berlin: de Gruyter 1984.
Winnicott DW. Übergangsobjekte und Übergangsphänomene. Psyche 1969; 9: 666–681.
Winnicott DW. Die therapeutische Arbeit mit Kindern. München: Kindler 1973.
Winnicott DW. Vom Spiel zur Kreativität. 2. Aufl. Stuttgart: Klett-Cotta 1979.
Wollschläger ME. Wenn Gegenstände sprechen können ... Die Arbeit mit Symbolen in Diagnostik und Therapie. In: Strukturbildung im therapeutischen Prozeß. Bartl G, Pesendorfer F, Hrsg. Wien: Literas 1989.
Wurmser L. Flucht vor dem Gewissen. Berlin, Heidelberg, New York, London, Paris, Tokyo: Springer 1987.
Yalom JD. Existential psychotherapy. New York: Basic Books Inc 1980.
Zepf S. Das Katathyme Bilderleben in der Erforschung der Psychosomatik des Asthma bronchiale. In: Katathymes Bilderleben, Ergebnisse in Theorie und Praxis. Leuner H, Hrsg. 3. Aufl. Bern, Stuttgart, Wien: Huber 1990.

Zetzel E. A development approach to the borderline patient. Amer J Psychiatry 1971; 1127: 867–871.
Zulliger H. Kinderpsychotherapie ohne Deuten unbewußter Inhalte. Psyche 1951/52; 5: 581.
Zwettler S. Kind und Geld, Wien: Orac 1985.
Zwettler-Otte S. Narzißmus im Spiegel antiker Mythologie. In: Strukturbildung im therapeutischen Prozeß. Bartl G, Pesendorfer F, Hrsg. Wien: Literas 1989.
Zwiebel R. Der Analytiker träumt von seinem Patienten. Psyche 1977; 31: 43–53.

Sachverzeichnis